"十三五"职业教育国家规划教材

高职高专艺术设计类系列教材

CIS 企业形象设计实务

周登杰　主编

電子工業出版社
Publishing House of Electronics Industry
北京·BEIJING

内容简介

随着CIS的应用与发展，“CIS设计”愈加受到重视。现在绝大部分开设艺术设计、平面设计、数字媒体设计等相关专业的高校基本都开设了“CIS设计”这门课程。“CIS设计”是一门专业课程，既要求学生有一定的基础知识储备，了解企业管理知识，懂企业管理内涵，会策划策略；又要求学生具备一定的艺术修养，能书能画，出手成品；更要求学生具备计算机常见绘图软件的应用操作技能，可以在计算机上实现快速创作。但对于高职院校的学生，要具备这样的知识结构和能力，在短时间内是有一定难度的。克服这个客观存在的现实矛盾的补救办法就是配备知识较全面的教师和知识点全面的教材。

《CIS企业形象设计实务》主要面向高职院校艺术设计、平面设计、数字媒体设计、环境艺术设计等专业的大二或大三学生，可用于培养学生的Photoshop、Illustrator、CorelDRAW、AutoCAD操作技能，也可用于培养学生的摄影、素描、色彩构成、版式设计等艺术素养。根据专业需要，教师可以进行模块化教学，也可以进行专题教学。

图书在版编目（CIP）数据

CIS企业形象设计实务 / 周登杰主编. —北京：电子工业出版社，2020.1（2022.7重印）

ISBN 978-7-121-35333-8

Ⅰ.①C… Ⅱ.①周… Ⅲ.①企业形象－设计 Ⅳ.①F272-05

中国版本图书馆CIP数据核字（2018）第244320号

责任编辑：左 雅　　文字编辑：张 彬
印　　刷：中国电影出版社印刷厂
装　　订：中国电影出版社印刷厂
出版发行：电子工业出版社
　　　　　北京市海淀区万寿路173信箱　　邮编：100036
开　　本：787×1 092　1/16　　印张：12.5　字数：320千字
版　　次：2020年1月第1版
印　　次：2022年7月第6次印刷
定　　价：68.00元

凡所购买电子工业出版社图书有缺损问题，请向购买书店调换。若书店售缺，请与本社发行部联系，联系及邮购电话：（010）88254888，88258888。

质量投诉请发邮件至 zlts@phei.com.cn，盗版侵权举报请发邮件至dbqq@phei.com.cn。

本书咨询联系方式：（010）88254580，zuoya@phei.com.cn。

Preface 前言

随着时代的进步，科技的发展，生活中到处都能体现“视觉信息”，这为企业形象（CI）的发展提供了得天独厚的平台。CI 设计是通过企业的统一视觉设计来表现、传递并塑造企业形象的一种方式，其在企业形象传播中的优势越来越明显，占据着越来越重要的地位，并已引起很多企业的高度重视。因此应促使 CI 不断完善，不断发展，同时也应促使 CI 设计师不断提升自己的专业水准，为企业形象设计与宣传提供优质作品。

“CIS 设计”是高校艺术设计、平面设计、数字媒体设计等专业的主干课程。本书编者根据教学需要，在多年从事该课程教学和研究的基础上，整理以往的讲义和教学资料，编写了本书。本书内容充实，插图[①]符合实际需要，可操作性强，较全面地展示了 CIS 从导入到编纂成册的全过程，最大限度地为教师授课、学生学习提供教学依据，因此，本书也可作为相关人员自学的参考用书。

本书由周登杰担任主编。全书共分七章，包括 CIS 设计概述、CIS 的导入与管理、MIS 设计、BIS 设计、VIS 设计、标志设计、CIS 设计案例赏析。为便于读者理解和自学，在编写过程中，尽量使理论与实践（案例）、理论与图例、案例与实际操作相结合，强调内容的理论性和可操作性。

为方便教师教学，本书还配有相关教辅资料，请登录华信教育资源网（www.hxedu.com.cn）免费注册后再进行下载。如有问题请在网站留言板留言或与电子工业出版社联系（E-mail: zuoya@phei.com.cn）。

在本书的编写过程中得到了广大同仁的关心、支持和帮助，在此表示感谢。由于编者水平有限，书中难免存在缺点和不足之处，恳请读者批评指正。

编　者

① 部分插图信息与实际有出入，读者参考即可。

Contents 目录

第 1 章 CIS 设计概述

第 2 章 CIS 的导入与管理

第 3 章 MIS 设计

第 4 章 BIS 设计

第 5 章 VIS 设计

第 6 章 标志设计

第 7 章　CIS 设计案例赏析

第1章 CIS设计概述

教学内容： 本章主要介绍CIS所涉及的一些基本概念，从品牌到企业形象再到企业形象识别系统，对本书可能用到的一些术语、概念进行介绍与比较，对CIS的发展历程也进行了介绍，以期帮助读者正确认识CIS的内涵，了解CIS在现代企业管理中的战略意义和作用。

教学目标： 通过本章的学习，理解品牌、企业品牌、企业形象、企业形象识别的区别与关系。

了解CIS的发展历程。

了解CIS的功能。

教学时数： 6学时。

1.1 品牌及品牌形象

1.1.1 品牌的定义

现实中，我们经常使用到“品牌”这个词。品牌最初由生产者燃烧印章后烙印到产品上，是产品的一种属性，用于区别产品的所有者，如牧业者在牲畜身上印上记号，以表明所有权。随着商品交易活动的发展，生产者开始用不同的文字或符号标识自己的产品，以便他人识别和选择，同时强调产品的品质，与竞争对手的商品区分开。最古老的通用品牌出现于印度吠陀时期（公元前 1500 年—公元前 600 年），称为 Chyawanprash，广泛应用于印度和许多其他国家，以受人尊敬的哲人（Chyawan）命名。在中世纪的英国，苏格兰威士忌酒瓶上的烙印既是品质的保证，又是对假酒的防范。由此可见，原始意义上的品牌是一种表明产品属性，并与其他产品相互区别的标记。

现代意义上的品牌，已经是一个比较宽泛的概念，内涵更加丰富。一方面，品牌是一个集名称、符号、设计或口碑于一身的组合体，仍然保留着原始的属性，即用于识别某个销售者或某群销售者的产品或劳务，并使之同竞争对手的产品或劳务区别开来；另一方面，品牌是企业长期努力经营的结果，是企业立足市场的一种无形载体。品牌的形成，是企业通过一系列市场活动而表现出来的结果，是受众对企业及其产品、文化等社会品质的一种形象认知，通常表现出客户对品牌的忠诚度。因此，品牌又属于一种无形资产。品牌的创建是一个系统工程，是品牌主体与客体、主体与社会、企业与消费者相互作用的产物。

概括地讲，品牌是用于和其他竞争者的产品或劳务相区分的名称、术语、象征、记号、设计或它们的组合，能给拥有者带来溢价、产生增值的一种无形的资产。它增值的源泉是消费者在大脑中形成的关于其载体的印象。

品牌承载更多的是一部分人对其产品及服务的认可，是一种品牌商与消费者发生销售与购买行为时相互磨合衍生出的产物。也就是说，品牌是人们对一个企业及其产品、售后服务、文化价值的一种评价和认知，是一种信任。人们想到某一品牌的同时总会和时尚、文化、价值联想到一起，企业在创建品牌的同时不断地创造时尚、培育文化，随着企业做强做大，品牌不断从低附加值转向高附加值，从低层次向产品开发优势、产品质量优势、文化创新优势等高层次转变。当品牌文化被市场认可并接受后，品牌才产生其市场价值。

1.1.2 品牌与商标

商标与品牌是两个概念。在日常生活和工作中，很多人把这两个术语混用、通用，甚至错误地认为标注了商标的符号就形成了一个品牌。事实上，商标与品牌既有联系，又有区别。

商标和品牌都是商品的标记。商标是品牌的一个组成部分，是制造商或经销商加在商品上的标志，它由名称、名词、符号、象征、设计或它们的组合构成，一般包括两个部分：品牌名称和品牌标志。其作用是便于消费者记忆、识别品牌。商标是生产经营者在其生产、制造、加工、拣选或经销的商品或服务上采用的一种具有法律效力的标志，经国家核准注册的商标为注册商标，受法律保护，这时，商标就代表了整个品牌、品牌标志、品牌角色或各要素组合。注册商标用“R”或“注”明示。

商标是一个法律名词。商标注册人享有商标专用权，而品牌不仅是一个标志和名称，更蕴含着生动的精神文化层面的内容，体现着企业的价值观，象征着企业的形象，抒发着企业的情怀。例如，茅台品牌的内涵远不止“贵州茅台”这几个字构成的标志和名称，它体现着国人的酒文化，自古至今，向往茅台、赞美茅台的文人墨客不计其数。毫不夸张地说，茅台酒的每一个细小的“侧面”都有着丰富的人文历史故事，有着深厚的文化积淀与人文价值。犹如中国发给世界的一张飘香的名片，具象的茅台酒和抽象的“人文”在以醉人的芳香让世界了解自己的同时，也将中华酒文化的魅力和韵味淋漓尽致地展示给了世界，让其既了解了中国，也了解了中国文化。

▲ 图 1-1

品牌又是一个经济名词。商标掌握在注册人手中，而品牌则根植于消费者心中。品牌只有打动消费者的内心，才能产生市场经济效益；只有根据《中华人民共和国商标法》登记注册后才能成为注册商标，才能受到法律的保护，避免其他任何个人或企业侵权。品牌是有价值的，其巨大的价值及市场感召力来源于消费者对品牌的信任、偏好和忠诚，如果一个品牌失去信誉，失去消费者的信任，则该品牌将一文不值。例如，许多曾经独领风骚的品牌，因为产品质量问题、管理问题或发展前瞻性不够，失去了消费者的信任，被市场无情淘汰。

1.1.3 品牌形象

品牌形象是指企业或其某个品牌在市场上或社会公众心中所表现出的个性特征，它体现了社会公众特别是消费者对品牌的评价与认知。人们对品牌形象的认识基于影响品牌形象的各种因素，如品牌属性、名称、包装、价格、声誉等。

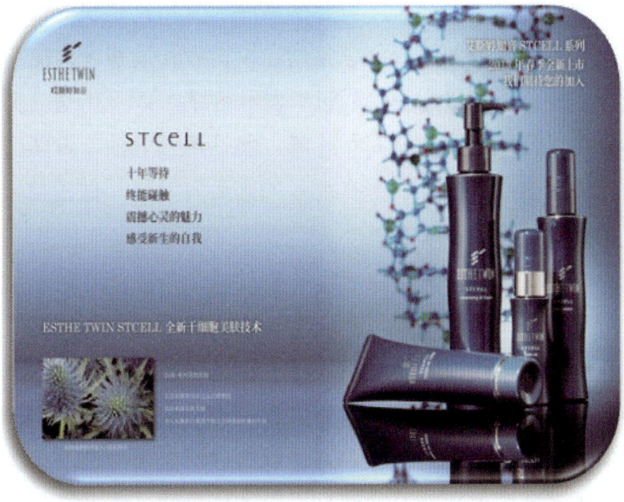

▲ 图 1-2

品牌形象与品牌不可分割，品牌形象是品牌表现出来的特征，反映了品牌的实力与本质。品牌形象是品牌的根基，也是一种资产，所以企业十分重视塑造品牌形象，会通过提升品牌形象来增加无形资产，从而赢得市场占有率。

塑造品牌形象，就是要抓住品牌形象的有形要素，包括产品及其包装、生产经营环境、生产经营业绩、社会贡献、员工形象等。

产品形象是品牌形象的代表，是品牌形象的物质基础，是品牌最主要的有形形象。品牌形象主要是通过产品形象表现出来的。产品形象的好坏直接影响着品牌形象的好坏。一个好的产品形象可以使广大消费者纷纷选购该产品，一个差的产品形象只能使消费者望而生厌。品牌只有通过向社会提供质量上乘、性能优良、造型美观的产品和优质的服务来塑造良好的产品形象，才能得到社会的认可，从而在竞争中立于不败之地。

产品形象包括环境形象、业绩形象、社会形象三个方面。

环境形象主要是指品牌的生产环境、销售环境、办公环境和品牌的各种附属设施。品牌厂区环境的整洁和绿化程度、生产和经营场所的规模和装修、生产经营设备的技术水准等，无不反映品牌的经济实力、管理水平和精神风貌，是品牌向社会公众展示自己的重要窗口。特别是销售环境的设计、造型、布局、色彩及各种装饰等，更能展示品牌文化和品牌形象的个性，对于强化品牌的知名度和信赖度，提高营销效率有直接的影响。

▲ 图 1-3

业绩形象是指品牌的经营规模和盈利水平，主要由产品销售额（业务额）、资金利润率及资产收益率等组成。它反映了品牌经营能力的强弱和盈利水平的高低，是品牌生产经营状况的直接表现，也是追求良好品牌形象的根本所在。一般而言，良好的品牌形象特别是良好的产品形象，总会为品牌带来良好的业绩形象。而良好的业绩形象总会增强投资者和消费者对品牌及其产品的信心。

社会形象是指品牌通过非营利性的，以及带有公共关系性质的社会行为塑造良好的品牌形象，以博取社会的认同和好感，包括奉公守法，诚实经营，维护消费者合法权益；保护环境，促进生态平衡；关心所在社区的繁荣与发展，做出自己的贡献；关注社会公益事业，促进社会精神文明建设；等等。

员工形象是品牌生产经营管理活动的主体，是品牌形象的直接塑造者，是指管理者和一般员工的整体形象，如服务态度、职业道德、行为规范、精神风貌、文化水准、作业技能、内在素养和装束仪表等表现给外界的整体形象。管理者形象体现的是品牌管理者集体，尤其是管理者的知识、能力、魄力、品质、风格及经营业绩给本品牌员工、品牌同行和社会公众留下的印象。他们是品牌的代表，其形象的好坏直接影响品牌的形象，为此，当今众多品牌均非常重视管理者形象的塑造。品牌是员工的集合体，因此，员工的言行必将影响品牌的形象。管理者的形象好，可以增强品牌的向心力和社会公众对品牌的信任度；一般员工的形象好，可以增强品牌的凝聚力和竞争力，为品牌的长期稳定发展打下牢固的基础。因此，很多品牌在塑造良好形象的过程中都十分重视员工形象。

1.1.4 与品牌相关的术语

（1）产品（Product）。产品是指能够提供给市场，被人们使用和消费，并能满足人们某种需求的任何东西，包括有形的物品、无形的服务、组织、观念或它们的组合。产品一般可以分为三种类型，即核心产品、形式产品、延伸产品。核心产品是指整体产品提供给消费者的直接利益和效用；形式产品是指产品在市场上出现的物质实体外形，包括产品的品质、特征、造型、商标和包装等；延伸产品是指产品提供给消费者的一系列附加利益，包括运送、安装、维修、保证等在消费领域给予消费者的好处。

（2）名牌（Famous Brand）。对于名牌最通俗的理解就是知名品牌。

（3）品牌资产（Brand Equity）。品牌资产是与品牌、品牌名称和标志相联系，能够增加或减少企业所销售产品或服务价值的一系列资产与负债。它主要包括五个方面，即品牌忠诚度、品牌认知度、品牌感知质量、品牌联想、其他专有资产（如商标、专利、渠道关系等），这些资产通过多种方式向消费者和企业提供价值。

（4）品牌符号（Brand Symbol）。品牌符号是区别产品或服务的基本手段，由名称、标志、标准色、企业口号、象征物、代言人、包装等识别元素组成一个有机体，对消费者施加影响。品牌符号是建立品牌概念的基础。成功的品牌符号是企业的重要资产，在品牌与消费者的互动中发挥重要作用。

（5）品牌个性（Brand Personality）。品牌个性是特定品牌拥有的一系列独有的特征，即品牌所呈现出的特有品质。它是品牌识别的重要组成部分，可以使没有生命的产品或服务人性化。品牌个性能带来强大而独特的品牌联想，从而丰富品牌的内涵。

（6）品牌定位（Brand Positioning）。品牌定位是指企业在综合分析目标市场与竞争情况的前提下，建立一个符合原始产品的独特品牌形象，并对品牌的整体形象进行设计、传播，从而在目标消费者心中占据一个独具价值地位的过程或行动。其着眼点是目标消费者的心理感受，途径是对品牌整体形象进行设计，实质是依据目标消费者的特征设计产品属性并传播品牌价值，从而在

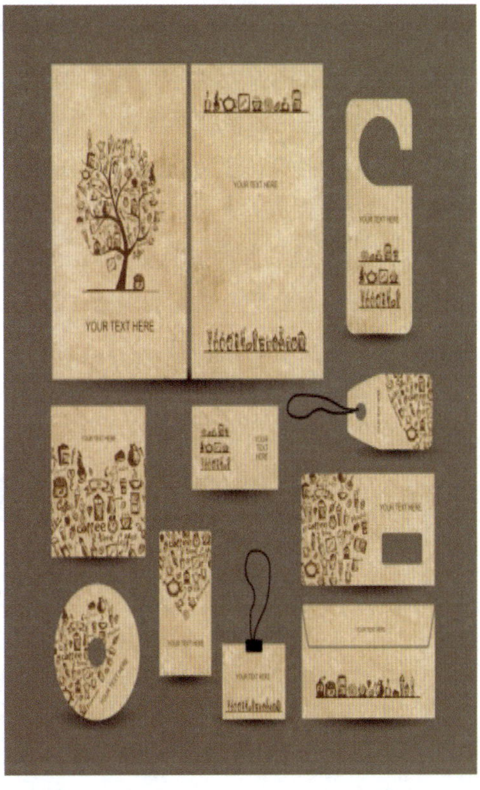

▲ 图 1-4

目标消费者心中形成该品牌的独特位置。

（7）品牌文化（Brand Culture）。品牌文化是指品牌在经营中逐步形成的文化积淀，代表了企业和消费者的利益认知、情感归属，是品牌与传统文化，以及企业个性形象的总和。与企业文化的内部凝聚作用不同，品牌文化突出了企业外在的宣传、整合优势，将企业品牌理念有效地传递给消费者，进而占领消费者的心智。品牌文化是凝结在品牌上的企业精华。

（8）品牌延伸（Brand Extension）。品牌延伸是指在已有相当知名度与市场影响力的品牌的基础上，将成名品牌运用到新产品和服务上，以期减小新产品进入市场的风险的一种策略。它可以增大新产品的可接受性，减小消费行为的风险性，提高促销性开支使用效率，以及满足消费者的多样性需要。

（9）品牌结构（Brand Structure）。品牌结构是指一个企业不同产品品牌的组合，它具体规定了品牌的作用，各品牌之间的关系，以及各自在品牌体系中扮演的不同角色。合理的品牌结构有助于寻找产品共性以产生协同作用，条理清晰地管理多个品牌，减少对品牌识别的损害，快速高效地做出调整，更加合理地在各品牌中分配资源。

（10）品牌认知度（Brand Cognitive）。品牌认知度是品牌资产的重要组成部分，它是衡量消费者对品牌内涵及价值的认识和理解度的标准。

（11）品牌美誉度（Brand Favorite）。品牌美誉度是品牌力的组成部分之一，是市场中消费者对某一品牌的好感和信任程度。

（12）品牌忠诚度（Brand Loyalty）。品牌忠诚度是指由于品牌技能、品牌精神、品牌行为文化等多种因素，使消费者对某一品牌情有独钟，形成偏好并长期购买这一品牌商品的行为。简而言之，品牌忠诚度就是消费者的重复购买行为。根据消费者品牌忠诚度的形成过程，可以划分为认知性忠诚、情感性忠诚、意向性忠诚、行为性忠诚。

（13）品牌偏好度（Brand Preference）。品牌偏好度是品牌力的重要组成部分，是指某一市场中消费者对该品牌的喜好程度，是对消费者的品牌选择意愿的了解。

（14）自主品牌（Self-owned Brand）。自主品牌是指由企业自主开发，拥有自主知识产权的品牌。它有三个主要衡量因素：市场保有量、生产研发的历史及其在整个行业中的地位。

1.2 企业及企业形象

1.2.1 企业的定义

“企业”一词是日本明治维新后，在大规模引进西方文化与制度时引进到日本的词汇；戊戌变法之后，被我国引进。在中国大陆计划经济时期，“企业”是与“事业单位”平行使用的常用词语，1978年版的《辞海》对“企业”的解释是“从事生产、流通或服务活动的独立核算经济单位”；对“事业单位”的解释为“受国家机关领导，不实行经济核算的单位”。企业单位分为国企和私企。国企就是属于国家所有的企业单位，私企就是属于个人所有的企业单位。企业单位一般是自负盈亏的生产性单位，即单位自己承担亏损与盈利的后果，有一定的自主权。事业单位一般是国家设置的带有一定公益性质的机构，但不属于政府机构。按国家对这些事业单位予以的财政补助多少，分为全额拨款事业单位（如学校等）、差额拨款事业单位（如医院等）、自主事业单位（国家不拨款的事业单位）。

现在的“企业”定义和内涵较以前有了比较大的变化。

企业一般是指以盈利为目的，运用各种生产要素（土地、劳动力、资本、技术和企业家才能等），向市场提供商品或服务，实行自主经营、自负盈亏、独立核算的，具有法人资格的社会经济组织。由此可以看出，企业具有三个特征：是一种社会组织；从事经济活动，也就是能够给社会提供服务或产品；以盈利为目的。

在商品经济范畴，企业作为组织单元的多种模式之一，是按照一定的组织规律，有机构成的经济实体，一般以盈利为目的，以实现投资人、客户、员工、社会大众的利益最大化为使命，通过提供产品或服务换取收入。它是社会发展的产物，因社会分工的发展而成长壮大。企业是市场经济活动的主要参与者；在社会主义经济体制下，各种企业并存，共同构成社会主义市场经济的微观基础。企业有三类基本组织形式，独资企业、合伙企业和公司，其中公司是现代企业中典型的组织形式。

公司是指依照法定程序设立，以盈利为目的的社团法人。按股东对公司债权人所负的责任可将公司分为无限公司、有限公司、两合公司、股份公司等。公司有如下特征。

（1）必须依法设立，即按照《中华人民共和国公司法》（以下简称《公司法》）所规定的条件、方式和程序设立。

（2）以盈利为目的。《公司法》规定，公司“以提高经济效益、劳动生产率和实现资产保值增值为目的”。这是公司区别于其他法人组织的一个显著特征。

（3）必须具备法人资格。《公司法》规定，有限责任公司和股份有限公司是企业法人。

公司是企业的一种形式，属于企业的范畴；反之，企业不一定是公司，企业是一个大概念，除公司外，还包含独资企业和合伙企业。

1.2.2 企业形象

企业形象是社会公众根据企业的一切活动及其表现而建立起来的对企业的总体印象和评价，是企业文化建设的核心。它包含两方面的内容：一是企业形象的主体是企业，它是企业的一切活动及其表现，是企业有意或无意地展现在社会公众面前的，包括企业内部生产经营管理、外部营销服务及社会活动在内的所有活动及其表现；二是企业形象的接受者是社会公众，因此，企业形象是社会公众对企业的总体印象和评价。这里提到的社会公众是指所有涉及和影响着企业经营目标实现能力的一般公众和机构公众。其中，一般公众包括企业内部员工、企业所在地居民、企业产品（服务）消费者及潜在消费者、企业相关媒体接受者等；机构公众包括与企业活动相关的政府机构、融资机构、媒体机构、社会团体及与企业营销活动紧密联系的其他企业组织，如销售商、供应商等。

▲ 图 1–5

企业形象作为社会形象的有机组成部分，影响着人们的思维、情感和消费能力。企业形象体现出的是企业概貌，能够评估企业在市场竞争中的真正实力。因此，树立良好的企业形象具有重要意义。良好的企业形象能使企业得到社会公众的信赖和支持，这是企业开展一切经营活动的基础。讲求信誉、商誉是企业的核心价值观，也是一种社会责任，唯有诚信至上，企业才能百年不衰，才能造出消费者的消费信心，形成一大批追随者，从而有助于企业产品占领市场，使企业在产品营销中具有很强的竞争力；才能增强企业的筹资能力，使企业能够在较短的时间内积聚大量资本，扩大经营规模，提高市场开拓能力和抗风险能力；才能有利于企业广招人才，人尽其才，激发员工的自豪感、荣誉感、强烈的使命感和责任感，使他们的工作热情日趋高涨，工作效率不断提高。良好的企业形象使包括企业的科技开发能力、市场营销能力、服务客户能力、整合传播能力和社会影响能力等在内的综合实力不断提高，为创造名牌产品提供有利的条件，从而增强企业的核心竞争力。以形象力提升为导向的企业 CIS 设计与导入目前已风靡世界，充分利用 CIS 全面导入来促进企业无形资产的增值，已被实践证明是增强企业竞争力的有效方法。企业通过高质量地设计、塑造和展示企业形象，可以提高企业在国内外市场上和社会公众心目中的知名度，给企业带来丰厚的经济效益与社会效益。国际设计协会的统计数据显示，企业在 CIS 上投入 1 美元可得到 227 美元的回报。企业形象的增值效应远远超过企业本身有形的固定资产和流动资金的作用，成为企业效益的源泉。当今一些著名企业的形象价值（品牌价）常常高得令人难以置信，如美国“可口可乐”公司的形象价值竟高达几百亿美元！企业形象不但能使

▲ 图 1–6

企业的产品和服务吸引消费者，而且能使企业更有效、更圆满地实现自己的综合目标，达到增强竞争力的目的。

企业形象是企业实力、地区实力，甚至国家实力的象征。一个国家拥有的著名企业越多，说明这个国家的企业在世界上越具有竞争实力，越能够开拓国际市场，从而可以赢得更多的商业利润，综合国力自然大增，国家因此也就成为经济强国，进而成为世界强国。但是，目前我国企业的形象价值，或者说，品牌价值与国外相比差距还很大，随着我国社会主义市场经济体制的逐步建全和完善，企业形象越来越成为广大企业角逐市场的重要法宝。为了强国富民，我们应该大力推行企业形象战略和企业品牌战略，以此来逐步强化我国的企业实力、地区实力和国家实力。大力开发企业形象资源，认真抓好企业形象管理，精心塑造良好的企业形象，对于企业振奋员工精神，促进生产经营和管理工作，增强企业的内聚力，优化企业的外部环境，展示企业良好的精神风貌，帮助企业在竞争中立于不败之地，都具有十分重要的意义。

1.2.3　企业形象、品牌形象与产品形象的关系

树立形象的目的只有一个，就是为了在竞争中获胜。这是品牌形象和企业形象的共同点。企业生存于多样化的竞争环境中，为了赢得竞争的胜利，就必须树立能够参与市场竞争的品牌文化与品牌形象，因为品牌形象价值是企业形象价值的基石。企业通过品牌形象集中展示了竞争优势，同时又是企业扩展声誉、创造消费者资产的基础。良好的品牌形象可以增强企业的市场竞争力，增加企业的经济效益，同时又促进企业形象的建立与完善。

▲ 图 1–7

品牌形象与企业形象是部分和整体的关系，在形象塑造中，双方密切联系，相互作用和促进。一个具有良好品牌形象的名牌产品，能提高企业的知名度和美誉度，从而促进良好企业形象的确立；反过来，企业有了良好的形象，也会为品牌形象的塑造创造条件，因为企业美名远扬，其产品更容易被消费者所接受、喜爱，从而使其品牌在消费者心目中确立起来。所以，企业形象的塑造离不开品牌形象的塑造。国内外的实践一再表明：著名的品牌形象，即名牌形象，就是产品形象，也就是企业形象。因此，有些国外企业家提出的“品牌即事业”是有道理的。

企业的品牌形象要依托良好的企业形象，适应时代的变化和科技的进步，不断寻求发展和创新，包括技术创新、设备创新、材料创新、产品创新、组织创新、管理创新及市场创新等。企业要结合实际，根据自身条件特点，树立品牌创新意识，制定品牌创新战略，实施品牌创新工程，进一步提升市场竞争力。

产品是品牌的基础，是构成品牌最基本的载体单元，是塑造企业形象的根本；品牌离不开产品的支撑，企业离不开品牌的支撑，只有通过产品形象，才能谈及品牌形象及企业形象，所以产品形象是企业形象的构成要素。具有良好产品形象的产品，就是那些技术先进、质量高、信誉佳、成本低、效益好、服务周到、能够满足消费者需求、使消费者产生好感和信任的产品。一个企业的生产经营目的在于以自己的产品服务社会，而社会对于企业的认识和了解，首先是从企业的产品开始的。产品形象集中体现了企业的经营思想、价值取向、技术能力和管理水平，从一定意义上说，企业产品形象就是企业形象。像可口可乐公司、丰田公司、松下公司、海尔集团等许多国际、国内著名企业，无不以品牌形象、名牌产品形象为先导来塑造自己的良好形象，提高企业知名度和美誉度，这是一条富有成效的途径。

作为世界最有价值的品牌之一的可口可乐，其知名度在很大程度上得益于企业形象的设计。一部可口可乐的品牌成长史，从某种程度上说，就是塑造企业形象的历史。

可口可乐之父坎德勒成立了可口可乐公司，1923年，罗伯特·伍德鲁夫接任总裁，他的目标是使可口可乐不仅遍销北美，而且走向世界。同时，他在公司内部加强可口可乐的质量管理，改进和加强可口可乐在全球的广告宣传和促销活动。在伍德鲁夫的苦心经营下，可口可乐在全球得到推广，成为世界最有价值的品牌之一。

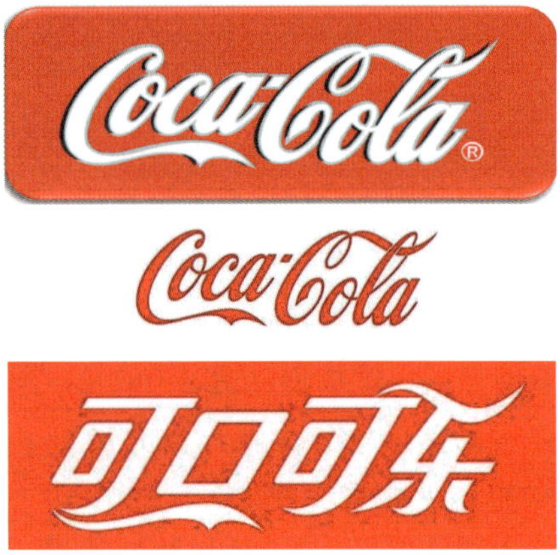

▲ 图 1-8

为了能使产品为中国消费者所接受，可口可乐公司在其中文译名上着实花了一番苦功。“可口可乐”这四个字采取了双声叠韵方式，音意双佳，朗朗上口，同时又显示了饮料的功效和消费者的心理需求。该商标投放到市场之后，果然受到中国消费者的追捧。可口可乐的中文译名也成了广告史上的经典之作。

可口可乐商标的设计采取红底白字，十分引人注目。书写流畅的白色字母，在红色的衬托下有一种悠然的跳动之态。由字母的连贯写法形成的白色长条波纹，给人一种流动感，充分体现了液体的特征，整体设计充满诱人的活力。

为了使可口可乐的品牌形象深入人心，可口可乐公司不惜花费巨资做广告宣传，每年在广告上的支出达 6 亿美元。伍德鲁夫有一句名言：“可口可乐 99.61% 的成分是碳酸、糖浆和水，如果不进行广告宣传，那么还有谁会去喝它呢？”

赞助体育活动是可口可乐公司的老传统。从 1928 年起，可口可乐公司就开始了与国际奥委会的合作。1988 年韩国奥运会，可口可乐公司组织了一支由数百人参加的啦啦队，费用全包。啦啦队成员穿可口可乐公司统一的服装，戴有可口可乐商标的帽子，手持可口可乐商标的小旗，将可口可乐的品牌形象充分展现在世人面前。目前，可口可乐公司与国际奥委会的全球合作伙伴协议延续至 2020 年，成为迄今为止与国际奥委会合作时间最长的伙伴。

此外，可口可乐公司还通过赞助公益活动来扩大自己的知名度。在中国的教育、环保、救灾、扶贫、就业等许多全国性和地区性的公益活动项目上，可口可乐公司的捐款总额超过 6000 万元人民币，成为中国社会公益事业最积极的倡导者和参与者之一。

1.3 CIS 的基本概念

1.3.1 CIS的定义

CIS（Corporate Identity System）即企业形象识别系统。CIS 是在人类进入工业化时代、商品经济高度发展，市场经济竞争激烈的背景下逐渐形成的，并随着企业管理理念的不断更新而完善，是企业大规模化经营而引发的企业对内、对外管理行为的体现。

CIS 运用整体系统将企业经营理念与精神文化传达给企业周围的关系或团体，并令其对企业产生一致的认同感和价值观，强调 CIS 的“企业的统一化系统”或“企业的自我同一化系统”，把企业形象作为一个整体进行建设、发展、管理。任何一个企业，其 CIS 的发展都要经历一个从 CI 到 CIS 的演进过程，并非一蹴而就。CI（Corporate Identity）就是形成企业自己的识别标志，其最初只是一种企业视觉识别标志，用于提高企业产品知名度，后来逐渐形成统一的标志，进而为达到扩大企业规模、增强企业竞争力、有效占有市场的目的扩展为一个识别系统。

▲ 图 1-9

现代理论认为，CIS 由三大要素构成：理念识别（Mind Identity，MI）、行为识别（Behaviour Identity，BI）、视觉识别（Visual Identity，VI）。

CIS 设计是企业对经营理念、价值观念、文化精神的塑造过程，以借此改造和形成企业内部的制度和结构，并通过企业的视觉设计，将企业形象有目的、有计划地传播给企业内外的广大公众，从而达到社会公众对企业的理解、支持与认同的目的。

1.3.2 CIS三要素之间的关系

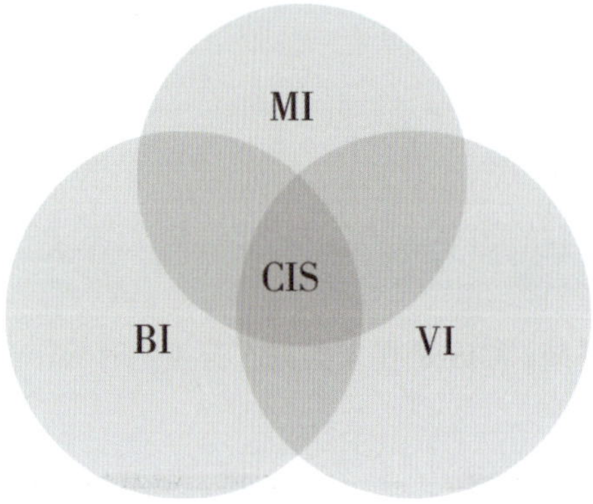

▲ 图 1–10

如前所述，一个完整的 CIS 包括 MI、BI 与 VI 三个要素。其中，MI 是主导要素，是企业在长期发展过程中形成的、具有独特个性的价值观体系，是企业宝贵的精神资产和不断成长的原动力。MI 的视觉化体现便是 VI，而 BI 则是 MI 的行为化延伸和展现。三者完美地融合和组织是塑造企业形象的有效手段。

CIS 的三要素分别处于不同的层次。如果把 CIS 比喻成人的话，那么 MI 就是人的心；BI 就是人的表情，如人的语言、面部表情；VI 则相当于人的五官、衣着等外表。实际上，CIS 的三个构成要素也相当于人的心、手、脸三者之间协调一致的关系，应该均衡发展，突出重点，不可偏废一方，以此构筑一个完整、良好的企业形象。

在 CIS 中，若 BI 丧失 MI，则企业职工就会说不清本企业怎样发展，也道不明怎样去做，企业行为很可能陷入不自觉状态。若 VI 不能表达 MI，则缺乏精神内涵的视觉冲击力，犹如无根之花草。反过来，MI 离开了 BI 与 VI，也就成了一句空头口号或一张废纸。

CIS 首先通过 MI 来对企业灵魂进行塑造。企业灵魂，顾名思义，主要指的是企业精神范畴的存在形式，如企业理念、企业文化、价值观念、经营思想等。MI 包含对企业精神的塑造，是对构成企业灵魂的企业理念、价值观念的塑造，是 CIS 的核心和起点。从这个意义上说，CIS 是雕刻企业灵魂的关键要素。

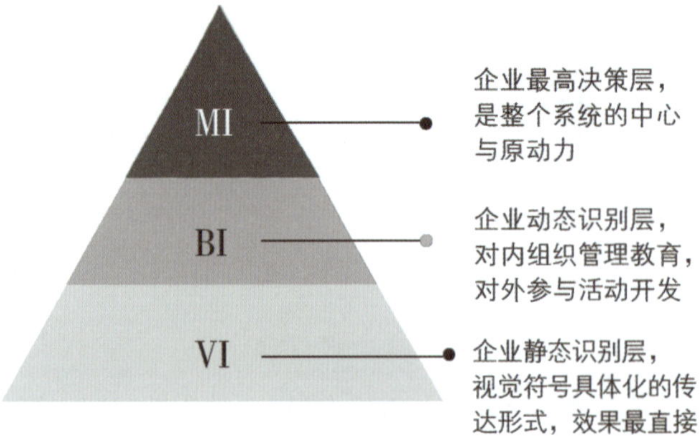

▲ 图 1–11

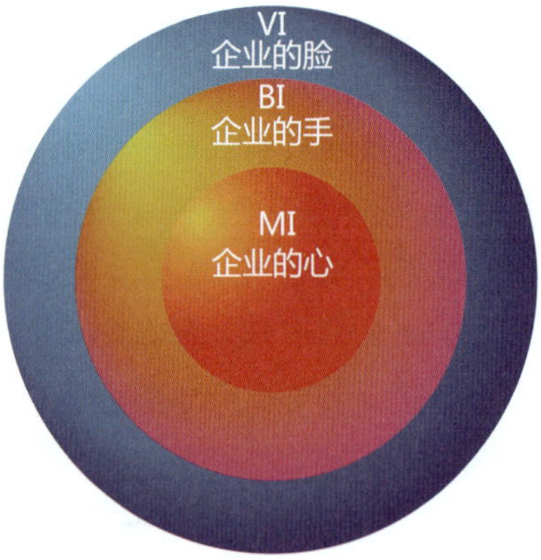

▲ 图 1–12

CIS 是将企业理念转化为企业行为的物化过程。企业理念只有通过企业的行为传播出去，才能使企业的形象得以树立，而观念形态上的企业理念只有通过企业行为的实施，才能变成人们看得见、摸得着的客观存在，因为企业理念源于企业实践活动及其所依赖的物质环境。

人们一般将企业理念的行为转化方式称为企业行为识别，即 BI。BI 通过企业的各项制度、行为规范、管理方式、教育训练、公益文化、公共关系、营销活动等体现出来，从而获得企业员工和广大消费者的识别与认同，对内提高了企业员工的凝聚力，对外加强了和广大消费者的沟通与联系，缩短了企业管理人员和一般员工之间、企业和消费者之间的距离。从这个意义上说，CIS 对提高 BI 具有指导作用，同时也是提升企业行为品位与档次的创新活动。

CIS 是将企业标志符号化、视觉化的传播过程。企业识别系统（VIS）的主要功能是把反映企业内在理念的标志转换成企业员工和广大消费者能够接收到的符号系统。如企业的标志、名称、广告语、口号、商标、图案等，人们将其称为视觉识别（Visual Identity），即 VI。VI 是 CIS 的具体化、视觉化、符号化的过程，是将 CIS 的本质表象化的结果。以此塑造企业的形象，体现企业的个性，形成企业独特的风格，并通过企业形象的传播活动途径，在广大公众的心目中树立起良好的品牌形象和企业形象。

总之，如果说传统企业出售的是产品的话，那么，现代企业推销的不只有产品，还有企业形象。从某种意义上说，CIS 活动就是创造、生产和推销企业形象的过程。

1.3.3 CIS的特性

1. 差别性

CIS 的根本就是树立具有独特个性的东西。无论是企业还是产品，或者是某一品牌，最原始的属性仍然是区分标志。企业的 CIS 是根据企业独特的企业文化建构的，具有鲜明的个性，能够有效地显示本企业与其他企业的区别，因此，CIS 又是实施企业差别化战略的根本依据。世界上没有哪两个企业是一样的，企业之间也不存在完全相同的品牌。

2. 统一性

企业在实施 CIS 战略的过程中，MI、BI 与 VI 三个基本要素是高度统一的，无论企业的地理位置在哪里，产品生产标准都是统一的，广告宣传也是统一的。统一性的具体体现：对企业实施统一化企业战略，对内和对外统一形象、行为。对内，必须严格按照 CIS 的要求，实施统一性的标准化作业管理；对外，必须落实企业形象的一致性与一贯性的宣传；对 VIS，内部要素完全标准化，并统一应用于所有推广项目及其表现形式。

3. 系统性

构成 CIS 的 MI、BI、VI 三要素缺一不可，而且必须结合企业特点，协调企业内部的诸多要素，如企业文化、形象标志设计等，构成一个完整的有机整体，为自身和社会树立大众认同的企业形象，并给企业带来经济效益和社会效益。

4. 战略性

企业既然要导入 CIS，那么这就是在做一项具有战略意义的活动。企业导入、设计与实施 CIS，其目标是谋求长远发展，把眼光放在远处，而不是为了谋求一时的成功，所以，应该把 CIS 作为企业发展的一项战略任务来对待。

5. 社会性

由于 CIS 完整、准确、条理化、标准化地概括了企业文化和企业形象最重要的内容，因此其便于传播、推广，具有传播上的高效性，能够有效提高企业文化和企业形象的对内、对外传播，尤其是对企业外部的传播效果显著，能够帮助企业更好地建立知名度、美誉度，树立企业形象和品牌形象。

6. 相对稳定性

一个企业的形象一旦在公众的心目中形成，便表现出相对稳定性，一般很难改变，即使企业发生变化，这种变化也很难马上改变企业已存在的形象模式。因为公众倾向于企业已存在的形象，这是公众心理定式作用的结果。因此，相对稳定的良好的企业形象有利于企业利用其稳定性特点开展经营管理活动，可以借助已存在的有利条件为企业创造更多的经济效益和社会效益。

虽然企业形象有相对稳定性的特点，但这种稳定性是相对的，随着企业内部和外部环境的改变，企业形象也会随之发生变化。只要变化足够大，时间足够长，并且这种变化正好是公众注目和关心的，那么，公众对企业的态度和舆论就会发生巨大的变化。

7. 对象性

企业是客观存在的实体，用 CIS 描述其对象性时包括两个含义：一是人们对企业的认知；二是 CIS 内容的客观存在性。CIS 作为人们对企业综合性认识的一种总的印象，在表现上反映出其主观性的特点，但社会大众的思维方式、价值观、利益观、审美高度等的不同，使得他们对企业形象的认识途径、认识方法都有所不同。CIS 各构成要素也具有各自的特定内容，每个内容都是具体的，都需要企业逐一实施。

8. 传播性

企业形象可以通过各种传播渠道从某一类公众传送给另一类公众。这一特征为企业形象策划达到自身的目的提供了理论依据。传播性是 VI 存在的目标根源。

9. 偏差性

正因为 CIS 有传播性，企业形象在传播中必然会出现和客观实际不符的情形：企业形象超前或滞后于企业现实。出现偏差，是由于公众获得某一企业的信息不充分所致，由于信息不充分，人们就主要从某些方面去臆测，极易导致偏差现象。

10. 创新性

CIS 是发展的，消费者的价值观和消费需求不断更新，对企业形象也相应地提出了创新的要求，所以企业形象具有把创新、继承、延续有机地结合起来的特征。

1.3.4 CIS的功能

CIS 被称之为赢得市场与消费者的战术法宝，它既可以给企业带来无形资产，也可以帮助企业树立企业形象和产品形象，提高消费者对企业的认知程度，是企业牵着市场走的竞争战略，在日渐活跃的市场经济中扮演着越来越重要的角色。如今，企业形象与品牌形象的竞争已成为企业最宝贵的财富。例如，海尔集团 CIS 的导入，使该集团赢得了我国白色家电市场和良好的公众形象。

1. 企业内部功能

（1）有利于提高企业内部管理水平，获取更多的利润。

（2）有利于建设企业文化，强化员工的精神面貌。

（3）能促进企业的基础工作推进，提高企业员工素质。

（4）能激励员工士气，增强企业凝聚力和向心力 。

▲ 图 1–13

2. 企业外部功能

（1）能提升企业形象。

（2）能提高企业的知名度。

（3）能提高产品在市场中的知名度。

（4）有利于改善企业外部环境，构筑企业稳固防线。

（5）有利于企业广招人才，增强企业发展实力。

（6）能提高信誉，提升银行贷款和投资的能力。

（7）有利于团结关系企业，建立相互信任、合作的关系，提升竞争能力，为企业增加经济效益，拓展销售渠道。

1.4 CIS 发展历程

在古代，作为人类最原始的政治、经济和文化集团——种族或部落，总是以某种原始的象征符号作为自己的标志。国家的出现是人类文明发展的重要标志，当一个国家或民族以国徽、国旗、法律、法规制度等作为自己的精神象征和身份标志的时候，就已经表现出了完整、成熟的 CIS。

早在公元前 6 世纪到公元前 5 世纪，古印度的迦毗罗卫国（今尼泊尔境内）王子释迦牟尼创立了佛教，并建立了一套较为完整的宗教组织形象。他的信徒披着黄色或红色的袈裟，住在金色屋顶和红色墙壁的庙宇里，有着统一的思想（慈悲为怀、普度众生）和统一的行为（吃斋念佛、戒色、戒酒、戒杀生、双手合十、剃度出家等），形成了鲜明的宗教制度，大大推动了佛教在世界上的传播。

▲ 图 1–14

在中国秦王朝时期，秦始皇嬴政兼并六国，统一天下，统一度量衡，统一文字，建立中央集权政府，其国家“尚黑”，以黑色为国家色。其战无不胜的百万大军举着黑色旗帜，席卷中原大地。中国的历届王朝纷纷建立自己的形象系统，如在唐代只有皇帝才能穿黄色的服装，三品以上官员穿紫色服装，四品官员穿深绯色服装，五品官员穿浅绯色服装，六品官员穿深绿色服装，七品官员穿浅绿色服装，八品官员穿深青色服装，九品官员穿浅青色服装，黎民百姓一律穿白色服装，从着装上建立了等级森严的形象系统。

对于整体的形象系统，应用最为广泛的是军队。古今中外，军队为了识别敌我、鼓舞军心、振奋士气，往往都统一穿着，统一颜色，统一军旗、军号、军歌，这样才能达到上下同心、齐心合力，保证队伍的凝聚力。

社会在进步，时代在发展，统观 CIS 历史长河，从其成为一个系统算起，人们比较认可的是，在世界范围内，CIS 的发展历程可以分为三个阶段。

（1）20 世纪初到 50 年代为萌芽期。这一时期正是世界工业革命方兴未艾之时，大量工业产品的出现，使产品供大于求，企业纷纷改进产品和行销方式，以求在竞争中取得优势。这一期间出现的两次世界大战减缓了 CIS 的发展和进步。

（2）20 世纪 50 年代到 70 年代为成长期。这一时期正值第二次世界大战结束后的经济复苏时期，产品从匮乏到供过于求，产量大于销量，也促使企业利用其品牌优势抢占市场。

（3）20 世纪 70 年代至今为成熟期。由于大量科技成果出现，世界进入了一个新产业革命时期，企业间的竞争从质量和营销手段的竞争转变为品牌和科技的竞争。

▲ 图 1-15

1.4.1 CIS发源于欧洲

1887 年，柏林 AEG 公司创立，其创始人瑞希那斯（Rathenau）认为，优美的设计可以促进销售，“社会导向的艺术”能使人们的生活更为舒适。AEG 公司第一次将设计与产品的销售结合起来，从而将世界带入艺术设计时代。今天的人们已经很容易理解他的观点，同样一件商品，我们都愿意购买更漂亮一些的，哪怕是价格稍高一点。

▲ 图 1-16

1914 年，瑞希那斯以他的观点为理论基础，邀请著名的建筑设计大师贝伦斯（Peter Behrens）担任设计顾问，为 AEG 公司设计了从工人住宅到厂房，从家电产品到展览布置场合，从信纸、信封到产品标签等的统一形象，大大地促进了该公司的产品销售，使 AEG 公司在极短的时间内就成为德国最大的国防与机电工业公司。

公认的理论认为，CIS 的雏形以两个事件为标志。AEG 便是其中之一，另一个是 20 世纪初意大利的 Olivetti 牌打字机。

1945—1964 年，意大利奥利维提（Olivetti）公司秉承“好的设计是好的事业”的理念，加大科技投入，并将设计与科技结合起来，推出了多款造型优美的产品，使其产品迅速占领了世界市场，并将产品设计的观念带到了全世界。

▲ 图 1–17

▲ 图 1–18

CIS 不仅在德国、意大利兴起，在英国也崭露头角。1933—1940 年，英国设计师弗兰克·毕克负责伦敦地铁项目的设计时，请人设计了统一的字体，将其应用于站牌、指示标记、车票等，后来又邀请一些平面设计师规范了系列海报的形态，并参与地铁本部、纪念碑的设计，达到了景观与功能的统一。

▲ 图 1–19

▲ 图 1–20

▲ 图 1–21

1.4.2 CIS成长于美国

意大利奥利维提公司的成功，引起大洋彼岸一位人士的注意，他就是托马斯·沃森（Thomas Watson），后来他成为美国计算机巨人——国际商用机器公司（IBM）的总裁。沃森在纽约看到奥利维提公司生产的一款打字机，马上被其优美的外形所吸引，立即前往意大利，专程拜访奥利维提公司的总裁，并将 CIS 理念带入美国。20 世纪 50 年代初，沃森成为美国 IBM 公司的总裁，他马上邀请艾劳特·劳因斯（Eliot Noyes）负责规划，由保罗·兰德（Paul Rand）负责设计；在 1956 年，把公司的全称 INTERNATIONAL BUSINESS MACHINES 浓缩为 IBM，成功制作出 IBM 字体标志，并逐步使用在所有的应用项目上，鲜明地塑造了 IBM 的经营哲学：借助品质感与时代感，成功地建立了高科技“蓝色巨人”的形象，在世界上，这是第一次成功地将树立企业形象的行为融于市场经营，是当时最为完整的 CIS 设计规范。

1888 年　1891 年　1911 年　1924 年

1947 年　1956 年　1972 年

▲ 图 1-22

随着 IBM 公司导入 CIS 的成功，越来越多的企业家认识到 CIS 的重要性，于是，美国许多企业纷纷仿效。这些导入 CIS 的企业纷纷刷新经营绩效，如 20 世纪 60 年代初，克莱斯勒公司一下子把市场占有率提高了 18%，东方航空公司原濒临破产，结果又起死回生。在 20 世纪 60 年代，CIS 在欧美获得了巨大的发展，并引领世界广泛兴起了 CIS 设计热潮。在这里不得不提到代表美国 CIS 发展获得巨大成功的两个公司——3M 公司和可口可乐公司。

1906 年　1950 年　1961 年　1977 年

▲ 图 1-23

1960 年，公司将冗长的名称 Minnesota Mining and Manufacturing Company 简称为 3M。1961 年，公司雇用 GeraldStahi&Associates 设计公司制作了一个权威性的标志，该标志将公司

和其业务统一在同一个标志下。设计的结果是一个四四方方的有衬线的 3M 符号，其工业外观为它赢得了昵称——“铅管工哥特体”，伴随着新标志的出现，设计单位也给出了一份包含该标志四个变体的手册。1977 年，当 3M 标志的变体由于公司不同部门的需要而增多时，3M 设计单位 Siegel&Gale 重新设计标志，以期解决这个问题。设计结果是简化到极点的字母组合“3M”：衬线消失了，口号也不见了，甚至，3 和 M 之间的空隙也被去掉了，标志的颜色则选用红色，以表现一种力量感，并以极为凸显的设计传达企业形象。

1970 年，可口可乐公司导入了 CIS，改造了世界各地的可口可乐标志，结果在世界各地掀起了一片红色的热潮。同时，可口可乐公司认为商标也应该是一种销售的手段，因此开始将使用超过 80 年的商标，改变为方格中有一条缎带绕过的新标志，成为商标兼具销售与管理功能的典范。

1.4.3 CIS深化于日本

作为在世界 CIS 设计体系中占有重要分量的日本，是在 20 世纪 60 年代才开始在企业界推广 CIS 的。日本第一个具体成型的 CIS 案例是 1966 年由 TDK 公司推出的。该案例由日本著名的 CIS 策划设计公司 PAOS 公司规划，由中西元男设计。此案例的成功不但使 TDK 公司从中受益，也使 PAOS 公司成为世界上极具影响力的 CIS 设计公司。接着，日本的一些著名企业如马自达、大荣、松屋百货、日本航空等纷纷推出了自己的企业识别与形象系统。

▲ 图 1-24

▲ 图 1-25

▲ 图 1-26

日本在第二次世界大战后引入 CIS，20 世纪 70 年代是日本 CIS 风潮兴起的时期。日本沿袭美国 CIS 的做法，将重点放在名称、标志或商标的设计上，属于 VIS 的设计与传播。日本是一个善于模仿和汲取别人优点的民族，但日本人在吸收外国先进经验时，不会全盘接受，只是汲取其合理的部分，并力图在原有的基础上有所突破、有所发展，使之符合国情。因为他们在实践中感受到，要树立良好的形象，不仅要扩大对企业的认识程度，更主要的是要让广大消费者能对企业产生好感和信赖，作为企业，不仅要在视觉上下功夫，还必须树立正确的经营观念，并提供优质的服务。

于是，在进入 20 世纪 80 年代后，日本企业界对 CIS 的认识和实际动作发生了质的变化，CIS 策划者和部分企业联手，共同对 CIS 策划的指导思想进行了创造性的补充和完善，将欧美创造的以 VIS 为核心的 CIS，与富有日本特色的“企业一家”文化理念相结合，把企业理念开发、企业经营活动、企业视觉要素三个方面加以整合，创造出富有日本民族特征的 CIS。许多日本企业借助像PAOS（博奥司）公司那样的CIS专业公司的协助，将经营理念、公司行为和企业形象结合起来，把旧有的理念和形象加以更新，着眼于企业及员工的意识和体制的改革，继而开发出全新的经营理念，在产业结构和行销手段上进行自我革新，形成新的体制。

日本CIS的发展过程大致可以分为五个阶段。

第一阶段：印象新颖和标准化。20世纪70年代初的CIS基本局限在VIS的范围内，将重心放在视觉设计的标准化上，以标准字、商标、标准色为CIS策划的核心。

第二阶段：刷新企业观念和经营方针。20世纪70年代末，企业形象设计的中心内容是“深入经营核心，刷新企业理念和经营方针”。各企业纷纷修改经营方针，建立企业市场战略，并且取得实效。1976年，松屋百货的山中冠社长接受PAOS公司的建议，下决心在具有百年以上历史传统的行业中刷新印象。结果，松屋百货实施企业形象战略第三年，销售额与前一年同期相比，便有显著增长。

▲ 图 1-27

▲ 图 1-28

第三阶段：意识变革、体制改革。20世纪80年代初，日本的CIS以员工意识变革和企业体制改革为主，针对企业的现状，强化员工的变革意识和完善企业的体制。

第四阶段：确立新企业开发和企业形象战略。20世纪80年代后期，企业的形象策划注重在掌握企业本身的经营资源和经营方针的基础上，扩大与同业竞争者之间的差异。本阶段的企业形象策划已经走向对事业领域的策划和领导型事业开发。

第五阶段：确立企业生存意义，制定企业理念。进入20世纪90年代，企业形象策划已经从生存方式进入个性、进步性和美的时代。在这一阶段，重新构筑21世纪的新型企业理念已成为企业形象策划的当务之急。

日本对CIS的理解是，CIS是一种科学地建立和明确地认知企业理念与企业文化的活动。

1.4.4 CIS在中国

1. 在港澳台

当世界CIS设计浪潮风起云涌的时候，中国香港、台湾和澳门地区已经接受西方先进的文化思想，开始采用整体的企业识别设计体系。1967年，台塑企业的掌门人王永庆率先扛起了企业形象设计的大旗，由台湾设计师郭伯雄、郭方富等人设计，将旗下多家分公司（如台化、南亚、明志工专、白石砖厂等）整合起来，并抛弃CIS设计以英文字母为主的概念，改用中文作为识别字体，用波浪形将各分公司标志连接起来，首创了一种集团化标志模式，至今仍是CIS设计的典范。

台湾食品企业味全公司，1968年业务扩大，新产品不断开发，并开始面向国际市场大量销售，原来的双凤味全Logo的视觉形象已无法展示味全公司的经营内容与发展方向，于是聘

▲ 图 1-29

▲ 图 1-30

请日本设计名家大智浩作为设计顾问，进行周详的市场调查与产品分析，开发味全企业识别计划，最后提出象征五味俱全、W 字造型的味全 Logo，发展了系列性传达样式，统一了所有部门、产品的视觉形象。之后，台湾的多家企业相继推出了自己的 CIS。1979 年，台湾对外贸易发展协会成立设计推广中心，负责推广 CIS 的理念和技术，并协助宏碁、华星皮件、建德机械等企业建立了自己的 CIS。

1985 年后，台湾企业纷纷导入 CIS，CIS 趋于成熟。

2. 在大陆

改革开放以后，中国大陆地区在与其他国家和地区的经贸、文化交往中，逐渐认识到了 CIS 设计的重要性，首先在中央工艺美术学院（现清华大学美术学院）设立研究机构，负责 CIS 设计的研究与教学工作。中国大陆地区最先推出自己的形象识别系统的企业是广东太阳神集团公司。之后，随着 CIS 设计理念的推广，越来越多的企业家认识到 CIS 的价值，在很短的时间内就形成了遍地开花的局面。

中国大陆 CIS 的发展划分为三个时期，即引进期、推广期和成长期。

（1）引进期：自 1988 年 8 月广东太阳神集团公司在我国大陆首开先河，成功导入 CIS 战略开始到 1994 年。这一时期的典型特征是以“粤货名牌”独领风骚为标志，在广东太阳神集团公司导入 CIS 成功的诱惑下，一大批广东民营企业、乡镇企业纷纷引进并开发 CIS，以新产品上市创立名牌为目标，通过 CIS 策划自创品牌，如健力宝、TCL、科龙、美的、万家乐、华帝、康佳、三九……由此出现了“全国饮珠江水，用广东货”的现象。在 20 世纪 80 ～ 90 年代，广东货改变了 60 ～ 70 年代由上海货占领全国市场的局面。CIS 在中国大陆已成为征战市场的一大营销利器，中国大陆企业开始普遍关注 CIS 的魔力。

CIS 在中国大陆引进期所显示出的市场开拓力，开始令企业家感到惊讶，同时更令设计界、新闻界、公关界等有关社会组织感到新奇。来自各方面的关注、宣传、炒作、研讨、推动，导致中国大陆沸沸腾腾，掀起了一阵“CIS 热浪”。

（2）推广期：1995—2000 年，日本、中国台湾和香港等 CIS 策划设计人士纷至沓来，争相到中国大陆传播 CIS，开设讲座，发展业务。与此相关，中国大陆 CIS 潮流开始由广东向东部较发达的沿海地区和内地推广开去。一大批有实力或有战略眼光的、市场竞争较激烈的企业，开始引领 CIS 时尚潮流，如宝钢、杉杉、嘉陵、中国电信、国际航空、建设银行、茅台、海尔、新飞、七匹狼、联想等。被誉为“东方犹太人”集居地的温州，意识到质量与品牌的作用之后，全市上下开始抓质量，塑品牌，创出了如正泰、德力西、康奈、报喜鸟、吉尔达、庄吉、奥康、红蜻蜓等一大批中国驰名品牌，彻底更新了消费者对温州产品的认知。

▲ 图 1-31

这一时期的 CIS 特征是，企业开始由 CIS 初期以视觉为主导的“表象性 CIS”走向深入，由经济实力雄厚的大型国企与思想观念前卫的民企导入 CIS 为主流，更注重整体形象的提升与重塑。经营理念（MI）和行为规范（BI）的全面导入，旨在增强企业形象，重建企业文化，全面塑造企业品牌。

这一时期的 CIS 成果，看上去不如广东企业创立名牌战略那么显著与快捷，但其蕴涵的历史意义却更为深刻。一方面，各个行业中举足轻重的龙头企业导入 CIS，对于 CIS 的传播作用较大，在行业内外产生了深远影响；对于加快中国大陆 CIS 使用进程，推动中国大陆企业整体素质水平提高有不可低估的作用。另一方面，它们对全面引进 CIS 体系，对中国大陆 CIS 发展质的提升，均有较大的历史推动作用。

（3）成长期：从 2001 年开始，可以真正称为中国大陆 CIS 的成长期。这一时期的 CIS 发展，是在前一时期 CIS 推广的基础上，开始向纵深发展。其典型特征是以品牌为导向和核心，将导入 CIS 的着力点集中于建立和培育国际知名品牌，实施品牌战略，提高市场竞争力这一主线上，使“中国型 CIS”逐渐成形并开始走向成熟，显现出“中国型 CIS”的成长与发展态势，开始形成民族风格和特色。

综上分析不难看出，中国 CIS 的起步、成长与发展是一个自然的历史过程。这一过程与我国改革开放的市场经济发展同步，并带有其阶段性特征。

作业

1. 搜集 50 个以上品牌标志。
2. 用一个实例说明商标与品牌的区别。
3. 描述 CIS 的三要素及其关系。
4. 论述 CIS 在中国的现状。

第2章 CIS的导入与管理

教学内容：本章主要介绍CIS导入与管理过程中的一些常规工作，包括工作内容、工作方法与技巧。

教学目标：通过本章的学习，了解CIS导入的基本过程，了解CIS管理内容，掌握管理方法。

熟悉CIS导入流程，能够制定调研内容，分析调研数据。

掌握CIS设计原则。

教学时数：6学时。

2.1 CIS 导入前的准备工作

CIS 的导入是企业发展过程中的一次变革，是一项涉及企业经营理念、管理制度规范，使管理手段可控、信息交流畅通的系统工程，要求企业在导入前必须做好充分的准备工作，以便在导入时能够引导企业按计划、有目的、有步骤地循序进行。导入 CIS 前一定要将它放在企业发展战略的高度去谋划，并需要借助一定的方法才能达到预期目标。

2.1.1 加强沟通，统一观念

内部观念的沟通对导入 CIS 至关重要。引入 CIS，首当其冲需要做的是企业内部管理的变革，那些利益既得者很可能会成为 CIS 导入的阻力军，特别是领导层，部分甚至极少部分领导的态度将直接决定 CIS 导入的成败。因此，导入 CIS 的前期工作就是要加强领导层内部的沟通，统一思想，更新观念，要求企业内部从高层到基层，从认识到落实达成共识。实践证明，一些企业或相关组织在导入 CIS 时是欠缺这一过程的。比如，主要领导拍板导入 CIS，片面追求企业高大上，当有些领导有抵触情绪时，如果不进行充分沟通，那么在导入过程中和以后的工作中会由于内部观念的差异，造成对企业导入 CIS 必要性、迫切性的认识不一致，不能形成统一意见与合力，在导入的后期使工作无所适从，以致失败。特别是一些中小型国有企业，一旦出现这种情况，CIS 导入工作在企业内部将很难推动。

▲ 图 2-1

一方面，CIS 是舶来品，如果对其缺乏必要的了解和认识，那么相关人员就会对这一文化产品能否给企业带来经济效益持怀疑态度，这种情况在民营企业较为普遍，CIS 倡导者往往是承担更大责任的经营者，如果其部下和员工跟不上他的超前意识，没有高瞻远瞩的企业长远发展眼光，只顾眼前利益，那么，作为 CIS 的导入者，就要做好这些人的沟通工作，提高其认识能力；另一方面，一些人出于思想观念方面的保守，对新鲜事物缺乏激情，更不愿在一场由 CIS 引发的深刻变革中改变自己故有的思想理念和行为方式。这种情况在国有企业较为常见，是导入 CIS 的大敌。

沟通是需要精力和时间的，最直接、最简单的方法是邀请专家为高层人员“洗脑”，做 CIS 专题报告，用生动、新鲜的 CIS 成功案例，讲解 CIS 的功能及对企业经营活动和企业竞争力提升将会发挥的作用。顶层设计好了，抓基层落实就有章可循了。除此之外，领导人的决心、魄力至关重要。领导人的信念不动摇，就可以带动一些人跟着向前走。

2.1.2 明确导入目的

企业导入 CIS 必然是有目的的，为什么要导入？解决什么问题？要导入什么？企业导入 CIS 的动机是多种多样的，而目的不仅与企业内部的经营管理状况有关，同时也与国内外社会经济发展的环境相联系。导入 CIS 就是为了能够自觉完善企业内部机制，增强企业凝聚力，提高竞争力，以适应市场经济发展要求，并在面对各种压力和挑战时能从容应对。

1．加强内部管理

随着企业不断壮大，许多企业开始向多元化、集团化、国际化经营方向发展，企业对各下属成员企业进行统一管理成为必然。CIS 对协调企业下属单位之间的行动，统一形象，简化管理系统的作业流程，缩短新员工培训时间和适应作业的时间等，都有不可估量的作用，使企业管理更加便捷、规范，富有成效。像银行这类与资金交往的行业，可通过导入 CIS，强化管理制度，规范工作流程，提供预警预错途径，从源头上加强内部管理，高效、优质地完成各项工作任务。

▲ 图 2-2

2．增强内部凝聚力

要保持企业持续生存和发展的活力，就要求企业不断塑造、更新和完善企业文化。企业文化是企业成员所追求的固有价值观、思维方式、行为方式和信念的综合，是企业成员在企业长期生存竞争中逐渐汲取经验教训而发展起来的。它作为企业生命力的一个要素，对企业生存能力有着重大的影响。企业如果没有属于自己的良好的企业文化，那么在发展中就会缺少后劲。企业文化的作用是强调企业目标和企业成员工作目标的一致性，强调群体成员的信念。价值观的趋同，强调企业成员之间的吸引力和成员对企业的向心力，因此它对企业成员有着巨大的内聚作用，使企业成员团结在企业组织周围，形成一致对外的强大的生存发展力量。像中国石油天然气集团公司这类国有大型企业，在与国外同类企业的竞争中，就需要上下一心，团结一致，才能在竞争中立于不败之地。

▲ 图 2-3

3．提升企业形象与知名度

通过组织化、系统化和统一化的 CIS 导入提升企业形象与知名度是最直接的导入动机。消费者对于有计划的视觉识别系统易产生组织健全、制度完善的信赖感和认同感，同时对于有优秀的行为识别系统和独特的理念识别系统的企业也较容易产生良好的印象。企业为了提高在公众中的形象和知名度，需要积极引进 CIS，进行企业形象策划。

4．强化市场竞争力

现代企业的竞争，是新技术、新产品的竞争，企业只有不断进行技术革新，不断开发出新产品，才能使自己抢先占领市场，赢得更多的消费者。而消费者对新产品的认识、理解、接受以至形成一种新的销售习惯，都需要经过很长的一段时间。良好的企业形象可为新产品的开发铺平通向消费者的道路，因为消费者对企业的信赖使其对企业的产品也有一种信得过的感觉，由此增强了企业产品的竞争力。企业导入 CIS，通过给人印象强烈的视觉识别设计，有利于创造名牌，建立消费者的品牌偏好。

5．吸引优秀人才

优秀的员工队伍是企业生存和发展的坚实基础，在招聘员工时，能否吸收优秀人才，储备高质量的人力资源，以及能否保证公司经营的持续性，避免人事频繁变动，均有赖于企业形象的好坏。导入 CIS，通过塑造有个性的企业形象，可以使企业形象有一定的倾向性和针对性，从而与受其吸引而来的应聘者具有了比较一致的目标和要求。同时，由于避免了不确定性，吸收新员工的程序会变得简单，更易吸收优秀人才。

6．抓住有利时机，应对各种挑战

企业作为自由竞争的主体，其一切行为都必须遵从市场规律，这就要求企业在优胜劣汰的市场经济中拥有良好的生存和发展能力，自觉或不自觉地应对来自企业内外的各种各样的挑战，这也成为导入 CIS 的契机。

对企业来说，抓住企业转换机制机遇，以 CIS 的导入和运用来提高企业形象、创建名牌产品不失为一个良策。

企业可抓住国内外政策性转移机遇，利用开拓市场及实行集团化、多元化、国际化经营方式的时机导入 CIS。历史证明，一些知名的大型企业（如海尔集团）就是利用这样的时机，成功导入 CIS，迅速提升了企业的品牌形象，在市场竞争中取得了一定的市场份额。

▲ 图 2–4

企业还可抓住承担社会责任的机遇，塑造良好的企业形象，增强社会安全感和信任感。企业在追求经济效益的同时，还应兼顾社会效益。因为企业作为社会大系统中的一个子系统，处于社会多维空间网络中的一个纽结，同社会的各个方面发生联系。企业要较好地生存和发展，就必须对社会做出应有的贡献，履行必要的社会责任，对社区负责，合理利用资源，关心社会福利事业，并通过优秀的企业文化促进良好社会风气的形成。

企业面对社会责任的挑战，必须站在大众的立场上，积极致力于社会公益事业，塑造良好的企业形象。

2.1.3 确定导入动机

企业导入 CIS 的目的和原因很多，一般情况下要根据企业面临的实际需要，有针对性地设定 CIS 导入目标，实施 CIS 战略。企业导入 CIS 的动机大致有如下几个方面。

1. 求变

企业在发展壮大过程中，会遇到生产、经营状况持续下降，管理混乱，缺乏市场竞争力的困难，导致企业发展停滞不前，甚至面临生存危机。面对这种危机，借力 CIS 导入时机，企业必然要思变：变革落后的管理运行机制，完善企业管理制度，激发员工的工作热情，增强企业凝聚力；变革陈旧的企业形象，为企业注入新的活力，寻求企业新的经济增长点；寻求重组，变更企业名称，重塑企业形象，开拓新的市场；变革单一的经营方式，实现多元经营模式。

海信集团有限公司旗下的海信科龙电器股份有限公司(以下简称“海信科龙”)，这就是一个典型的成功案例。海信科龙是中国最大的白色家电产品制造企业之一，创立于 1984 年，总部位于中国广东省佛山市，主要生产冰箱、空调、冷柜和洗衣机等系列产品。海信科龙是由海信集团有限公司于 2006 年年底成功收购广东科龙电器股份有限公司而诞生的中国白色家电的新航母。广东科龙电器股份有限公司的前身是 1984 年成立的珠江冰箱厂，1993 年更名为广东科龙电器股份有限公司，同时推出新产品“科龙”空调，之后整合多品化经营的冰箱、空调、冷柜等系列产品，成为中国家电行业的著名企业之一。1996 年和 1999 年，公司股票分别在香港（代码：00921）和深圳（代码：000921）两地发行上市。2007 年 6 月，公司更名为海信科龙电器股份有限公司，公司借此机会导入 CIS，对外相继举办一系列公益活动，大力宣传企业文化；对内修炼内功，开办中级管理人才研习班，创办海信学院，大力研发新品，制定行业标准，使企业步入集团化发展道路。海信科龙的主导产品涵盖冰箱、空调、洗衣机、冷柜、生活电器等多个领域，生产基地分布于佛山、青岛、北京、南京、扬州、湖州、成都、营口等多个城市，形成了年产 600 万套空调、800 万台冰箱、70 万台冷柜的强大产能。海信科龙在佛山、青岛、南京三地设立了研发中心，并在美国、日本、英国等国设立了科研机构，由上千名技术人员组成了业内规模较大、专业较齐全的研发团队，时刻与世界主流家电技术保持同步。

KELON
科龙

▲ 图 2-5

2. 求新

求新就是改变落后，摒弃陈旧，谋求发展。要谋求企业的发展，经营理念就要有新突破，利用新科技技术提升产品质量，开发新产品种类，保障产品品质以顺应时代要求。在保证质量的同时，还需要保持时尚。事实证明，企业生产、经营、管理诸方面不思创新就是倒退。

华为技术有限公司（以下简称“华为”）是全球领先的信息与通信技术（ICT）解决方案供应商，专注于ICT领域，坚持稳健经营、持续创新、开放合作，在电信运营商、企业、终端和云计算等领域构筑了端到端的解决方案优势，为运营商客户、企业客户和消费者提供了有竞争力的ICT解决方案、产品和服务，并致力于使能未来信息社会，构建更美好的全联结世界。截至2016年年底，华为有超过17万名员工，其产品和解决方案已经应用于全球170多个国家和地区，服务全球运营商50强中的45家及全球三分之一以上的人口。

▲ 图 2-6

华为在 CIS 设计中，明确确定了“以客户为中心”的战略目标，并指出“为客户服务是华为存在的唯一理由；客户需求是华为发展的原动力”。华为是一个技术企业，以消费者为中心，通过运营商、分销商和电子商务等多种渠道，致力于打造全球最具影响力的终端品牌，为消费者带来简单愉悦的移动互联应用体验。华为还将对网络、云计算、未来个人和家庭融合解决方案的理解融入各种终端产品中，坚持“开放、合作与创新”，与操作系统厂家、芯片供应商和内容服务商等建立良好的合作关系，构建健康、完整的终端生态系统。

华为专注于与运营商建立长期合作伙伴关系，拥有热忱的员工和强大的研发能力，快速响应客户需求，提供客户化的产品和端到端的服务，助力客户获得成功。华为的产品和解决方案涵盖移动、宽带、IP、光网络、网络能源、电信增值业务和终端等领域，致力于提供全IP融合解决方案，使最终用户在任何时间、任何地点都可以通过任何终端享受一致的通信体验，方便人们的沟通，丰富人们的生活。

3. 扩张

当一个企业发展到一定规模，并寻求新的经济增长点时，必然要考虑走集团化、国际化道路，这就要求企业必须遵守公平竞争的规则，从内在到外在，从管理到落实，从生产到经营，都要顺应时代发展要求，形成企业独立的管理系统。

联想集团（以下简称“联想”）是1984年中科院计算技术研究所投资20万元人民币，由11名科技人员创办的，是中国的一家在信息产业内多元化发展的大型企业集团和富有创新性的国际化科技公司。从1996年开始，联想计算机销量一直位居中国国内市场首位；2005年，联想收购IBM PC（Personal Computer，个人计算机）事业部；2013年，联想计算机销售量升居世界第一，成为全球最大的PC生产厂商。2014年10月，联想宣布了该公司已经完成对摩托罗拉移动公司的收购。

▲ 图 2-7

作为全球计算机市场的领导企业，联想从事开发、制造并销售可靠、安全、易用的技术产品及优质、专业的服务，帮助全球客户和合作伙伴取得成功。联想主要生产台式计算机、服务器、笔记本电脑、智能电视、打印机、掌上电脑、主板、手机、一体计算机等商品。

自 2014 年 4 月 1 日起，联想成立了四个新的、相对独立的业务集团，分别是 PC 业务集团、移动业务集团、企业级业务集团、云服务业务集团。2016 年 8 月，在全国工商联发布的“2016 中国民营企业 500 强”榜单中，联想名列第四。

4. 升级

升级是企业在保持原有的企业生产规模、经营方针、管理方式基础上的一次升华。企业发展需要不断地寻求新的突破，需要重整企业理念，需要“二次创业”，需要开拓市场，只有市场打开了，企业才有活力。任何一个企业，如果只有好的管理措施和产品质量，但是没有市场，则一切都是空谈。升级包括软件与硬件两个方面，无论是软件还是硬件的升级都是有条件的。软件的升级要遵循市场规律，需要契机；硬件的升级需要资金的支持，依赖于市场条件。例如，可利用升级设备和技术的时机导入 CIS，实现开拓市场的目的。这样的案例很多，特别是珠三角、长三角地区的民营企业大多是这样起家的。20 世纪 90 年代，大量的名牌涌现，都是在新产品、新技术进入市场时导入 CIS，迅速建立品牌效应，打开市场的，如美的、格力、康佳、娃哈哈、中兴等。

▲ 图 2-8

柯达的沉浮就是明证。若干年前，没有人不知道柯达的名号，而今的柯达已经淡出了人们的视线。2001 年，传统的影像行业遭遇了前所未有的生存危机，数字技术革命摧毁了传统胶片行业得以安身立命的产业基础，全球胶卷的需求出现拐点，消费市场以每年 10% 的速度急速萎缩，以胶片为生的柯达仍然没有意识到问题的严重性，没有积极转变经营方向，丧失了最佳导入时机，致使企业走向倒闭。而此时期的三星、索尼、佳能、尼康等数码企业适应时代发展潮流，纷纷进入相机领域，赢得先机，将第一个发明数码相机的柯达公司挤出了数码业务领域。“柯达发明的数码相机，成了柯达的掘墓者。”

▲ 图 2-9

5. 顺变

在企业发展过程中，来自内部的或外部的因素致使企业体制发生一些变化（如企业改组或重组并不是企业主动求变），迫使企业通过整合企业结构来提高管理效率。许多企业导入 CIS 就属于这种情形。企业在改制中可能一分为二（或更多），改制后的新的企业就必须有自己新的形象识别系统；或者将多个企业整合为一个企业，将原来的形象识别系统全部废除而重新建立新的形象识别系统。企业无论是分立还是合并后，第一件事就应是导入 CIS，设计新的形象识别系统，迅速建立适合新企业的管理系统。

还有一种特殊情况，就是企业一旦发生负面状况时，将对企业发展产生非常不利的影响。

面对这种状况，企业需要花很大的精力、财力和时间去消除不利因素，消除对社会造成的不利影响，将损失控制在最小限度内。但同时，这也成为企业导入 CIS 的一个动机和契机。

6. 宣贯

有些企业发展实力很雄厚，但由于客观原因导致企业缺乏对外宣传力度，企业的实力不被公众所认识，这是企业发展过程中的悲哀。如果企业存在这种状况，则首当其冲应做的是导入 CIS，通过 CIS 的导入，加强企业对外宣传力度，改善企业公共关系，通过必要的促销活动，彻底改变企业实力强大而形象传播力弱的现状，提升企业实力形象。

内蒙古伊利实业集团股份有限公司（以下简称“伊利”）的发展历程可以说是中国乳业从小到大、从弱到强的历史缩影，从 20 世纪 50 年代 95 户养牛专业户组成的“呼市回民区合作奶牛场”，发展成今天中国乳业举足轻重的龙头企业，颇具传奇色彩的发展历史，不仅成为中国乳业的一面旗帜，而且开创并引领了中国乳业的“黄金十年”。特别是伊利通过奥运会与世博会，将中国乳业带上了世界舞台。在荷兰合作银行发布的 2015 年度“全球乳业排名”中，伊利蝉联全球乳业 10 强，继 2014 年后，再次成为全球乳业第一阵营中的唯一亚洲乳企。2015 年，伊利业绩突破 600 亿元人民币，营业收入和净利润稳居亚洲乳企第一。2016 年 7 月 25 日，在荷兰合作银行发布的 2016 年度“全球乳业排名”中，伊利的排名跃升至全球乳企 8 强。

▲ 图 2-10

2.1.4 设置组织机构

设置组织机构是企业导入 CIS 前必备的前期工作。CIS 组织机构是 CIS 的执行部门。

1. CIS 委员会

CIS 委员会是企业导入 CIS 的决策机构，它由 CIS 导入企业的主要负责人和 CIS 专家共同组成。

（1）CIS 委员会的组建原则。CIS 委员会由特定的个人或单位来担任。在组建 CIS 委员会时，必须依照下列原则。

一是代表性原则。CIS 委员会的成员应来自企业的各个部门，并能代表所在部门收集情况和发表意见。

二是权威性原则。CIS 委员会的组成人员中必须有企业主要负责人，以防止 CIS 导入过程受阻。同时，CIS 专家应该具有较高的权威性，他们的意见能够影响整个 CIS 委员会成员的意见。

三是创造性原则。CIS 委员会的组成人员要有创造性，要求不仅能独立发表意见，而且能发表有创造性的见解，以便提高 CIS 导入的整体水平。

四是协调性原则。CIS 委员会是 CIS 导入的正式权威机构，必须保持高度的协调性。一方面，要实现 CIS 委员会的内部协调，成员间既能团结协作，畅所欲言，又能听取他人意见，真正做到行动上的高度统一；另一方面，要实现 CIS 委员会与外部的协调。因此 CIS 设计过程和导入开发过程都有赖于企业全体员工的支持，这就要求 CIS 委员会的成员首先应具有良好的人际关系；其次应具有帮助各个部门协调好关系的能力。

（2）CIS 委员会的人员组成。

一是决策人员。这类人员主要是企业主管，他们有权决定企业的一切行为，CIS 导入和开发有赖于他们的全力支持。

二是职能人员。这类人员大多是企业各主要职能部门的负责人。他们的基本任务是，既向 CIS 委员会介绍本部门的全部情况，收集 CIS 策划所需要的信息，又在全面掌握 CIS 设计内容的基础上，积极主动地在本部门全面实施 CIS 导入计划。

三是策划人员。这类人员主要由专门的策划专家组成，他们负责企业 CIS 策划和设计的全部工作。

2. CIS 委员会的职能与任务

CIS 委员会的作业内容和基本任务涵盖和贯穿 CIS 导入过程的始终，大致包括如下几个方面。

（1）确认 CIS 内容，对 CIS 导入的方针和计划等加以立案，并确定 CIS 导入的时间与日程。

（2）根据 CIS 导入的方针和内容，策划前期调查方案，管理调查作业的进行，并开展企业内部员工教育活动。

（3）依据调查结果设定 CIS 概念，确定 CIS 导入的价值取向，并将立案后的 CIS 导入计划报送至企业最高决策人。

（4）按照上级主管部门审批的 CIS 概念和计划，制作配合理念表征和识别系统的具体企划案。

（5）依照识别系统计划，制作新识别系统的设计纲要，为开发新识别系统而采取适当行动与措施。

（6）审议 CIS 设计作品的内容，审定 CIS 设计的各种方案。

（7）在企业内外发布 CIS 开发的结果。

（8）反馈 CIS 导入信息，确认日后的活动计划和管理结构。

（9）不断总结 CIS 实施中出现的新问题，为进一步的 CIS 导入开发行动做好准备。

3. CIS 执行小组

CIS 执行小组隶属于 CIS 委员会，是一个具体从事 CIS 策划、设计与导入推广工作的专门机构。CIS 委员会负责 CIS 设计的大政方针制订、信息提供和后勤保障，CIS 执行小组则专门负责 CIS 导入的具体工作。

（1）CIS 执行小组的人员构成如下。

一是策划专家：主要负责 CIS 设计过程中的整合创意与策划。

二是市场调研人员：根据策划专家的创意要求，组织实施具体的市场调查、资料搜集及分析预测，为 CIS 策划提供决策依据。

三是平面设计师：主要负责导入 CIS 的全部平面设计工作。

四是宣传人员：主要负责 CIS 设计过程中的全部文案工作，以及 CIS 导入过程中的内外传播与新闻报道。

（2）CIS 执行小组的主要任务如下。

一是预测 CIS 导入的时机和具体时段。

二是预算 CIS 导入的经费。

三是提交 CIS 设计的论证报告。

四是对企业内外部环境进行调查分析。

五是对企业的理念、行为、视觉识别和传达系统进行创意策划和设计，形成 CIS 导入计划方案，负责对 CIS 设计效果进行追踪反馈和评估。

2.1.5 动员内部员工参与

导入 CIS 的最终目的是提高企业整体水平和内部员工的素质，使每一个人成为企业形象的捍卫者和塑造者。如果没有普通员工的积极参与，导入活动便无法在企业内生根、开花、结果。因此，必须采取多种措施，动员全体员工参与，为导入 CIS 贡献力量。全员行动是奠定企业新形象的基础。倘若员工对此漠不关心，企业依然会留存各种诟病，不能从根本上解决问题，那肯定是一场失败的导入。

要动员全体员工积极、主动地参与进来，这并不是简单地开个动员大会，做一个一般性的号召就能成功的。CIS 委员会与执行小组、执行人要在这方面下大功夫，针对企业的具体情况采取具体办法而开展工作。比如，利用自办的各种报刊、电子媒介、海报、简报、布告栏、板报、文艺活动等平台进行宣贯，条件成熟时请专家或专业人士有针对性地讲授企业识别系统的基本知识，使企业所有员工都能了解、熟知这方面的知识，认识到企业导入 CIS 的意义；同时要用各种形式激发员工的兴趣，并为他们提供方便的参与方法。

2.1.6 聘请专业CIS公司

无论是全面导入 CIS 还是部分导入 CIS，最好是聘请专业 CIS 公司进行策划和设计。CIS 是舶来品，具有很强的技术性、专业性和操作性，若没有 CIS 专业技术人才指导，导入 CIS 的企业或相关组织完成这一系统工程的难度可想而知。

企业内部人员导入 CIS 时有很大的局限性，由于企业自身发展的特点，企业内部人员很难跳出自身局限审视组织问题。所谓旁观者清，用外部人员，能够轻易找出企业存在的问题，能够保持客观性和科学性。即便是企业或组织内部在理念或标志设计方面能够提出一些方案，也很难得到内部的一致认同，因为缺少一个专业评判标准，比如中国国际航空公司、中国东方航空公司等许多人才济济的大型国有企业都请专业机构导入 CIS 正是这个缘故。专业 CIS 公司在策划设计技术上有专业技术优势，员工受过系统的专业教育，开展过专业的研究，有丰富的案例操作经验。

2.2 导入 CIS 的调研工作

调研工作通常由专业机构在企业 CIS 执行人员的协同下完成。调研工作涉及面广，需要多方配合进行，而且要求考虑周全。因此在实施调查之前，要设计并制订出具体的计划表。

2.2.1 调研计划

调研计划表的内容一般至少由三个方面构成，即调研项目的基本目标、所要调研问题的要点说明和调研组织工作日程表。计划的拟订，通常由有经验的人执笔，相关人员商讨决定，以免有疏漏。

实施企业调研前，调研小组应将调研计划（包括调研人员、时间分配计划、调研目的、调研重点、执行时间表、问卷等）提前提交给接受调研单位，以期对方做好配合调研准备，共同顺利地完成调研计划。

对于企业实态与企业形象、品牌资源的调研工作，一定要严格按计划执行。

2.2.2 调研方法

科学的方法可以保证 CIS 调研质量和效果。可根据所要调研的内容、对象特点采取以下几种不同的方法，既可交叉使用，又可同时使用。

1. 访谈调研法

访谈调研法简称访谈法，是调研人员通过与调研对象进行交谈，了解企业（组织）内部成员或社会公众对企业形象的看法，收集口头资料，往往又结合问卷调研法的方法。

2. 观察调研法

观察调研法是指调研人员到现场进行直接观察、倾听。它一般是在调研对象毫无准备的状态下进行的，分为直接观察法、实际测定法和行为记录法。不论是对 VIS、MIS 还是对 BIS，都能从观察中看到想要的东西。

3．问卷调研法

问卷调研法是目前国内外社会调研中使用较广泛的一种方法。问卷是指为统计和调研所用的，以设问的方式表述问题的表格或文档。问卷调研法就是指研究者用这种控制式的测量对所研究的问题进行度量，借助问卷测验的形式，了解公众的意见，从而搜集到可靠的资料的一种方法。问卷调研法中，关键词或问题的设计至关重要。

4．文献分析法

文献分析法是指调研人员通过研究企业相关文献、材料等来洞察企业的形象，对各种媒介所传播的有关组织形象的信息（包括各类公众对企业的评价的记载及各类相关文献资料）进行调研分析的一种方法。在文献资料收集中，企业（组织）的年度工作总结、发展规划、领导人工作报告、企业文化规划或总结、人力资源素质分析、管理制度与规章、近期的经济效益统计分析等较为重要。

2.2.3 调研原则

导入 CIS 的出发点是制定企业长远发展战略规划，它是一项系统工程，其调研工作不能等同于一般的市场调研，根据其特殊性，在进行 CIS 调研时要把握以下几个原则。

1．针对性原则

要根据企业（组织）导入 CIS 的主要目的、目标和需要解决的主要问题进行调研，这样的调研可有的放矢、提高效率，主线清楚，为提出问题、分析问题、解决问题开好头一步。

2．客观性原则

进行调研访谈、资料收集、问卷调研或观察时，极为重要的是不仅要听取对方的成就经验一面，而且要发现和了解对方存在问题的一面。“问题解决学”是 CIS 的基本精神，CIS 的主要功绩是雪中送炭，不是锦上添花。客观的调研可以为客观的分析打下基础。

3．碰撞性原则

这一原则强调调研工作与调研对象的思想交流，观念碰撞，特别是对高层领导的访谈，需充分了解他们对企业未来发展的思路、构想、理念；对企业、文化、形象构筑和品牌建设等目标的期待，了解员工对企业愿景的期待；另外，对生产、服务现场的观察与感悟，对于深刻了解企业，激发创作灵感十分重要，这需要新闻记者般的敏锐和对事业的激情。这种调研对于企业理念（MI）设计大有裨益。

2.2.4 调研基本内容

CIS 导入是一个过程，在某种意义上又可以认为，导入 CIS 是一种对企业以往常规管理持怀疑态度而进行的再评价与再塑造，要将这种思维上的怀疑转换成对现实的分析，就要从各方面进行调研。因此，调研分析是导入CIS活动中非常重要的一个环节。

CIS既然是一项适应环境与增强自身活力的活动，其调研内容相当广泛，主要包括对决策层的调研、访谈，对员工观念、意识的调研，对企业形象的内外调研，对企业信息传递活动实际情况的调研，分为内部状态调研和外部环境调研。

1. 企业内部状态调研

企业的内部状态调研可以围绕CIS的三个系统展开。

（1）理念识别部分：要从其经营方针、经营领域，现有的指导企业活动的经营管理理念，企业的现代性与未来性，职工的认同感、责任感和凝聚力，去发现其意识清晰或模糊，盲目或有的放矢，认同度高或低，从而评估其是具有活力还是老化，在这个过程中寻找到能够使企业良性运行的新理念，使企业转危为安，完成使命。

（2）视觉识别部分：要了解现有标志标准字体、标准色等基本形象要素，传播效果及其存在的问题；了解内部组织成员对现有CIS的认同度，有无改革的必要性；了解产品形象、包装设计是否与国际接轨，与竞争对手的CIS进行对比分析。

（3）行为识别部分：主要是对企业内部状况的了解，如规章制度、管理水平、活力状态、员工意识、观念和作风、人员素质、行为规范等。

2. 企业外部环境调研

企业外部环境调研涉及企业的视觉识别和行为识别两大部分的内容，具有一定的广泛性和社会性。了解社会公众对企业形象的看法并对存在的问题加以解决，是企业导入CIS过程中的主要课题。因为，导入CIS的最重要目的，就是在市场上或社会公众心目中塑造良好的企业形象。这类调研通常采取的方法有三种：抽样调研、访谈调研和对大众传媒报道的分析。

企业形象是由知名度、美誉度及形象定位组成的，这三个要素只是抽象的概念，必须使它们的可操作性可以度量。为此，需要设计出四个具体的度量指标：企业认知度、企业广告接触度、企业美誉度、企业形象评价度。这四个指标都能反映出企业形象定位。

（1）企业认知度调研。企业认知度是指社会公众对企业的了解程度，即企业的知名度。企业知名度是企业形象的基础，没有知名度，就谈不上企业形象。在进行CIS设计前，必须首先对企业现有知名度进行调研，只有弄清了企业知名度的现状，才能在此基础上进行新的知名度传播设计。

企业认知度分为五个等级。

一是非常了解该企业所经营的产品和服务。

二是大致了解该企业所经营的产品和服务。

三是知道该企业所经营的某些产品和服务。

四是只知道该企业的名称，而不清楚企业所经营的产品和服务。

五是对该企业的名称、产品和服务均一无所知。

对企业知名度的调研应该通过划分市场来进行，因为不同的市场，其知名度是不一样的，一级目标市场肯定高于二级目标市场，二级目标市场肯定高于三级目标市场。为了调研的准确性，应该在三级目标市场中各抽取一定的样本进行调研，并得出三级目标市场的知名度，这才能真正反映企业的知名度。不过为了方便，人们常将三级目标市场的知名度按一定比例进行相加，得出企业的总体知名度。

（2）企业广告接触度调研。这是指调研公众对企业广告的接触情况。通常情况下，广告接触度高，企业的知名度就高。一般而言，如果企业没有负面信息的影响，知名度高的企业比知名度低的企业有更好的形象。

企业广告接触度调研主要了解下述内容。

一是广告播出的次数和频率。

二是对广告的知晓程度。

三是看了广告而购买商品的人的比例。

四是看了广告也不买商品的人的比例。

五是公众对广告的认可度和拒绝度。

（3）企业美誉度调研。所谓企业美誉度就是公众对企业的褒贬程度。有高的知名度，不一定就有好的美誉度。建立企业形象，应该建立企业美誉度，只有有了良好的美誉度，才会塑造出良好的企业形象，才会产生经济效益。

从公众对企业的印象、公众对企业的期望、公众对企业的认可三个指标就可以了解公众对企业的美誉程度。

公众对企业的印象包括是最好的、好的、较好的，还是差的、较差的、很差的。

公众对企业的期望包括认为企业是一流的、二流的、三流的，还是根本不知道。

公众对企业的认可是多方面的，比如，如果公司发行股票，公众是一定买、可以买、不买，还是不知道；再如，如果公司招聘员工，公众是一定去、可以去、不去，还是不知道。

（4）企业形象评价度调研。进行企业形象评价度调研时通常提出优秀企业形象、平庸企业形象和恶劣企业形象三个问题让被调研者回答。

优秀企业形象：经营效率高、产品质量优、居同行业领先地位、价格合理、服务诚实可信、心中想着消费者利益、有令人感兴趣的广告。

平庸企业形象：没听说过、只是普通的一家、无足轻重、有让人生厌的广告、还没有证实自己。

恶劣企业形象：污染源、不信任它们、不友好、效率低、质量低劣、什么也不拔尖、虚假广告、办事拖拉、店面脏乱不堪、唯利是图、服务不周、欺骗、墨守成规。

一个企业形象的优劣，主要取决于这个企业长期以来的经营行为和宣传行为。良好的形象一旦树立起来，它的作用有时将远远超过有形的固定资产。

企业形象评价度调研的另一种形式是对企业的基本形象、市场形象、技术形象等进行调研，可以把调研的内容设置得很具体、平民化。

基本形象：企业在客户、内部员工心目中所处的地位，社会贡献，人才队伍建设质量，企业文化氛围，发展空间和潜力等。

市场形象：有信赖感、有信誉、一流企业、企业规模大、很想买该企业的股票、合乎时代潮流；经营者很有魅力、经营者优秀；商品依赖度高、品质好、有独特性；广告宣传好，善于塑造企业形象；经常组织文化活动，文化氛围好等。

技术形象：有尖端技术、技术水准高、产品和技术领先、具有国际性、引领时代潮流。

调研可依据上述分类词语，转换成可操作的指标，从正、负两方面展开。当然，调研时需要有选择地使用上述概念。对于制造业来说，CIS 调研还需重点进行产品调研、营销调研和竞争企业调研，对这几方面的调研将直接关系到企业的发展战略，显得特别重要。

2.2.5 调研步骤

CIS 调研应遵循以下步骤。

1. 进行理论设计

依据导入 CIS 的目的和动机，在调研之前，设计并提出调研的假设、关键语、核心概念、主要指标等，确定定性或定量调研方法。

2. 设计问卷

以定性或定量的方式设计开放式或封闭式问卷，问卷中设计的问题要有针对性，一般都要经过初步设计、试用、修改几个过程。

3. 设计调研访谈提纲

为了深入实地，需建立必要的调研访谈提纲，便于面谈和采访时提问、记录。调研访谈提纲可分为高层领导、中层管理人员和员工调研访谈提纲。而高中层领导和管理部门因其分工不同，则应设计有别。

4. 实施调研

实施调研分为选取设计样本、分发问卷、收回问卷、确定调研人员和访谈调研几个步骤。

5. 处理分析结果

实施调研后，应对获取的大量第一手资料进行阅读、分类、汇总，取伪存真，找共性，比差别。这是一份很辛苦、很枯燥，又需要很仔细的工作。

6. 完成调研报告书

在完成以上工作后，需要写出周详的调研报告，在尊重客观事实的基础上，提出建设性意见和给出结论。通常情况下，调研报告内容包括调研的背景、调研的目的、调研分析与结果、调研结论。其中调研分析与结果、调研结论是报告的主体部分。调研分析要从实际出发搜集第一手材料，统计分析汇总要实事求是，科学性与通俗性相结合，切忌主观臆断。调研结果要简要明确，文、图、表结合。调研方法要科学合理，调研结论要可靠、有理有据，并有参考价值，如果有必要，还要提出进一步研究和开发的建议。

7. 策划 CIS

这是 CIS 调研的终极目标，是需要 CIS 委员会不断交流沟通、不断完善的一项长期工作。当然，这意味着 CIS 导入进入了关键阶段。

2.2.6 调研计划举例

×× 公司导入 CIS 前调研计划

1. 调研计划表（见表 2-1）

表 2-1 ×× 公司导入 CIS 前调研计划表

时间	内容	主持人	调研对象	地点
年 月 日				
年 月 日				
年 月 日				
年 月 日				
年 月 日				
年 月 日				
年 月 日				

2. 调研范围

企业实态：员工素质、品牌开拓能力、产品结构、企业竞争优势。

企业形象：企业在员工心中的形象、企业在消费者心中的形象。

品牌资源：品牌概念、优势及不足、产品宣传与形象塑造。

3. 调研细项

（1）案头分析。

A. 企业资料：公司简介、公司发展历史大事志、公司内刊、主要领导讲话稿、公司中长期发展战略规划、公司年度经营规划组织结构图、重要会议纪要、高层团队简介、产品介绍、产品销售情况、工厂建设情况、分公司设立情况、公司基本行政管理制度、员工结构（年龄、工龄、学历、职业技能）分析图、生产现场管理制度、原有企业形象设计资料等。

B. 行业资料：知名行业杂志（报纸）、公司所掌握的最新行业研究报告、公司所掌握的国内外主要同业竞争对手公司名称 / 网址 / 情况介绍、公司主要供应商名称 / 网址 / 情况介绍、公司主要客户名称 / 网址 / 情况介绍等。

注：如果没有与以上主题相关的直接资料，需根据内容提供间接相关的资料。除上述资料外，公司可协助提供有参考价值的资料，如公司内刊、行业专业杂志、调研报告等。资料要提前准备，当日可以文本及电子格式形式转交，交付的资料应列明清单，相关人员签收确认。

（2）访谈计划。

原则：以结构性面谈为主，非结构性面谈为辅。

访谈提纲：访谈对象为公司高层管理者、CIS 决策委员会成员、中层管理者、员工，以单独访谈形式进行。

A．高层管理者调研访谈提纲

访谈对象：高层管理者

访谈内容：a. 介绍公司的过去、现在、未来，包括公司发展历史、现在的规模和员工结构以及产品情况、未来发展目标。

b. 公司经营和发展的思路是什么？依据是什么？

c. 公司经营和发展的定位是什么？依据是什么？

d. 历年来公司获得过何种荣誉及称号？

e. 能否列出目前公司的十大竞争优势与十大不足之处？有改进思路吗？

f. 公司在合作者及消费者的心中印象如何？

g. 公司下属有哪些相关公司及产品？其经营情况、形象宣传情况如何？

h. 公司的产品品牌资源利用、广告宣传状况如何？

i. 了解了哪些竞争对手有关营销及形象宣传等方面的情况？

j. 员工行为规范应特别强调哪些方面的内容？有什么行为规范可以提供？

k. 平时有哪些座右铭或对下属传达的思想警句？

l. 您对本次 CIS 项目工程开展有哪些要求？期望得到什么成果？

B．CIS 决策委员会成员调研访谈提纲

访谈对象：CIS 决策委员会成员

访谈内容：a. 本行业过去、现在、未来的趋势如何？

b. 目前公司给消费者或公众留下的是一个怎样的总体印象？具体如对公司的印象如何，对人的印象如何，对处理事务的印象如何，对公司硬件的印象如何。

c. 公司目前最优良、最有特色的优势有什么？各品牌优势是什么？产品优势有什么？不足之处有哪些？

d. 公司的管理情况如何？规章制度有哪些？执行情况如何？

e. 目前公司对内的文化标语有哪些？今后应突出哪些方面的内容？

f. 您认为公司文化观念教育应强调什么内容？如管理方面、产品方面、销售方面、人才方面、学习方面、道德方面。

g. 公司的上下级关系、与客户的关系、与社会的关系等如何？以前有什么行为规范？如果制定员工行为规范，您认为应突出哪些方面的内容？有什么行为规范的例子可用于参考？

h. 公司目前的竞争对手情况如何？您最欣赏的广告语或流行的广告语是什么？

i. 公司目前的主要销售产品有哪些？在全地区销售分布情况如何？

j. 公司对目前的员工素质、品牌拓展能力、产品结构有何看法？需要改进什么？

k. 公司就目前对外的广告宣传状况有什么看法？广告分布在哪些媒体和地区？公司目前的对外广告语有哪些？今后应突出哪些方面？

l. 您对本次 CIS 项目工程开展有哪些要求？期望得到什么样的效果或成果？

C．中层管理者调研访谈提纲

访谈对象：中层管理者

访谈内容：a. 您认为代表公司的商品或服务是什么？

b. 您认为在行业竞争中怎样取得优势地位？

c. 公司是否应该继续原业务领域中的发展？如果要改变，新业务领域是什么？

d. 您认为理想的公司活动应该是怎样的？现状与理想的差距在哪里？

e. 要实现您理想中的公司活动，您对员工有哪些要求和希望？

f. 公司的个性和特点是什么？请对公司 5 年、10 年的发展进行大胆设想。

g. 公司后续发展过程中，经营环境需要发生怎样的变化？理由是什么？

h. 以后公司应当保持的优势或应当发扬的精神是什么？

i. 您认为根据公司现状，导入 CIS 应当解决哪些问题？

j. 您认为在导入 CIS 的过程中，应当保持和继承哪些东西？

k. 您认为怎么做才能使这次导入 CIS 的活动取得成功？

D．员工调研访谈提纲

访谈对象：内部员工

访谈内容：a. 对同行主要公司发展动向的评价，并与本公司发展动向进行比较评价。

b. 对公司与市场竞争对手的现状与未来前景进行比较评价。

c. 对公司经营理念的理解与评价。

d. 对公司经营方针的理解与评价。

e. 公司的优势表现在哪里？强项是什么？

f. 公司应当重视和强化的经营领域是什么？

g. 公司的经营理念、方针需要进行哪些修改和调整？

h. 对公司知名度的推测与评价。

i. 对公司形象的理解与评价。您理想的公司形象应该是什么样的？

j. 公司应当强化的企业形象要素是什么？

k. 对公司商品、技术、服务、员工、经营者形象进行评价。

l. 您对公司现有 CIS 的看法是什么？指出存在的主要问题。

m. 您对导入 CIS 有什么期望？

n. 您认为怎样导入 CIS 才能取得成功？

（3）现场考察。组织咨询顾问、项目设计师、项目负责人等相关调研人员进行现场观察，包括办公设施、工厂车间、周边环境、机械设备等，以便于咨询顾问和设计师对公司形象有一定的感性认识。

（4）问卷调研。调研对象分为公司内部员工和外部人员两类。

公司内部员工包括公司管理人员、技术人员、工人等。

公司外部人员包括客商、消费者、潜在消费者等。

问卷内容视具体情况而定。

2.3 CIS 策划

在外界 CIS 专业团队的协助下，企业在完成一系列的导入前准备工作后，决定导入 CIS 时，一定要秉持“导入 CIS 不仅要结果，更重要的是要过程”原则，企业必须让全体员工均有参与 CIS 策划的机会，使全员接触 CIS，了解 CIS，掌握 CIS。

CIS 策划内容因企业经营规模大小不同而不同，但万变不离其宗，无非以下这几个方面，即调研分析报告、CIS 设计、CIS 作业与 CIS 管理。其中，调研分析报告作为策划的支撑部分，为 CIS 设计、CIS 作业、CIS 管理提供有力的技术支持；CIS 设计是 CIS 策划的核心，是后续 CIS 作业的主体内容；而 CIS 管理是落实 CIS 作业的基础，更是不断发展、完善体系的坚强后盾。

2.3.1　确定企业理念

企业理念是 CIS 设计的灵魂，决定着 CIS 设计和导入的成败，在进行 CIS 策划时要引起足够的重视。企业理念的确立，关乎企业的生存与发展，不仅要符合企业的行业特点，不能混于泱泱企业中而不见首尾，而且要有自己的个性特点，只有这样，才能被公众认同。同时企业理念必须有前瞻性，以企业的经营意志和社会、市场背景为基础，能够预见未来的发展趋势，确定企业扩张领域。

▲ 图 2–11

海南诚利集团有限公司创立于 1996 年，总资产 2.2 亿元人民币，下设三大支柱产业：养殖、生物食品加工、热带水果种植及深加工（“南派”系列），是一个家庭式民营公司，主要涉及果酒、鸽制品两大产业。在最初成立时，公司以当时的董事长马成立的名字“成立”命名。随着逐年发展壮大，公司涉足了酒店、贸易、房地产等产业，但多元化经营实体名称、标志却不统一，对公司发展造成了很大影响。面对此现状，公司开始考虑导入 CIS，在 CIS 专业人士的参与下，经过调研，发现了问题所在，重新确定了公司经营、管理理念，提出了导入方案。

（1）集团公司更名，将“成立集团”更名为“诚利集团”，由家庭式公司转向“诚信天下，利国利民”的现代型公司。

（2）集团下属各子公司的商号统一更名为“诚利”，全部隶属于诚利集团，形成集团整体优势，相互支持，获取互补效应。

（3）对分散经营果酒和鸽制品的两个公司进行整合，引入“诚利集团仪器有限公司”“诚利食品”品牌概念，将原有的两个公司变成两个生产厂。

（4）确定集团的核心理念——“诚信天下，利国利民”，突出企业的诚信经营观、利国利民价值观。

（5）设计以“诚利食品”为主干的诚利集团形象。设计“绿色食品”旗帜，设计诚利集团标志。

（6）制定两大类“诚利食品”产品形象包装设计与市场推广策略。

公司立即着手导入 CIS。关于公司更名、公司结构调整这一重大策略建议，立即找本地工商部门进行集团和子公司统一更名工作，并借助公司产品技术鉴定通过的契机，召开“成立集团”更名为“诚利集团”新闻发布会，大造舆论进行炒作，拉开 CIS 导入大幕。

2.3.2 整改企业结构

企业经营理念和管理理念发生变化，必然会导致企业组织、生产、经营、管理结构的改变，同时也对企业运行带来了新的要求，调整和改组企业成为导入 CIS 的重要步骤和环节。而整改企业结构的关键点是如何优化结构。

1．优化产业结构

应围绕企业的生产经营品种进行技术改造，提高质量，增加效益，特别是借助引入新理念的契机，开发高新技术产业，增加产品技术含量，提高高附加值产品比重。在上面的案例中，海南诚利集团有限公司将两个分散经营的公司整合为两个生产厂，重新定位两个公司的生产、经营结构，有助于提高生产技术，使企业发展得更好。

2．优化企业组织人事管理结构

产业结构调整要适应企业发展需要和管理科学的基本要求，而组织人事管理结构必须随之配套好。如果在企业调研过程中发现，尽管企业规模扩大、人员增加，但企业效率提升速度不匹配，企业内部不协调、推诿的事情经常发生，内部协调工作经常需要上级领导来协调，或者原有部门、岗位不能适应企业的发展和生存的需求，部门经理、岗位人员明显感到工作不知为何为、不知为谁为、视而不见、麻木无为、消极或积极乱为时，那么，企业组织人事管理结构调整势在必行。

（1）要以组织机构的稳定性过渡或稳定性存在为前提：稳定现时的生产经营管理活动；设置的组织机构具有一定的稳定性；能将旧的机构平稳引导、过渡到新的机构；人员的岗位调整能顺利、平稳地过渡到新的部门和岗位；不适应的原有岗位人员能平稳离职，不会因为个别人员的离职而给企业带来负面影响，不会因为个别人员的离职带走人员，导致员工对企业产生没有信心的思想变化。

（2）要分工清晰，有利于考核与协调：在现有基础上改进不协调的组织关系，预防和避免今后可能存在的摩擦关系。优化的表现结果应该是部门职能清晰、权责到位，能够进行评价和考核，部门间的管理联系、工作程序协调，企业的管理制度能有效实施。

（3）部门、岗位的设置要与培养人才、提供良好发展空间相结合：优化调整部门和岗位时，既要不考虑现有人员，又要综合考虑人员；既不能为了照顾人情关系设立人情部门或岗位，又要综合考虑现有人员的品行、企业发展所需要的能力和潜力等，在品行有保证、具有较小风险的培养价值的前提下，有意识地将部门、岗位和人才培养相结合。"企业是个人的发展平台"的观念通过具体的员工在部门或岗位的就职中得到体现。

3. 优化企业资本结构

优化企业资本结构就是使企业综合成本最低、企业价值最大的资本结构。这是企业良性发展的必备要素。

（1）寻求提高企业利润的途径。企业开展生产经营活动的根本动机是追求利润最大化。利润额是企业在一定期间经营收入和经营费用的差额，反映了当期日常经营活动中投入与产出对比的结果，在一定程度上体现了企业经济效益的高低。提高企业生产经营利润，就是要降低生产成本，增加经营收入。在市场经济中没有免费使用的资本，资本的每项来源都有成本，资本结构决定了企业的综合成本。资本结构优化的目标之一，就是降低企业的加权平均成本，提高利润水平。另外，可通过资本结构优化、合理安排负债等措施获得财务杠杆收益，从而提高企业利润率。

（2）合理规划，降低财务风险。对于一个企业来说，获得利润与承担风险两者是并存的，经营的结果可能是获利或亏损。企业利润的取得是以承担风险为条件的。企业在筹资过程中，由于资本来源渠道及筹资方式的不同，使得不同来源的资本具有不同的资本成本和偿还期，从而产生了财务风险。企业要在市场上生存，一个重要的条件就是到期偿债，如果企业不能到期偿还债务，就可能被债权人接管或宣布破产。企业进行资本结构优化的另一个重要目标就是力求保持以收抵支和偿还到期债务的能力，减小破产风险，使企业能够长期、稳定地生存下去。

（3）保持企业可持续发展态势，保障企业资本配比合理。企业价值不仅体现在其当前的利润水平上，更体现在企业将来的盈利能力上，因而企业发展前景的好坏及成长性的高低也会影响投资者对企业的评价，从而影响企业的价值。在市场经济环境下，企业在发展中求得生存，其发展离不开资本。资本结构优化的目标之一就是使企业各种资本的比例趋于合理，以保持较强的筹资能力，从而保证企业具有较高的成长性。

表 2-2 ～表 2-4 是某集团近六年来所属各公司的广告投入、销售收入及利润统计表。抛开影响企业收入的其他因素，仅分析广告投入对利润的影响，不难发现，投入与产出的期望值存在一定的差距。也就是说，在接下来的资本结构配比中，可以减少广告投入，或改良广告投入模式，减少不必要的广告开支，使广告投入与产出符合预期目标，发挥广告应有的作用。

表 2-2 公司广告宣传费的年增长率（%）

年份	公司一	公司二	公司三	公司四	公司五	公司六	公司七	公司八
2010 年	27.8	8.9	—	-25.0	37.9	-10.0	17.9	-1.2
2011 年	10.7	6.1	333.3	42.6	-8.7	-2.2	16.3	13.9
2012 年	31.2	2.0	84.6	43.6	-0.6	88.9	4.9	40.6
2013 年	67.7	3.2	54.2	17.9	-2.4	9.4	-0.9	17.5
2014 年	26.6	7.6	35.1	-0.8	13.6	46.2	1.2	7.9
2015 年	22.4	-1.3	-20.0	6.3	16.9	135.3	44.4	23.1
费用增加总额（万元）	514.5	131.5	2866.7	376.3	138.8	391.3	213.4	166.4

表 2-3 公司销售金额的年增长率（%）

年份	公司一	公司二	公司三	公司四	公司五	公司六	公司七	公司八
2010 年	18.1	8.5	—	-4.8	44.7	5.0	24.5	5.9
2011 年	5.4	5.6	88.3	26.4	-0.2	2.0	1.5	18.0
2012 年	13.2	3.2	50.4	14.9	0.4	19.0	17.3	10.1
2013 年	15.3	3.1	-14.1	21.1	-8.3	28.0	4.9	33.5
2014 年	9.4	3.9	4.2	2.5	4.8	17.9	12.03	18.6
2015 年	12.4	6.8	15.7	8.8	13.9	7.4	29.6	2.4
销售增加总额（万元）	222.8	152.9	438.9	270.2	122.5	197.3	246.3	279.8

表 2-4 公司利润的年增长率（%）

年份	公司一	公司二	公司三	公司四	公司五	公司六	公司七	公司八
2010 年	-12.5	-7.9	—	-207.8	32.6	-32.5	15.4	-4.5
2011 年	-9.0	34.1	18.9	-63.9	1.0	66.4	2.9	15.4
2012 年	0.4	19.4	86.5	38.3	-399.1	19.4	39.8	23.6
2013 年	13.5	10.2	-27.6	26.2	0	18.8	-11.6	39.3
2014 年	5.9	5.9	-34.4	4.0	-95.1	20.4	3.3	17.1
2015 年	-5.4	8.9	14.3	15.4	3150.0	34.6	22.4	3.3
利润增加总额（万元）	129.7	157.3	0	288.4	-49.5	120.4	570.6	485.2

2.3.3 统整MI、BI、VI

随着科学技术的不断发展，商品的品质、生产技术、销售价格均趋向同质化，淡化了企业竞争的激烈化、多样化、专精化程度，企业与企业品牌的差别可能就体现在商品形象和企业形象的优劣上。导入 CIS 的目的就是与竞争者在形象识别上产生差别，形成适合本企业活动的环境。

统整就是整合与统一。CIS 的开发和导入，是一次从物质层面到精神层面对企业形象进行全方位的整合或再创造的过程，不但要解决系统的视觉形象、文字表述，而且要解决该系统中精神背景的问题。MI、BI 及 VI 是 CIS 要素，一旦其中之一发生了结构性的变化，必然会波及其他系统。识别系统的统整，就是通过企业结构的调整来完成的，这不但给企业理念识别、行为识别赋予了新的机制和功能，而且使企业整体的行为统一化。

在整个企业识别系统中，应用最广、出现频率最高的是商标。商标是视觉设计的核心，在消费者心目中是企业、品牌的象征。设计一个构思独特、格调清新、简洁明确的商标是 CIS 战略中的关键。

统整 MI、BI、VI 就是根据所确定的导入 CIS 的指导思想及企业生产经营管理理念，整合企业经营宗旨、经营方针、企业精神、企业使命等内容，统一思想，统一企业形象标志，统一员工工作服，设计员工教育和培训方案，研究发展方向，更新生产设备，改善工作环境，开展公益活动，研发新产品等，最后完成员工手册。一册在手，按章办事。

2.3.4　编纂CIS手册

CIS 手册的编纂始于 CIS 的调研阶段，终于 CIS 的落实。随着 CIS 导入前的准备工作、调查研究、设计与开发等工作的逐步完成，编纂 CIS 手册的工作也需要同步进行，即将所设计的内容和操作细则以文本的形式记载下来，作为全面开展 CIS 工作的依据。其目的有三：一是要备案 CIS 设计成果，借助图文载体，将 CIS 设计成果加以保存，便于随时调用；二是要为企业实施 CIS 作业与 CIS 管理提供依据；三是要规范企业行为和个人行为，保障企业健康发展。手册的编排形式并不重要，只要便于使用，介绍清楚就行，重要的是以手册为标准，准确无误地实施内部的管理和制作。CIS 手册一般由基本规定和应用规定两部分组成，可以编成一本手册，也可以分为两册或多册。

CIS 手册的基本内容包括 MI、BI 和 VI 三个方面，细分为七大类，即企业介绍、导言、理念识别、行为识别、视觉识别、基础部分、应用部分。

理念识别主要记载理念设计的内容，包括企业宗旨、方针、价值观及其细则说明。

行为识别主要包括企业的全部行为规范和行为模式，以及企业运行的全部制度对员工及其岗位的具体要求。

视觉识别主要记载设计的企业标志、标准字体、标准色、制服等，以及各种基本要素组合成的庞大的应用系统及其说明。

图 2-12 是某公司的 CIS 手册目录，从目录中可以看出所编纂的 CIS 内容。

目录

一、公司简介
二、导言
三、理念识别
企业精神
经营理念
经营宗旨
企业愿景
企业口号
四、行为识别
员工行为基本准则
员工日常行为规范
领导者行为规范
管理者行为规范
操作者行为规范
销售者行为规范
五、视觉识别
视觉识别系统
六、基础部分
标志及释义（1）
标志及释义（2）
标志及释义（3）
标志及释义（4）
标志意象
标志标准尺寸图
标志墨稿及反白稿
标志预留空间及最小尺寸
标准色
辅助图形（一）
辅助图形（二）
辅助图形（三）
中文标准字体
英文标准字体
中文标题印刷字体
中文内文印刷字体
英文标题印刷字体

（a）

目录

英文内文印刷字体
中文全称（横式 1）
中文全称（横式 2）
中文全称（竖式）
英文全称（横式）
英文全称（竖式）
中英文全称横式组合规范（1）
中英文全称横式组合规范（2）
中英文全称竖式组合规范
标志与中英文全称上下组合规范（1）
标志与中英文全称上下组合规范（2）
标志与中英文全称横式组合规范（1）
标志与中英文全称横式组合规范（2）
标志与中英文全称竖式组合规范（1）
标志与中英文全称竖式组合规范（2）
中文简称（1）
中文简称（2）
英文简称（1）
英文简称（2）
中英文简称横式组合规范（1）
中英文简称横式组合规范（2）
中英文简称竖式组合规范（1）
中英文简称竖式组合规范（2）
标志与中英文简称上下组合规范（1）
标志与中英文简称上下组合规范（2）
标志与中英文简称横式组合规范（1）
标志与中英文简称横式组合规范（2）
标志与中英文简称竖式组合规范（1）
标志与中英文简称竖式组合规范（2）
背景色色度与色相
标志特定色彩展示
背景色使用规范
色彩搭配专用组合表
基本要素禁止组合模式
标志与辅助图形组合模式

（b）

▲ 图 2-12

目录

七、应用部分

名片（1）
名片（2）
信封（1）
信封（2）
信纸（1）
信纸（2）
公函信纸
传真纸
通讯录
通讯录应用规范
明信片版式
合同书
发票凭证
收据
票据夹
专卖授权证书
请柬（1）
请柬（2）
培训证书
岗位聘用书
聘书
荣誉证书
来访证
工作证
临时工作证
考勤卡
记事本
工作记事本
笔记本
便签
文件袋
资料袋
光盘

（c）

目录

文件夹（1）
文件夹（2）
文件夹（3）
档案盒
文件架
办公文具（1）
办公文具（2）
卷尺
产品说明书
宣传折页
产品标志卡
合格证应用规范
财产编号牌（1）
财产编号牌（2）
售后服务反馈卡
保修卡应用规范
封箱胶应用规范
产品包装箱标志色彩应用规范
公文包
纸杯（1）
纸杯（2）
水杯
杯垫
烟灰缸
雨伞
太阳伞
手提袋（1）
手提袋（2）
手提袋（3）
手提袋（4）
接待前台（1）
接待前台（2）
玻璃门窗醒示性装饰带应用规范
企业形象墙
玻璃门贴（1）
玻璃门贴（2）

（d）

▲ 图2-12（续）

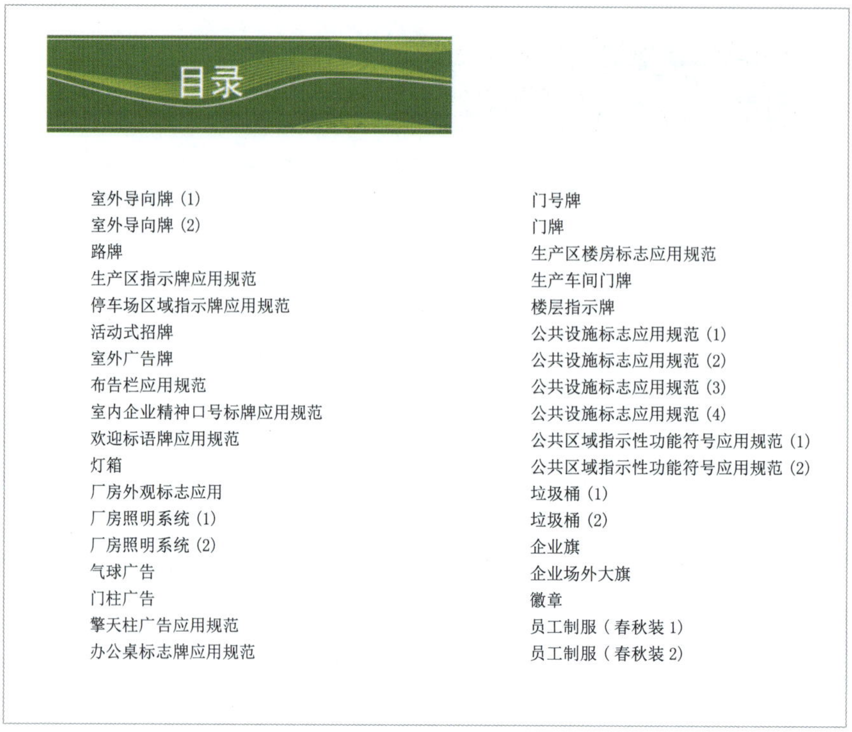
目录
室外导向牌（1）
室外导向牌（2）
路牌
生产区指示牌应用规范
停车场区域指示牌应用规范
活动式招牌
室外广告牌
布告栏应用规范
室内企业精神口号标牌应用规范
欢迎标语牌应用规范
灯箱
厂房外观标志应用
厂房照明系统（1）
厂房照明系统（2）
气球广告
门柱广告
擎天柱广告应用规范
办公桌标志牌应用规范
门号牌
门牌
生产区楼房标志应用规范
生产车间门牌
楼层指示牌
公共设施标志应用规范（1）
公共设施标志应用规范（2）
公共设施标志应用规范（3）
公共设施标志应用规范（4）
公共区域指示性功能符号应用规范（1）
公共区域指示性功能符号应用规范（2）
垃圾桶（1）
垃圾桶（2）
企业旗
企业场外大旗
徽章
员工制服（春秋装 1）
员工制服（春秋装 2）

（e）

目录
员工制服（秋冬装 1）
员工制服（秋冬装 2）
轿车（1）
轿车（2）
商务客车
面包车
公司客车
小货车
大货车

（f）

▲ 图 2-12（续）

2.3.5 CIS的发布、实施与管理

1. CIS 的发布

CIS 设计一旦完成，对内、对外发布就成为 CIS 导入的重要步骤。发布 CIS 设计，就是将企业 CIS 设计导入的信息与成果借助于大众传播媒体向社会（包括企业内部）公开发表的活动。CIS 对外发布和传达的目的，就是向社会表明 CIS 导入的主旨，表明 CIS 导入的意图及企业革新的决心，并借此加强全体员工的自觉性与信心。

CIS 设计的对内发布首先在于使全体员工了解 CIS 的意义，了解企业实施 CIS 的原因，了解实施 CIS 的计划及进展、过程，了解员工与 CIS 导入的关系和应具备的状态，了解企业新理念的意蕴及标志的象征意义，了解 CIS 的管理和具体应用，便于统一对外传播。

CIS 设计的对外发布主要通过企业广告和公共宣传两个途径进行。企业根据要发布的对象，正确选择相对应的发布方法和媒体。一般而言，对一般消费者和商人，由于涉及面很广，无论是对象还是时间，都很难集中统一起来，通常选择利用新闻机构的广播、电视、杂志和报刊、其他印刷品等媒介广告；对中间商或批发商，因经常有商业活动往来而建立了良好的客户关系，形成了稳定的客户群，容易管理和沟通，则通常采用邮件广告，必要时采取直接访问的形式进行宣传和沟通；对股东及企业内部重要的管理人员，属于对内发布，以邮件广告为主；对企业内部员工，宜采取一系列培训活动，如举办高层管理者、部门经理的 CIS 培训班，有计划地对员工进行 CIS 培训，进行规范的行为训练等，通过培训既达到了对内发布的目的，又为员工贯彻落实 CIS 设计意图提供了保障；面对传播界人士，应以记者发表、提供书面资料或新闻发布等为主要手段，把 CIS 设计开发的有关信息按照自己的意志和选择的媒体，在指定的时间内传达给公众。

CIS 的发布应当由专人负责，特别是对外发布（如与新闻界的联系）时，这样既可以把握新闻宣传的统一口径，提高发布的准确性，又可以使双方明确联系对象，提高沟通效率。

2. CIS 的实施

CIS 的实施是指根据 CIS 导入制订的计划和内容，进行全面执行和推广，是 CIS 全面落实和获得效果的阶段，是一个长时间、需要严格管理的阶段。全面实施 CIS 主要包括以下工作。

（1）实施企业管理理念和战略。当企业理念与企业战略制定出来之后，一项必不可少的重要工作就是促进企业内外对企业理念与战略的认识与了解，这一点意义重大。为什么有些企业在导入 CIS 之后并没有看到多少成效？一个最根本的原因就是它未能使企业理念与企业战略深入企业内外所有有关组织和有关人员中。所谓有关组织和有关人员，主要包括消费者、股东、金融界、供应商及中间商、政府有关职能部门、社区、大众传播媒介、企业内部员工及员工组织等。

全面实施 CIS 的目的在于使企业内外的所有有关组织和有关人员都明了本企业在干什么和为什么而干，从而使导入 CIS 工作能够获得“认同”，进而获得一种亲和力与心理上的共鸣。只有这样，企业的理念与战略才能真正发挥应有的作用。

（2）促进企业主体性的形成。CIS 全面实施就是用理念真正促进企业主体性的形成，而

不是停留在抽象的表现形式上。理念主体性、统一性的实现，是需要付出长期、艰苦的努力才可能真正做到的。理念统一性实现的一个重要特点是，它非常类似于宗教的形式，不仅要靠不断地灌输、教育，而且要靠具体的事实对抽象理念进行“解释”，靠故事、靠人，尤其要靠企业管理者的身体力行逐步形成。当然，理念推广必须通过多种形式，而不是简单的教条式的说教形式。

（3）全方位应用其中的 VI。CIS 全面实施初期的重要工作之一，就是全方位地应用设计出的 VI。每个企业都有外部标志，但企业已引进 CIS 的一个很重要的标志，就是系统的 VI 被全方位应用。这里所谓的全方位，是指一切必须运用和可以利用的地方与场合，这对加强识别记忆有重要意义。

在 CIS 全面实施过程中，必须强调企业标准标志、标准字体、标准色等要素的使用标准和方法；必须严格按照 CIS 手册实施，任何变形或特殊使用都要有严格的审批制度。

（4）规范企业行为。这是商业企业主体性的外在表现，是一个动态识别过程。在 CIS 全面实施过程中应做好以下几个方面的工作。

一是根据行为识别原则，具体制定或修改完善企业的各项规章制度，并严格执行。

二是通过培训和教育，规范领导与员工的行为表现。

三是根据 CIS 手册完善内部工作环境。

四是重新制定或修改员工的提拔与奖励制度及生活福利的分配制度。

五是全面实施企业的经营战略、经营方针和政策。

六是全面重视企业经营管理水平和部门员工素质的提高。

七是重新指定或完善对消费者利益保护的制度和措施。

八是重新指定或完善对所在社区的行为原则。

九是规范企业与有关企业、机构与人员交往的态度和行为准则。

十是根据 CIS 手册完善服务环境和购物环境。

十一是保证日常的对外公共关系活动和广告活动的一致性。

十二是加强对社会公益事业的支持。

十三是认真策划和实施加强形象识别的重大公共关系、广告和促销活动等。

CIS 全面实施与企业经营管理是相互交叉和相互包容的。导入和实施 CIS 作为商业企业形象的切入点，其一个重要意义是，可以按线索实施，条理更清楚，有更强的可操作性。

3. CIS 的管理

CIS 的管理是从开发设计系统那一刻起开始实施的。无论是 MI、BI 还是 VI，各项基本要素的设计与开发、定型结果、规范要求（包括标准范例和禁止使用范例）、各基本要素的应用，都要归入管理之中。一般的方法是，先设计开发具有代表性的应用项目和设计范例，然后把它们按一定格式制作成企业识别手册。

CIS 导入与开发的过程，就是不断解决企业现实问题，提升企业形象和品质的过程。良好的设计与管理，是达成 CIS 成效的最终条件。企业所有组织和人员都必须严格遵守手册所规定的内容，但同时也要注意灵活运用，毕竟手册规定的内容是为了确保作业的水准。同时，随着时代的进步，修改和完善手册也是必不可少的重要环节。

CIS 手册是企业界极为重要的智慧资产。

2.3.6 CIS导入效果测评

进行 CIS 导入效果测评的目的，就是通过 CIS 实施效果信息的及时反馈，为加强 CIS 管理、不断完善 CIS 设计提供有价值的参考依据，以增强 CIS 导入效果。因此，对 CIS 战略实施的整个过程，不但要进行管理，而且要随时监督和控制。

1. 外部效果测评

外部效果测评范围相对较广，对于企业而言，要根据企业规模及发展前景设置，首先选择与企业有直接关系者来进行。与企业 CIS 信息发布有关的对象主要包括消费者、社会大众、国内 / 国际市场、地方公共团体和相关科研单位、大众传播媒介、各级政府、金融机构、同行同业人士、潜在待业人员、原材料供应商、销售代理商、股东。

对上述对象的调研是有前提的，即在 CIS 调研阶段，企业已就有关问题咨询过上述对象，并有相应的资料备查，目前的导入效果测评正是在前次调研的基础上进行的。他们对企业的形象、状况有一定的了解，能提供更多的信息。

外部效果测评的主要内容有两方面：一方面是视觉项目的传播效果测评，另一方面是对企业总体形象的评价度、认知度测评。

对于视觉项目的传播效果测评，既可以就一个基本设计项目进行专题测评，也可以对几个设计要素的组合应用效果进行测评，主要针对认知度与识别功能、视觉印象、设计品位三个方面。测评力求全面、系统，针对性强。

对于企业总体形象的评价度、认知度测评，可以取调研阶段确定的关键语作为问题，根据肯定回答者占接受测评总人数的比例，对比调研阶段的成果，揭示导入 CIS 后企业形象的优化程度和在哪一方面取得了明显的或较大的改观。

CIS 导入效果测评的基本程序如下：确定调查方式（采访或问卷）→筹备调查内容（设计问卷）→ 调查实务（进行采访或派发 / 回收问卷）→整理统计（对比有关资料，揭示企业导入 CIS 后形象力的发展情况）。

2. 内部效果测评

企业内部效果测评有助于提高 CIS 推行效率。测评的内容应根据具体的 CIS 实施计划与作业情况来确定。问题的设定应该力求简单、明确、针对性强。

一般而言，测评的问题还可以有很多，但无外乎两个方面：一是 CIS 设计计划总体评价方面的问题；二是关于具体作业方式和步骤的问题。为了使测评结果能真实地反映实际问题，测评对象的选择很重要。测评对象既可以是企业的每个员工，也可以是从各部门选出的员工代表，但最好选择在企业内调研阶段接受过调查的对象。因为他们的回答往往具有比较意义。企业导入 CIS 前的状况如何、导入 CIS 后的成效何在、目前存在什么问题、有何建议与期望等，都可以在测评中反映出来。

测评应该经常进行。其形式有两种：一种是随时随地的随意询问，另一种是定期统一测评。前者可以及时发现问题，也容易获得真实的信息；后者有诸如座谈会、听取意见会等形式，有一种仪式性的效果，可对 CIS 推行发挥声势上与心理上的积极作用。CIS 导入后的内部效果测评一般都在推行一段时间以后，约定日期开展这项工作。座谈会的安排最好选在企业的某项活动 / 节日前后，如节假日前的最后一个工作日等。这样不会影响员工的正常工作，员工的心态会比较积极，有利于畅所欲言。

3. 测评案例：某企业 VI 导入效果测评方案（节选）

▲ 图 2–13

（1）测评内容。该企业导入 CIS 后，欲测评其中的形象因素对企业发展所产生的效果，在方案有关章节中，根据企业实际，就形象识别部分设置了部分测评内容。

形象因素用于调查相关人员对基本形象、辅助形象等的认知与评价，如表 2-5 所示。为了能在定量的有限时间和费用范围之内正确测评出相应的效果来，必须先构筑一些有效的假设，再根据这些假设来进行调查；尤其被公认为有效的辅助形象，更需要某种程度的预先构想来设定。这一步骤在达成有效测评过程中是不可缺少的行为。

表 2-5　形象因素分析表

形象的种类	形象因素
基本形象	可靠性：有信赖感，有安全感，很可靠。 企业规模：一流企业，规模大，公司地位已经确立。 成长性：成长型产业，管理理念先进，能可持续发展。 投资意愿：想入股投资
辅助形象	业绩内容佳，收益佳，赚钱；坚实，不容怀疑，很安定，很确定；社会性的贡献度高，对社会做了很有用的工作；有国际性，活跃于国际间。 商品优质，有自创的商品，商品信赖度高，质量好，有独特性；有技术，包括尖端技术、开发技术、特长技术、独特技术，领先且新颖。

续表

形象的种类	形象因素
辅助形象	经营者很有魅力，优秀，是有名人物：包括对人和蔼可亲，亲切；活动时很活泼，积极，很有朝气，很有进步心；很热心，很有绅士风格，很有良心，很周到，遵守约定，很稳固。 广告很有知识性、现代性、近代性、都市性，引领时代前沿；很有观赏性，具有流行性，有现代感、新鲜感；很精彩，很有趣味性，很有魅力，很有个性；宣传得巧妙，合乎时代潮流，很会塑造形象。 公司经常组织文化活动，文化氛围很好，有文化的包容感；风气好，很重视他人，有直畅感，能令人感受到自由的气氛；很活泼，具有速度感；优秀人才多，员工教育机会多
就业形象	想去就职。 工作好像很有趣，是令人喜爱的工作领域，可以发挥自己的能力。 有工作价值，对社会和人类有益，工作时有浪漫感。 感觉够资格，企业在社会上的评价已经确立。 安定，没有危险，不会倒闭。 薪水条件很好，工作轻松，休假多。 有资本，有好的前辈
名称形象	令人喜爱的，喜欢的。 容易阅读，容易发音，听起来感觉很好。 容易了解，容易知道含义，容易分辨属性。 有新鲜感、独特感，有明确的个性。 令人印象深刻，很有个性。 令人联想到其他的企业种类
标准字体形象	令人喜爱的，喜欢的。 容易阅读，容易看清楚，识别性高。 有新鲜形象，有现代性。 合乎业种形象，充分表现出公司的特色和个性。 很有个性，引人注目，使人印象深刻
标志形象	令人喜爱的，喜欢的。 有近代性，很感性。 容易引人注目，使人印象深刻，不易被遗忘。 容易了解其含义及目的，公司的主张感觉很明快
负面形象	员工业务内容不了解，不了解到底在从事什么工作。 员工令人难以接近，一副严肃的形象。 员工古板，跟不上时代，死气沉沉，有保守性、停滞性、退步性、后退性。 产业、业种都让人感到不成熟，缺乏进步感和美感，水准低。 一切都很松弛，没有规矩，拖拖拉拉，反应迟钝，做事马虎，不具调和感，不诚实。 没有特色，平凡，水准低，只会模仿他人。 人格不足，迟钝，没有员工的信念。 环境的气氛不舒畅，员工不注意穿着，没有节操。 公司以赚钱为唯一目的。 员工气质土，庸俗，不高雅，没有品位，啰唆。 员工有黑暗感，没有进取性

（2）调研对象：与企业生产、经营等活动有关系者。在选择对象时，并非要对所有与企业有关系者做一一调研，也没有必要，选择有代表性的即可。即，选择那些在认定企业形象时能够提供有价值的意见与建议者。调研对象的选择通常按外部环境和内部环境进行考虑。表 2-6 是一般企业进行形象调研时的对象范例。

表 2-6　形象因素调研对象表

调研对象	形象因素
外部环境	一般消费者，个人、居民、成人、学生，特定部门等。 使用者个人，将来很可能成为使用者（个人）。 将来可能成为交易对象的法人 / 法人领导人、高级主管、特定单位人士、一般企业人士。 客户中的法人 / 法人领导人、高级主管、采购负责人、一般员工。 流通关系者群。 其他关系者，交易对象、股东、金融机构、批发商、合作对象、海外法人。 竞争对手的员工
内部环境	公司员工。 董 / 监事、干部。 与公司员工可以相提并论的内部环境团体。 公司员工的家族。 公司员工、董 / 监事、主管的关系机构

（3）导入效果量化测评。效果测评方法和导入前的调研方法一样，形式和内容很多，这里不再赘述，本举例中仅列出量化测试的一个样本供大家参考，如表 2-7 和表 2-8 所示。

表 2-7　VI 基础要素量化评价表（每项满分 25 分）

依据	内容						小计
	企业名称	企业标志	商品商标	标准字体、标准色	造型徽标图案	宣传标语口号	
是否具有现代感							
是否具有审美感							
是否有内涵依据							
是否具有独特性							
是否易识别、易记							
小计							

表 2-8　VI 应用要素量化评价表（每项满分 25 分）

依据	内容						小计
	办公用品	办公器具设备	宣传广告	员工衣着服饰	交通工具、建筑外观	陈列样品	
是否具有现代感							
是否简单明了							

续表

依据	内容						小计
	办公用品	办公器具设备	宣传广告	员工衣着服饰	交通工具、建筑外观	陈列样品	
是否有内涵							
是否吸引人							
是否易识别、易记							
小计							

作业

假设某专业或某班级要导入 CIS，试完成下面的工作：

1. 简述导入 CIS 的目的。
2. 简述导入 CIS 的动机。
3. 查阅相关资料，列举 CIS 手册所包含的内容。
4. 设计一份导入 CIS 前的调研计划。
5. 设计一份导入 CIS 的调研访谈提纲。

第 3 章 MIS 设计

教学内容： 本章主要介绍企业理念识别系统（MIS）在 CIS 中的地位，MIS 各子系统的内涵，以及在 VIS 和 BIS 中的渗透与体现。

教学目标： 了解 MIS 的基本内容及功能。

了解 MIS 的基本原则和定位。

了解实施 MIS 的常见方法。

教学时数： 4 学时。

MI 是企业独具特色的经营理念，MIS 是企业生产经营过程中设计、科研、生产、营销、服务、管理等经营理念的识别系统。具体来说，MI 是企业对当前和未来一个时期的经营目标、经营思想、营销方式和营销形态所做的总体规划和界定，主要包括企业精神、企业价值观、企业信条、经营宗旨、经营方针、市场定位、产业构成、组织体制、社会责任和发展规划等。

3.1 MI 概述

3.1.1 MI的定义

MI 是 MIS 的核心和灵魂。它在 CIS 所包含的三个子系统中位于最高决策层，是 CIS 的策略层，又有策略识别之称。MI 不仅是一个企业经营的宗旨与方针，还包括一种鲜明的文化价值观。对外它是企业识别的尺度，对内它是企业内在的凝聚力。完整的 MIS 的建立，首先有赖于企业经营理念的确立。

1. 什么是理念

所谓理念，就是企业经营的观念，又称企业的指导思想。它属于思想、意识的范畴。在发达国家中，越来越多的企业日益重视树立良好的企业理念，并把它放在与技术革新同样重要的位置上，通过企业理念引发、调动全体员工的责任心，并以此来约束、规范全体员工的行为。

2. 什么是识别

所谓识别，就是鉴别。从 CIS 战略角度来理解识别，它包括两层含义：统一性和独立性。所谓统一性，是指企业内外、上下的理念都必须一致。以理念识别为例，如果企业领导与员工对企业的使命、制度、价值观等理念不一致，就是缺乏统一性，必然导致企业执行力不强，不能有效贯彻落实企业经营理念，后果将不堪设想。所谓独立性，也就是使每个企业的理念区别于其他企业，只有具有独立性才能达到识别的目的。因此，每个企业在确定企业理念时，不能千篇一律，而应体现出企业自己的个性，让广大消费者通过这种有个性的企业理念来认识企业。

3. 什么是理念识别

理念识别（MI）是得到社会普遍认同的、体现企业自身个性特征的、促使并保持企业正常运作及长足发展而构建的反映整个企业明确的经营意识的价值体系。而且笔者认为，MI 的概念应该永远是一个开放性的体系，它将随 CIS 战略的导入，不断融入新的内容，融入我国自身深厚的文化精髓，以适应高速发展的经济形势需要，形成有中国特色的、有中国民族工业特点的企业信息传播的识别理念。

3.1.2 MI的价值体系

企业 MI 的价值体系主要包括三个要素：企业存在的价值（存在价值）、经营理念（经营战略）和行为规范（员工的行为准则）。这三者之间的关系如下：存在价值是企业的最高原则，决定着经营理念，而经营理念又决定着行为规范，这三者之间环环相扣、密不可分，共同构成一个整体。

1. 存在价值

存在价值是指企业依据什么开展各种经营活动，是企业 MI 的出发点，也是企业行动的原动力。没有这个原动力，企业将会陷入瘫痪状态，即使企业营运，也将处于破产的边缘。

对于企业而言，存在价值至少有两层含义：其一是功利性的、物质性的要求，也就是说，企业为了自身的生存和发展，必然要以实现一定的经济效益为目的。如果企业丧失了这一使命，就会失去发展的动力，最后逐步萎缩，直至破产；其二是企业对社会的责任，因为企业作为社会的一个构成、一个细胞、一个组成部分，它必须担负着社会赋予它的使命。如果企业只知道经济效益，追求利润，而逃避社会责任，必然遭到社会的报复，直至被社会抛弃。

▲ 图 3-1

2. 经营理念

经营理念是企业对外界的宣言，表明企业觉悟到应该如何去做，让外界真正了解经营者的价值观。如果企业的存在价值还有一定的抽象性，那么，经营理念就无法停留在抽象的概念上，而必须具体地表达企业的经营方式，否则就无法表现出企业的存在感和魅力。经营理念不仅是对外界的宣言，也是对内的宣言，其重点在于全体员工全力遵循企业既定的经营方针。

经营理念包括以下三个方面的内容：经营方向、经营思想 、经营原则。

（1）经营方向。企业形象的好坏在很大程度上取决于企业经营方向是否正确，以及对目标市场需求的满足程度。企业一定要依据自身的经营条件和能力选定目标市场，根据目标市场的需求变动趋势，生产和经营适销对路的产品，不断调整产品结构，使消费者的需求得到最大限度的满足。

▲ 图 3-2

（2）经营思想。企业经营思想即企业的经营战略，这是企业经营理念的核心部分，是指导一个企业全部经营活动的根本方针和政策，是企业各方面工作的中心和主题。

企业经营思想是企业根据自己的内部条件和外部环境而确定的企业经营宗旨、目的、方针、发展方向、近远期目标规划，以及实现经营目标的途径。

企业经营思想规定企业的经营方向和业务活动范围，从而确定企业的性质和形象，规定企业的经营目标、长远发展目标和中短期目标，提出达到经营目标的战略方针、途径和重点，决定具体的行动计划和实施方案。

（3）经营原则。经营原则主要有竞争原则、盈利原则、用户至上原则、质量至上原则、创新原则和服务原则。

企业经营是有原则的，并不是随自己的主观意识而随意经营的。企业竞争要遵从国际、国家法律法规，维护市场主体之间的公平竞争规则，禁止不正当竞争行为，禁止限制竞争行为及垄断竞争行为。任何企业都以盈利为目的，没有哪个企业愿意做亏本生意，而是都思考如何获取最大利益，这就是企业的使命。坚持用户至上、质量至上的原则，是企业生存之本。

沃尔玛自始至终都坚持顾客至上原则：第一，保证足够多的商品品种，以一流的商品质量和低廉的价格为后盾，赢得顾客的信赖；第二，保障供应商的利益，与供应商建立长期的合作关系；第三，有一套完善的服务体系，比如调整合理方便的购物时间、提供免费停车场、创造良好的购物环境等。除了提高服务质量外，还注重创新服务。沃尔玛是零售企业，顾客的需求多种多样，为了满足顾客的众多需求，沃尔玛创造性地提出了“一站式购物”新模式，在商品结构上力求丰富，经销的商品应有尽有。

3. 行为规范

行为规范不仅指企业的行为规范，而且包括企业每一个员工的行为准则。

例如，闻名于世界的美国麦当劳，以“与其背靠着墙休息，不如起身打扫”为员工行为规范。在一些时间段里，麦当劳员工几乎没有什么事可做，只好靠墙待着。而这一行为规范要求员工利用这段无事可做的时间，迅速打扫内部卫生，维持整洁、优雅的环境，使顾客看得舒心，吃得开心。麦当劳之所以能在美国迅速发展，原因之一便是其员工都能按照行为规范的要求，保持干净、整洁、优雅的环境。

作为企业的行为准则，行为规范体现了企业对员工的要求。具体地讲，是指在正确的经营理念的指导下，对员工的言行所提出的具体要求，如服务公约、劳动纪律、工作守则、行为规范、操作要求等。

▲ 图 3-3

▲ 图 3-4

3.1.3 MI的功能和作用

确立和统整企业理念，对于企业的整体运行和良性运转具有战略性的功能与作用。MI 的功能和作用可分为对内功能和对外功能。

1. 对内功能

（1）导向功能。企业理念是企业所倡导的价值目标和行为方式，引导员工的追求。因此，一种强有力的企业理念，可以长期引导员工为之奋斗，这就是企业理念的导向力。企业理念的导向功能主要表现在两个方面：一方面是直接引导员工的人格、心理和行为；另一方面是通过员工的整体价值认同来引导员工的观念与行为。良好的企业理念可以使员工在潜移默化的过程中形成共同的价值理念，共同朝一个确定的目标去奋斗。

（2）激励功能。企业理念既是企业的经营宗旨、经营方针和价值追求，也是企业员工行为的最高目标和原则。因此，企业理念与员工价值追求上的认同，就构成员工心理上的极大满足和精神激励，它具有物质激励无法真正达到的持久性和深刻性。

（3）凝聚功能。企业理念的确定和员工普遍认同，必然使企业内形成一股强有力的向心力和凝聚力。它是企业内部的一种黏合剂，能以导向的方式融合员工的目标、理想、信念、情操和作风，并造就和激发员工的群体意识。企业及员工的行为目标和价值追求，是员工行为的原动力，因而企业理念一旦被员工认同、接受，员工自然就对企业产生强烈的归属感，企业理念就会具有强大的向心力和凝聚力。

（4）规范行为。规范行为指受思想支配而表现在外的活动，包括企业行为和员工行为。

2. 对外功能

（1）创造个性。就 CIS 的整体而言，个性的本质特征是差别性。

（2）确保同一性。确保同一性是指企业上下、内外需保持经营上、姿态上、形象上的高度一致性。

（3）稳定。强有力的企业理念和精神，由于其强大的导向力和惯性，可以保证一个企业绝不会因内外环境的某些变化而衰退，从而使一个企业具有持续而稳定的发展能力。也就是说，企业理念的稳定力，是通过全体员工对企业经营宗旨、经营方针和价值观的内化而形成的，并通过自我控制和自我约束来实现。因此，保持企业理念的连续性和稳定性，强化企业理念的认同感和统整力，是增强企业稳定力和技术发展的关键。

（4）辐射。企业理念一旦确定并为广大员工所认同，就会辐射到企业运行的全过程，从而使企业行为系统和形象表征系统得以优化，提升企业的整体素质。不仅如此，它还会产生巨大的经济效益和社会效益，向更广的社会领域辐射，变成一笔巨大的社会财富。诸如航天精神、IBM 精神、海尔精神和健力宝精神等，不仅属于本企业、本民族，而且属于全人类。正是这种企业理念和大国工匠精神的强大辐射力，才使这些优秀的企业走向全世界，取得举世瞩目的成就和业绩。

3.1.4 MI策划

企业 MI 是企业文化战略整合的核心，由企业宗旨、企业目标、企业使命、企业作风、企业理念、企业精神、企业核心价值观、企业系列价值观、企业经营哲学、企业道德等体系组成。MI 主要用于确定企业的发展战略目标，以及为了实现发展战略目标而制定的指导思想、精神规范、道德准则和价值取向等内容。MI 依赖于准确把握企业发展战略定位，依赖于能够提炼出推进发展战略目标实施的企业文化的核心。企业文化是指导 MI 策划的原点和依据。

策划以“抓本质、抓规律、抓效果”为指导思想，坚持“最适用、最管用、最高效”的设计原则，既要体现企业发展的传统，又要体现现代企业的经营观念，科学、合理地运用正确、理性的设计方法，设计开发现代企业 MI。设计开发 MI 时要把握以下几个关键点。

（1）企业经营领域的界定和再确定。如企业活动领域、存在领域、战略领域、事业领域、生产区间、技术范围等，是确定企业理念时的基本考虑因素。例如太阳神是生产营养液的生物制品公司；NEC（日本电气股份有限公司）没有严格限定自己是计算机厂商还是电器厂商，而把事业领域定为 C&C（Computer&Communication）。这里所谓的再确定是指企业所处环境有以下三项变化时要重新界定：一是时代的发展，社会的变迁；二是人们消费水平的提高；三是企业领导人事变更。

NEC

▲ 图 3-5

（2）企业市场定位。具体来说，企业市场定位就是勾画企业产品在目标市场和消费者心目中的形象和偏好，以及与竞争者之间的差别，也是企业理念的一个基础性因素。要把握三种定位方式：一是把产品摆在与竞争者相似的位置上；二是寻找新的为消费者所重视但尚未被占领的市场；三是当企业无力与强大的竞争者相抗衡时，将用自己的优势条件取得的有价值的、与众不同的特色产品或服务投放到市场上。

（3）行业特征分析。应抓住企业的行业特征分析 MI 特色：工业企业围绕质量上乘、成本低廉、售后服务优质这三个方面；高新技术企业突出强调尖端技术与创新性的经营战略、方针两个方面的绝对优势；服务行业讲求服务、信誉、清洁；金融企业侧重于全局观念和责任感、廉洁、安全感；交通运输企业讲求安全第一、确保准时、服务周到。

（4）竞争性定位。企业要分清楚自己是市场主导者、市场跟随者和挑战者，还是市场利己者。中小企业要专心关注市场上被大企业忽略或大企业不屑的部分，在夹缝中求得生存和发展。

（5）文化性定位。要分析企业的特有文化，同时挖掘与企业相关的历史、地理、人物、故事，而且要发扬民族的传统特色。

3.2 MIS 的构成

3.2.1 企业宗旨

企业作为从事经营活动的社会单位，对内、对外、对社会、对国家都承担着责任和义务。企业宗旨是企业存在于社会的主要目的、意图和志向，是企业的最高理想，从根本上说就是要回答“企业的发展基调是什么”和“企业将成为什么样的企业”的问题，不但涉及企业的长远目标、具体业务，而且涉及企业文化、企业精神、经营理念。企业在任何一个发展阶段都不能偏离企业的宗旨，因为它是一个企业的根本思想与发展路线，影响着企业的各项制度与决策。因此，企业宗旨的设计必须能够显示企业的高瞻远瞩、博大胸怀和远大志向，对内是引导和规范企业和企业员工的强大思想武器；对外是企业向社会发出的宣言和承诺，反映了企业存在的价值，是引导消费者和社会公众的一面鲜艳旗帜。

例如，万达集团的企业宗旨是“国际万达　百年企业”。“国际万达”就是企业规模、管理、文化达到国际级，成为世界一流企业；“百年企业”是指企业要追求基业长青，追求长远利益。

光明电力集团的企业宗旨是“动力永恒，创造繁荣”，表明光明电力集团的发展生生不息，通过提供源源不断的动力，为祖国、为社会、为人民带来繁荣、发展和幸福，这是光明人坚贞不渝的情怀，也是光明人崇高的精神境界。

保洁公司的宗旨是“为现在和未来的世世代代，提供优质超值的品牌产品和服务，在全世界更多的地方，更全面地，亲近和美化更多消费者的生活”。

▲ 图 3-6

3.2.2 企业目标

企业目标就是实现企业宗旨所要达到的预期成果，没有目标的企业是没有希望的企业。美国行为学家吉格勒指出：设定一个高目标就等于达到了目标的一部分。气魄大，方可成大业，起点高，方能入高境界。在激烈的市场经济时代，优胜劣汰是唯一的法则，企业不进则退，只有那些具有远大目标的企业，才能长盛不衰。

企业目标按时间可分为当前目标（1 年以内）、短期目标（1 ～ 3 年）、中期目标（3 ～ 5

年）、长期目标（5 年以上）；按整体与局部可分为整体目标、部门目标；按职能可分为营销目标、财务目标、生产目标、人力资源目标、研发目标等；按管理层级由低到高可分为基层作业目标、中层职能目标、高层战略目标等。

以下是几个知名企业的中长期目标。

上海大众的企业目标：不断创新。

天津中远公司的企业目标：创国际一流企业，跻身世界 500 强。

万科的企业目标：成为中国房地产行业的领跑者。

迪士尼的企业目标：成为全球的超级娱乐公司。

▲ 图 3–7

联想集团的企业目标：高科技的联想、服务的联想、国际化的联想。

3.2.3 企业使命

企业使命即企业应该义务承担的社会责任和由自身发展所规定的任务。企业确定的使命为企业确立了一个经营的基本指导思想、原则、方向、经营哲学等，它不是企业具体的战略目标或抽象存在，不一定表述为文字，但影响经营者的决策和思维。企业使命回答了“经营的指导思想是什么”“如何认识该事业”“如何看待和评价市场、顾客、员工、伙伴和对手”的问题。

企业使命就是公司存在的理由，是公司事业的价值取向和事业定位，不能随便写，不能只是些主观口号性的东西。某企业就把“为社会进步助力，为员工生活添彩”作为企业的使命，这里的“二为”使命，是企业的一种现实选择，也是企业实现宗旨和目标的根本保证，企业的发展要依靠企业良好的社会环境，同时企业也必须承担社会责任和义务。企业的发展是一种与社会、客户、员工的良性互动，相互协调、和谐共荣。

企业使命是发自企业领导者内心的一种自觉的意识。现实中很多公司的使命是写给客户、员工和社会看的，只是为了装饰，不是老板或高层自觉的意识和行为。企业使命要符合所选择事业发展的趋势，而且是自觉的、真诚的，只有能胜任所承担的责任，被社会所接纳才是合理的。同时，企业所有的行为都要围绕使命进行，只有这样才能被客户、员工和社会所认可接纳，才能激励公司的员工为实现其使命而奋斗。

例如，中国移动的企业使命是“创无限通信世界，做信息社会栋梁”。“创无限通信世界”体现了中国移动通过追求卓越，争做行业先锋的强烈使命感；“做信息社会栋梁”则体现了中国移动在未来的产业发展中将承担发挥行业优势、勇为社会发展中流砥柱的任务。创无限通信世界之及时、充分而有效的沟通，是人类实现资源共享、社会实现集约快速发展的必要条件。通信业的发展，帮助人类逐渐打破沟通的时空障碍，使人与人之间的沟通更为快捷有效。无限通信世界是每个人的梦想乐园，在没有任何沟通限制和障碍的世界，在能够“随时”“随地”“随意”“沟通无极限”的世界，人类能够自由共享所有知识，自由传达所有情感。中国移动凭借卓越的技术和才能，把创造和实现人类共同的梦想“创无限通信世界”作为自己无上的企业使命。

▲ 图 3–8

以下是几个知名企业的企业使命。

联想集团的企业使命：为客户利益而努力创新。

索尼的企业使命：体验发展技术，造福大众的快乐。

迪士尼的企业使命：使人们过得快活。

华为集团的企业使命：聚焦客户关注的挑战和压力，提供有竞争力的通信解决方案和服务，持续为客户创造最大价值。

▲ 图 3–9

3.2.4 企业作风

国有国风，家有家风，企业有企业的作风。企业作风是指一个企业在长期的生产经营等实践活动中形成的一种风气，是企业内在气质的外在表现。企业作风不是短时间内形成的，也不是能够装出来的，是企业在各种活动中所表现出来的一贯态度和行为处事风格，是全体员工在企业发展过程中长期积累并形成的被企业家所倡导，也被全体员工所认同的工作原则、工作方法和工作态度。

企业作风既具有本企业特性，也具有行业特征和生产技术、经营管理、员工素质等方面的特点，是企业的一种氛围、风气，甚至是一种习惯。表面看起来，企业作风看不见，摸不着，但实际上它却影响着企业的发展方向、经营行为。良好的企业作风能够协调企业的组织与管理行为，有助于建立科学、规范的企业运行次序，提升企业员工的工作境界，达到提高工作效率与经济效益的目的；而不健康的企业作风影响企业的发展，甚至是导致企业走向倒闭的直接原因之一。不健康的企业作风集中表现在奢侈享受、等级官僚、华而不实三个方面：一些企业办公宾馆化，车辆豪华、办事讲求排场；一些企业官本位严重，行一言堂、媚上压下；一些企业搞形式主义，弄虚作假、沽名钓誉。

以下是几个知名企业的企业作风。

海尔集团的企业作风：迅速反应，马上行动。

长安集团的企业作风：今天的事今天完，明天的事今天想。

青岛国信集团的企业作风：敬业勤勉，务实严谨。“敬业勤勉”就是要求员工对工作要抱有珍惜岗位、勤勤恳恳、扎扎实实的态度，并不断对自身工作质量进行评价，逐步改进与提高水平。要作为自己终身追求的事业，把企业的发展壮大作为自己人生的依托和归属。“务实严谨”是要求员工对自己的工作务求实效，不推诿、不投机取巧、不马虎应付，做事必须认真负责，并凸显其专业能力与水平，精益求精，达到规范标准程度，即尽责高效。“敬业勤勉，务实严谨”的企业作风，立足于企业工作实际和行业施工特点，着眼于建立科学高效的现代企业运行机制，要求企业全体员工踏实、务实、求实，要求大家纪律严明，作风严谨，工作严格，全面提升企业的管理水平。

3.2.5 企业理念

企业理念是企业在持续经营和长期发展过程中，继承企业优良传统，适应时代要求，由企业管理者积极倡导，全体员工自觉实践，从而形成的代表企业信念、激发企业活力、推动企业生产经营的团体精神和行为规范。企业理念即企业的理想、哲学与信念，是一个战略发展的主导思想，是指导和影响企业战略追求的灵魂。企业理念是MIS的核心，对企业精神、经营哲学、企业道德的定位起着决定性的作用，任何一个组织都要求有一个统一的理念来协调组织的行动，否则就会变成一盘散沙。例如：

▲ 图 3-10

开元集团的企业理念：戒满扬新，超越自我。满足而故步自封，满足而止步不前。唯有戒满扬新才能发展，超越别人是能人，超越自己是伟人。超越是开元发展的主旋律，开元在超越中永铸辉煌！

康佳集团的企业理念：康乐人生，佳品纷呈。在导入 CIS 前，康佳集团的精神理念多是由领导层确定和倡导的。在导入 CIS 的过程中，总结提炼企业理念时发动广大员工共同参与，“为企业内外公众创造健康快乐的人生，不断奉献优秀的产品和服务”被总结出来，最终精炼为“康乐人生，佳品纷呈”，使之更具有广泛性和群众性。这一理念是全体员工的心声和精神的凝聚，凝聚了康佳集团的企业文化、精神理念，既具有丰富的内涵，又有康佳集团自己的特色。

3.2.6 企业精神

人活着，要有一点精神，企业存在和发展也得有精神——企业精神。企业精神是基于企业特性、任务、宗旨、时代要求和发展方向，经过精心培养而形成的群体精神风貌；强调现代意识与企业个性相结合，强调群体意识，强调用简洁语言表达出来；以价值观念为基础、以价值目标为动力，是企业文化的核心与精髓，在整个企业文化中起着支配作用。

企业精神包括员工对本企业的特征、地位、形象和风气的理解和认同，对本企业的生产、发展、命运和未来抱有的理想和希望，也包括由企业优良传统、时代精神和企业个性融会的共同信念、作风和行为准则。企业可以根据自己的情况提炼出能够充分显示自己特色的企业精神。

确定企业精神时，要抓住企业的特性进行提炼，即要抓住企业观念意识中的积极因素，抓住企业全体员工共同拥有的精神和普遍掌握的理念，抓住企业管理者的主导思想来提炼，通过口号、短语、厂歌等明确地表达出来。例如：

海尔的企业精神：无私奉献，追求卓越；敬业报国，追求卓越；创造资源，美誉全球。

茅台集团的企业精神：爱我茅台，为国争光。

▲ 图 3-11

中国移动的企业精神：沟通从心开始。

三一重工的企业精神：自强不息，产业报国。

松下电器的七条精神：产业报国、光明正大、团结一致、奋斗向上、礼仪谦让、适应形势、感恩报德。

3.2.7 企业价值观

企业价值观是企业和企业员工共同的价值取向，主要解决企业与员工、员工与企业的价值趋同与价值追求问题。企业价值观展示企业的基本性格和经营宗旨；决定企业的经营政策和战略目标；左右企业员工的共同愿景和行为规范；影响企业的根本信念和发展方向。企业价值观包含的内容很多，涉及的面也很广，但最核心、最重要的是企业的核心价值观。

企业核心价值观是企业文化的重要组成部分，是解决企业在发展中如何处理内外矛盾的一系列准则，是企业对市场、对客户、对员工、对社会的看法和态度，表明企业生存的主张。如社会主义的24字核心价值观，是社会主义核心价值体系的内核，体现了社会主义核心价值体系的根本性质和基本特征，是社会主义核心价值体系的高度凝练和集中表达。企业核心价值观也是一样的，例如：

海尔集团的核心价值观：真诚到永远。

宝洁公司的核心价值观：领导才能、主人翁精神。

百事公司的核心价值观：身体力行、开诚布公、多元化、包容性。

TCL公司的核心价值观：为顾客创造价值，为员工创造机会，为社会创造效益。

茅台集团的核心价值观：以人为本，以质求存，恪守诚信，团结拼搏，继承创新。

▲ 图3-12

除了企业核心价值观外，不同的企业根据不同时期的发展要求，会提炼出需要践行的不同价值观，常见的有人才观、服务观、质量观、竞争观、发展观、危机观、管理观、安全观、环境观等。下面罗列几个供读者赏析。

海尔集团的人才观：要“赛马”而不要“相马”。用人所长，容人所短，功不掩过。

联想集团的人才观：不唯学历重能力，不唯资历重业绩。

一汽大众的服务观：服务创造价值。

中国电信的服务观：用户至上，用心服务。

蓝天集团的竞争观：与同行一起成长。

蓝天集团的发展观：激活资源，协同发展。

正道集团的危机观：兴于忧患，衰于自满。

▲ 图3-13

华为公司的管理观：管理是企业永恒的主题也是永恒的难题。

华强集团的管理观：责任为大，绩效为天。

长安集团的质量观：优秀的产品一定是优秀的员工干出来的。

蓝天集团的质量观：产品源于品格，质量源于素质。

三维集团的安全观：安全是天，生产是地；顶天立地，人企合一。

正道集团的安全观：企业之本，生命之魂。

蓝天集团的环境观：善待自然就是善待自己。

科龙集团的法律观：遵守国家法律，弘扬法制精神，伸张社会正义，争做守法公民。

3.2.8 企业道德及其他

道德规范是企业员工的重要行为规范，道德行为的软约束与厂规厂纪的硬约束相配合，不但可以弥补硬约束难以面面俱到的局限，而且能够使企业员工的行为自觉地指向目标的实现，成为企业不可以缺少的道德力量。例如：

联想集团的道德观：宁可损失金钱，不丧失信誉；生意无论大小，一律一视同仁；待人真诚坦率，清清白白做人；勤勤恳恳劳动，理直气壮赚钱。

企业是一个繁杂的系统，对于 MI 构成，除了上面可归纳的几种类型之外，还有一些成分视企业性质而有差异，如企业口号、企业之歌、企业标语、企业广告等，在此不再细述。

作业

1. 举例说明什么是 MI。
2. 调研或查阅某企业资料，简述该企业 MI 包含哪些内容。
3. 查阅相关资料，列举松下精神的详细内容。
4. 查阅资料，列举出至少 10 家公司的企业使命。

第4章 BIS 设计

教学内容： 通过本章的教学，使学生明确企业行为识别系统（BIS）的设计是 CIS 设计的重要组成部分，掌握企业 BIS 设计的基本内容，并参照本章的内容，结合企业实际，进行局部或整体的企业 BIS 设计策划。

教学目标： 了解 BIS 的内容。

了解 BIS 对外的识别内容。

了解 BIS 建立原则。

了解企业 BIS 内部与外部活动设计的基本内容。

教学时数： 4 学时。

CIS 是一项塑造企业形象的整体活动与系统工程，需要依靠企业全体员工的共同努力与主动参与来实现。企业经营理念、企业价值观、企业精神、企业文化等内容均要求强化内部管理，注重教育培训实效，在对外的经营活动中将这些内容渗透到企业经营、管理的每一个层面、每一个环节中去发挥作用。也就是说，对内，通过制度、管理、教育与培训等手段，使员工行为体现出一定的准则和规范，并践行企业的理念精神和经营价值观；对外，通过切实有效的、有特色的社会活动，塑造企业动态的良好整体形象。这好比一个形象完美的人除了有英俊或优雅的仪表外，更有美丽的心灵、高尚的情操。一个人形象的好坏，最终取决于他的行为。企业也是如此，社会公众和消费者对企业的认知归根结底取决于企业“如何去做”，这便是企业 BIS 所要讨论的问题。CIS 中，如果说 MI 是“想法”，那么 BI 就是“做法”。

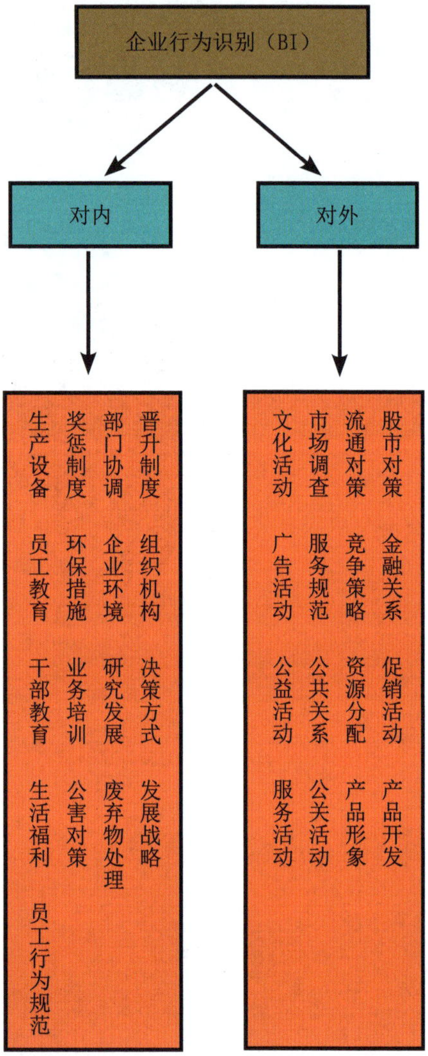

▲ 图 4-1

企业行为识别系统（BIS）是 MIS 的外化和表现。BI 是 CI 的一种动态识别形式，它的核心是推行 CI 理念，将企业内部组织机构与员工的行为视为一种理念传播的符号，通过各种实实在在的行为活动推广出去，并通过实施这些动态因素，传达企业的理念，塑造企业的形象。BI 以企业精神和经营思想为内部动力，显现出企业内部的管理方法、组织建设、教育培训、公共关系、经营制度等方面的创新活动，最后达到塑造企业良好形象的目的。

BI 尽管受 MI 支配，但可以通过具体的行为、有形的产品体现出来，如产品和服务质量优劣。由于 BI 的这种独特的作用，决定了企业在导入 CI 时必须把企业及其员工的行为习惯作为突破口和着力点，通过不断打破旧的不良习惯，建立新的行为模式，实现真正的观念转化和水平提升。当然，企业要搞好 BI 建设，就必须对 BIS 的构成和目标有全面透彻的认识，抓住关键，全力推进。

4.1 BIS 的构成

企业 BI 设计涵盖了企业的经营管理、业务活动的所有领域，可以分为对内、对外两大部分。对内建立完善的组织、管理、教育培训、福利、开发研究制度，行为规范，工作环境等来增强企业内部的凝聚力和向心力，包括企业环境、员工教育、员工行为规范等；对外则通过市场营销、产品开发与公关、公益活动等来表达企业理念，取得大众认同，包括市场调查、产品规划、服务活动、广告活动、公关活动、促销活动等内容。

4.1.1 对内系统

1. 企业环境

企业环境的构成因素很多，主要分为两部分内容：第一，物理环境，包括视听环境、温 / 湿度环境、嗅觉环境、营销装饰环境等；第二，人文环境，主要内容有员工精神风貌、领导作用、合作氛围等。

企业营造一个干净、整洁、积极向上、温馨融洽、团结互助的内部环境，不仅能保证员工的身心健康，而且是树立良好企业形象的重要方面。因为，这是给社会公众留下的第一印象。第一印象给人的感觉最深，一旦形成就难以改变。

2. 员工教育

企业员工来自不同的社会阶层，学识修养、脾气秉性各不相同。员工教育的目的是使行为规范化，符合行业行为系统的整体要求。员工教育分为干部教育和员工教育。两者的内容有所不同。干部教育主要是政策理论水平教育、法制教育、决策水平及领导作风教育；员工教育主要是与其日常工作相关的一些内容，如经营宗旨、企业精神、服务态度、服务水准、员工规范等。

3. 员工行为规范

一个企业要在经营活动中步调一致，令行禁止，必须有一定的准则规范。行为规范是员工共同遵守的行为准则。行为规范化，既表示员工行为从不规范转向规范的过程，又表示员工行为最终要达到规范化的结果。它包括的内容有职业道德、仪容仪表、见面礼节、电话礼仪、迎送礼仪、宴请礼仪、舞会礼仪、谈话态度、谈话礼节和体态语言等。

▲ 图 4-2

▲ 图 4-3

4.1.2 对外系统

1. 产品规划

这是塑造企业产品形象的第一步。产品形象包括的内容有产品名称、包装、功能、质量、价格、营销手段等。进行产品规划首先要进行市场调查，以求得与消费需求的一致性，即企业根据消费者的需求进行产品的开发设计，并且利用产品的销售策略加深消费者对产品的印象。产品形象的核心是产品的质量。因此，产品规划活动的关键是保证产品的质量。

2. 服务活动

企业服务时直接与社会公众打交道。优良的服务能博得消费者的好感。服务活动就内容而言包括三个阶段：售前、售中和售后服务。服务活动对塑造企业形象的效果如何，取决于服务活动的目的性、独特性和技巧性。服务必须以诚信为本，来不得半点虚伪，必须言必信、行必果，给消费者带来实实在在的利益。

3. 广告活动

广告可以分为产品广告和企业形象广告，对于 CI 来说，应更加重视形象广告的创造，以获得社会各界对本企业及产品的广泛认同。

形象广告就其制作手法而言与其他广告并无显著不同，但它有自身较为独特的作用。企业做形象广告的主要目的是树立商业信誉，扩大企业知名度，增强企业的凝聚力，树立企业信誉。产品形象广告不同于产品销售广告，它不再是产品本身简单化的体现，而是要创造一种符合目标消费者的追求与向往的形象。如通过商标标志本身的表现及其代表产品的形象介绍，让品牌给消费者留下深刻记忆，以唤起社会大众对企业的注意、好感、依赖与合作，使越来越多的社会公众由潜在客户转变为企业忠实的客户，促进企业的生存与发展。

▲ 图 4-4

4．公关活动

公关活动是企业 BIS 的主要内容，因为任何一个企业都不是一个孤立的客观存在，而是一个由各种社会关系包围着的社会存在。通过公关活动可以提高企业的信誉度、知名度，可以消除公众的误解，免除不良影响，取得公众的理解和支持。公关活动的主要内容有专题活动、公益性和文化性活动、展示活动、新闻发布会等。

4.2 建立 BIS 的原则

企业 BIS 包括的内容非常庞杂，涉及市场营销学、广告学、公关学、传播学、管理学等多方面的内容，但并不是这些内容的全盘照搬。建立 BIS 的目的在于识别，即通过各种有利于社会大众及消费者认知、识别企业的特色活动，塑造企业的动态形象，并与 MIS、VIS 相互交融，树立起企业良好的整体形象。

因此，BIS 的建立应在总体目标的基础上，综合运用相关学科的思想与技巧加以整体策划。建立 BIS，塑造企业动态形象并为社会公众所接受，不仅仅是公关部门的事，而是关系到企业自上而下的每一个员工、企业的每一道环节和每一个部门的事。要使之发挥应有的作用，不是靠短期的举措就能立竿见影的，而是需要长期规划，需要全体员工长期不懈地共同努力。BIS 传达的对象，不单指向客户和消费者，还必须针对企业内部员工、社会大众、相关机构和团体。BIS 的规划、设计、建立是一项系统工程，应遵循以下原则。

4.2.1 立足长远

建立 BIS，塑造企业形象，是企业长期的战略目标。其塑造过程可以说是企业系统工程的组织过程，需要通过长期的艰苦努力，有目的、有步骤、有组织地开展各种有利于树立企业形象的活动，把企业各项点点滴滴的具体工作统一到树立良好企业形象这个总目标上来，并持之以恒。即使已经在社会公众中建立了良好形象，也还需要经常组织有针对性的活动加以维护、发展和调整，不断改进和更新企业形象。

4.2.2 以诚取信

企业举办任何活动都要出自真心诚意，而不哗众取宠、夸大其词、弄虚作假。企业对消费者除了必须有实实在在的承诺之外，还必须给予兑现。企业必须用纯真的感情去感染公众，用发自肺腑的语言叩开公众的心扉，用实际行动实现对公众的承诺，以达到感情上的共鸣，获得公众的支持。那种违反真实客观原则，靠虚假失真广告制造噱头的公关活动是不可能取得公众的信任和支持的，其结果必然是从害人开始，以害己告终。

▲ 图 4-5

4.2.3 内外兼顾

企业开展活动，既要考虑企业内部员工的需要，又要顾及社会公众对企业的总体印象和评价。衡量企业形象好坏的主要标准是能否满足公众的利益。公众是形象的主要感受者，正所谓“当局者迷，旁观者清”，企业自身存在的缺陷往往是社会公众最早发现的，也是最容易被社会公众发现的。如果一个企业在经营管理活动中始终把公众利益放在应有地位，以公众利益为导向，那么这个企业在社会公众心目中的良好形象就会以最快的速度树立起来。因此，在 CIS 战略中，BIS 的运作过程要随时根据公众的利益和要求加以修正和调整。

▲ 图 4-6

4.2.4 广泛传播

企业举办活动要想取得良好效果，除了精心设计之外，很重要的是把活动信息广泛地传播给大众，得到大众传播媒体的配合。新闻媒体是树立企业良好形象的必备手段，在大众传播媒体高度发达的今天，利用新闻媒体对企业举办的活动加以多角度、多层面的正面报道，为企业扩大宣传服务，是 BIS 发挥作用的一项重要工作。企业但凡举办大型活动，如产品订货会、信息发布会、厂庆、专题促销活动、社会公益性赞助活动等时，除了应在社会上大造舆论扩大影响外，还应事先与有关记者取得联系，让他们进一步了解企业，扩大宣传，并主动向新闻界提供准确的、有价值的新闻线索，为扩大企业宣传提供素材。有条件的企业，还可以定期或不定期地举行记者招待会，以加强沟通，增进友谊。

4.2.5 防微杜渐

企业是一个有机体，有机体的运动必然导致各种问题。问题的出现并不可怕，关键是对待问题的态度，活动中不论出现什么问题，都会造成或大或小的社会影响，有的甚至会带来难以挽回的损失。因此，防止发生企业形象危机是树立、保证和维护企业的重要原则之一。一旦活动中出现形象危机，就应采取有效对策进行拯救，以重新赢得公众的理解和支持。

4.3 BIS 内部活动设计

4.3.1 员工教育

企业员工是企业形象的活化石和向外部传达信息的重要媒体，员工素质的高低以及是否能够具体表现企业的经营理念、方针和价值观，将给企业的整体形象带来巨大的影响。因此，企业进行 CIS 实施时，不仅需要全体员工的协助，而且需要激发他们积极参与的热情。

企业 CIS 计划的推行，首先需要从员工的一言一行、待人接物等细微之处切入，进行有声有色、规范系统的宣传教育和培训，为统整和规范企业的整体行为打下坚实的基础，最终实现企业整体形象的提升。

通常情况下，企业内部员工的教育和引导工作可采取如下措施。

1. 印刷 CIS 说明书和员工手册

通过 CIS 说明书和员工手册，向员工阐明企业理念、行为规范和企业识别的意蕴，增强员工的认同感和前瞻意识；让员工了解自己在企业中所担负的责任和使命，随时以手册要求规范自己的行为，达到最佳工作状态和精神状态。

▲ 图 4-7

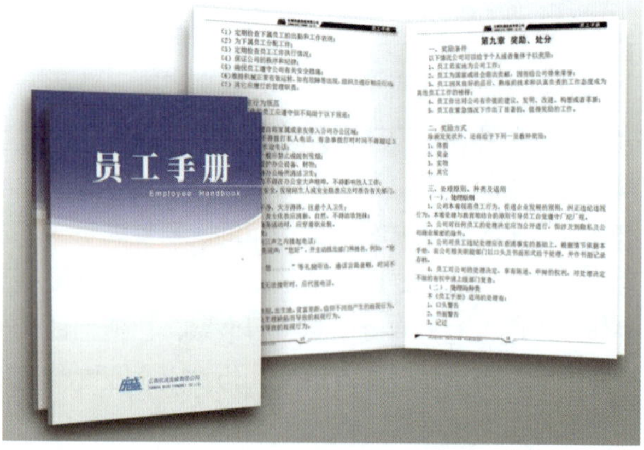

▲ 图 4-8

2. 制作员工教育录像带、幻灯片

在条件许可的情况下，应尽可能利用电视、投影等设备和手段，将企业理念和企业文化、标志等更有效地传达给员工，提升宣传、教育的效果。

3. 利用企业内部的各种宣传手段制造舆论

在企业内部的刊物、简报、海报、电台和有线电视等宣传媒体上，大张旗鼓地宣传企业正能量，创造积极向上的氛围，鼓舞士气；敢于曝光不良现象，坚决抵制不正之风，促进企业健康发展。

4. 加强企业内部沟通

一些企业成功的做法有开展晨会、设置留言板、举办教育研习等。

晨会可增加员工参加企业会议的机会，使其制度化；或举办“说真话会议”，增加内部交流与沟通的渠道。

通过设置留言板，可促使企业内部信息、意见和建议的传达和联络。

通过举办教育研习，调动员工自我教育的积极性。

▲ 图 4-9

5. 开展全员公关

通过全员公关的开展，提高员工的形象意识、参与意识，增加实践机会，创造一种良好而和谐的合作气氛，培养员工积极健康的心态。

6. 倡导各种有意义的活动

要达到企业行为识别的目的，就要通过统整员工的行为活动，从企业实际出发，调整和改善员工的日常行为状态，使员工的一举一动都能展示企业风貌，如开展改善日常对话应对态度，推行礼貌运动，推行最佳仪表活动，开展积极向上的文娱活动等。康佳集团组织三千名职工开展“拥抱康佳明天”环城长跑活动；组织“爱祖国、爱康佳”升旗仪式；组织“丰碑颂”厂庆及“康佳职工艺术节”等。

▲ 图 4–10

4.3.2 干部教育

这里所说的“干部”是企业中从事管理工作的人员，他们必须运用并发挥所能掌握的一切经营资源以达成工作的目标，在组织系统中，一是指领导者，二是指管理者。领导者是企业的最高决策者，即厂长、经理、总裁、企业家这一级别的；管理者则既是上司，又是下属，发挥着承上启下的作用，如班长、主任、副厂长、副经理等主管。企业领导者是企业形象的主要代表者，也可能是企业精神的主要塑造者，如日本的松下电器公司、中国的李宁运动服、美国的耐克运动鞋等。企业管理者（包括领导者）是企业兴衰的主要决定者，对企业能否在激烈的市场竞争中生存、发展、壮大具有决定性的作用。因此，干部教育在 BIS 中的作用就显得尤为重要。

▲ 图 4–11

▲ 图 4–12

干部教育按照培训对象不同，可细分为高层管理人员培训班、中层管理人员培训班、基层管理人员培训班、营销人员培训班、科研人员培训班。

干部教育的内容丰富多彩，千差万别。不同属性的企业，培训内容不同。同一属性的企业，因培训对象不同，培训内容也不可能相同，甚至于同一个企业的不同对象（如营销人员与科研人员）的培训内容也不同。下面仅就具有共性的培训进行归纳，供读者参考学习。

1. 管理干部的责任培训

5M 策略：Man-Power（人力资源）、Money（预算、成本、利润）、Machine（设备、工具、机器）、Method（章程、标准、办法）、Material（情报、原材料、时间）。应有效运用 5M 策略，以完成企业行为识别的效能、效率目标：做对的事，讲求“准”；把事做对，讲求“快”。

与一般员工的差异策略：通过差异化教育，明确管理干部的职责，见表 4-1。

表 4-1 管理干部与一般员工的差异策略

类别	工作方式	工作计划	工作命令	工作执行	工作责任	业绩考核
管理干部	通过下属	自行拟订	发出命令	设法使工作简便	为全局工作着想	以下属完成工作为准
一般员工	自己完成	按照计划	接受命令	直接动手	对自己的工作负责	以自己表现为准

2. 管理干部的领导力培训

领导力就是管理者对团体内的成员发挥影响力，使全体成员能接受其引导，以完成团体共同的目标，通俗地讲，领导力就是下达命令。领导力培训的主要内容就是如何合理下达命令，即使用合理的、适当的方式下达命令。因此，管理干部的领导力培训的设计要点是围绕下达命令的方式、技巧、关键点而进行。

▲ 图 4-13

下达命令的方式遵循 5W3H 策略：Why（为什么下达）、Who（下达给谁）、What（下达什么内容）、When（什么时候下达）、Where（在哪里下达）、How（如何下达）、How many（下达多少量）、How much（下达多少次）。

下达命令的技巧：姿态——态度和蔼可亲，用词礼貌；沟通——事前让下属参与策划，有心理准备；告诫——让下属明白工作的重要性；反问——让下属换位思考，提出质疑；商讨——共同研究解决的方案（与“沟通”呼应）；放权——给下属更大的自主权，使其感到被信赖、被重用；共享——共享信息、共享忧乐。

下达命令的关键点：命令有明确的目标和目的；正确下达命令的内容；遵循下达命令的技巧；把正确的命令下达给正确的人；依命令的轻重缓急有序下达；具备执行命令的环境。

3. 管理干部的形象培训

打铁还需自身硬。要提高管理干部的领导力，必须提高管理干部的自身形象。如何才能提高管理者的自身形象呢？在培训策划中要抓住以下几个关键点，才能有的放矢：以身作则——身教重于言教；亲和低调——亲切待人如待己，低调做人高调做事，对上下级一视同仁；保护隐私——避免卷入自己、上司、下属的隐私事件中，远离桃色事件；沉稳老练——遇事不喜怒形于色，能控制情绪，泰然自若。

作为管理者，对下属态度的养成也是培训工作的重点内容。有一个著名的蓝伯格（Louis B.Landborg）法则，揭示了管理者对员工的基本态度指标。除此之外，员工对有能力的管理者是比较信服的，如对目标有具体的完成计划；公私分明，公务上绝不顾及私利；有承担个人决策后果的担当等。

作为管理者，在管理过程中的一些禁忌，也是培训的内容。如避免过分挑剔；避免使用强硬手段；平等对待所有员工；避免交浅言深等。如果碰触到这些禁忌，可能会发生不必要的冲突，这对管理者和员工都会造成极大的伤害。一旦发生了冲突怎么解决，也可以列在培训内容中。

4. 管理干部的绩效考核培训

绩效考核是 BIS 的一个环节，是管理干部对照工作目标和绩效标准对下属的工作任务完成情况、工作职责履行程度、后续工作潜力发展情况的评定，并且将评定结果反馈给员工的过程。管理干部对下属的业绩考核结果，将直接影响员工的工作积极性，影响部门的工作状态和工作效率，必须引起足够的重视。

管理干部的绩效考核培训的设计要点应围绕考核的作用与目标、考核的分类、考核的方法、考核的技巧、考核的流程等方面展开，让下属看到绩效考核制度公平公正的同时，看到具体执行也是公平公正的，及时纠正在考核过程中出现的偏差。

有考核就有奖惩和激励。管理干部对激励机制的运用也是培训内容之一，要策划因人、因阶段、因资源、因方法不同需用不同激励方法的培训内容，使绩效考核培训工作完整而有效。

4.3.3 员工行为规范

企业形象的塑造需要企业内每一名员工的共同努力，员工的一举一动、一言一行都可以体现企业的整体素质。可以说，没有良好的员工行为，就不可能有良好的企业形象。但人的经历、教育、性格、兴趣、特点等都是各不相同的，这就需要有一个大家共同遵守的行为规范。这个规范由企业的目标体系和价值观念决定，是企业经营行为、员工工作态度和行为的约束，不仅表现为规章、制度、准则等成文的规定，而且表现为传统、习惯、禁忌、时尚等不成文的行为规范。

行为规范是企业员工必须接受和执行的基本行为准则，对员工行为具有约束、引导、指导的效力。行为规范的约束机制可以使人的行为趋于一致，并与企业的总体目标相适应。因此，在企业 BIS 的设计中，员工行为规范是重要内容之一。企业行为规范的设计可从规章制度、职业道德、员工纪律、工作态度、工作作风、敬业精神、集体协作精神、领导方式、经营方式等方面予以综合考虑。

下面展示中国国际航空公司、金利来公司的部分行为规范，供读者研究参考。

1. 中国国际航空公司的行为规范

飞行人员职业道德规范：

- 高度的负责精神；
- 强烈的安全意识；
- 精湛的操作技能；
- 严谨的工作作风。

机务人员职业道德规范：

- 精益求精，一丝不苟；
- 钻研技术，精心维修；
- 遵章守纪，严谨诚实；
- 勤俭节约，艰苦奋斗。

运输服务人员职业道德规范：

- 热情周到，礼貌待客；
- 遵纪守法，不谋私利；
- 团结协作，顾全大局；
- 精通业务，优质服务。

管理人员职业道德规范：

- 面向生产，服务基层；
- 更新知识，调查研究；
- 开拓进取，提高效率；
- 遵纪守法，廉洁奉公。

▲ 图 4-14

2. 金利来公司的行为规范

- 爱国家：关心国家大事、民族兴衰，明确肩上责任；
- 爱公司：忠诚服务于金利来，做一名优秀员工；
- 爱家庭：不给社会添麻烦，创建文明家庭；
- 爱自己：珍惜人生，做一个力求上进、事业有成的人。

▲ 图 4-15

4.4 BIS 外部活动设计

企业对外 BIS 是企业动态的识别形式之一。只有企业的各种行为都体现出企业理念，才能塑造出良好的企业形象，才能使企业形象具有统一的内核。因此，企业对外行为系统必须在理念系统的指导和制约下进行。

4.4.1 产品形象

产品形象是指产品的命名、外形、功能、质量、商标、价格、包装、营销等给公众留下的整体印象。产品形象的好坏直接关系到公众对企业的总体印象，良好的产品形象会给企业的生存和发展带来理想的外部经营环境。消费者对某一产品具有良好的印象，其原因并不仅仅涉及产品的外观、性能等，还涉及有关的质量、服务、信誉、附加值等，这些都是产品形象的重要体现。

例如，海尔产品形象追求个性化，非常注意产品命名的文化味、形象感、可视性，如电冰箱系列中的海尔冰箱小王子、海尔冰箱大王子、海尔冰箱双王子、海尔冰箱美王子、海尔冰箱帅王子先行，所有的王子系列与海尔的儿童吉祥物相融合，传递出产品可爱、可亲、可视的形象，这对于引发消费者的购买欲无疑具有竞争优势。

▲ 图 4-16

OPPO 手机追求“至美，所品不凡”的品牌形象，传达了 OPPO 对极致精美的追求和达到至善至美的决心。至美，不仅代表追求极致，更代表对美和艺术的追求。OPPO CEO 陈明永对“至美，所品不凡”进行了阐释：“凡是 OPPO 出品，必须是设计的精品，是有格调的艺术品。”手机时尚、高档，体现有品位，OPPO 的品牌使命是通过精致的产品与创新的科技创造美妙的生活体验，一直专注于手机拍照的技术创新。如今，全球超过 2 亿名年轻人正在使用 OPPO 拍照手机。据权威数据机构 IDC 的统计，2016 年，OPPO 成为中国手机市场出货量第一的品牌。

▲ 图 4-17

4.4.2 服务规范

制定服务规范的目的是通过贯彻实施服务规范，树立良好的企业服务形象，提高产品的市场竞争力。

松下电器是日本电器行业的佼佼者，在世界 20 家大企业中名列前茅，被誉为“经营管理之神”。他们有一个成功的经验，就是为用户提供良好的服务。他们制定了“销售服务三十条”以提高服务质量。这些服务规范，既是一种理念，又是一种完整的服务方式和服务艺术，同时也具有很现实的可操作性。“销售服务三十条”的具体内容如下。

▲ 图 4-18

（1）销售贩卖是为人类社会服务的，理应获得利润。

（2）对顾客不可怒目而视，亦不可有令人讨厌的心情。

（3）注意门面的大小，不如注意环境是否良好；注意环境是否良好，又不如注意商品是否良好。

（4）货架漂亮，生意不见得好；小店中虽较杂乱，但可使顾客方便，反而会有好生意。

（5）对顾客应视如亲戚，有无感情决定商店的兴衰。

（6）销售前的奉承，不如销售后的服务，只有如此，才能拥有永久的顾客。

（7）应将顾客批评视为神圣的语言，任何批评意见都应乐于接受。

（8）资金缺少不足虑，信用不佳最堪忧。

（9）进货要简单，能简单进货，为繁荣昌盛之道。

（10）对花一元钱的顾客和花千百元钱的顾客，应一视同仁，这是商店繁荣的根本。

（11）不可强行推销，不可只卖顾客喜好之物，要卖对顾客有益之物。

（12）资金周转次数要增多，百元资本周转十次，则成千元。

（13）遇到顾客调换商品或退货时，要比卖出商品时更加客气。

（14）在顾客面前责备小职员，并非取悦顾客的好手段。

（15）销售优良的产品自然好，将优良产品宣传推广而扩大销售更好。

（16）应具有“如无自己推销贩卖，则社会经济不能正常运转”的自信。

（17）对批发商要亲切，如此则可以无所顾虑地向其提出正当要求。

（18）将一张纸当赠品亦可使顾客高兴，如果没有随赠之物，笑颜也是很好的赠品。

（19）为公司操劳的同时要为职员的福利操劳，可用待遇或其他方法表达。

（20）不断用变化的陈列（橱窗）吸引顾客止步，也是一种方法。

（21）即便是一张纸，若随意浪费，也会提高商品价格。

（22）缺货是商店不留心，道歉之后，应询问顾客的住址，并说:“马上取来送到贵处”。

（23）言不二价！随意减价反会落得商品不良的形象。

（24）儿童是福禄财神——带着儿童的顾客，可能是为了给孩子买东西，应特别注意。

（25）时时应想到今天的盈亏，养成今天盈亏不明则无法入睡的习惯。

（26）要赢得“这是 ×× 公司的产品吧”的信誉和赞赏。

（27）询问顾客要买何物，应出示一两种商品，为公司做宣传广告。

（28）商店内应制造热烈气氛，具有兴致勃勃、欣欣向荣气息的商店，自然会招揽大批顾客。

（29）每日要将报纸广告通览无遗，有人订货而自己尚且不晓，乃商人之耻。

（30）对商人而言，没有繁荣和萧条之别，无论如何必须赚钱。

此“销售服务三十条”就是松下电器积累几十年经验写成的一本生意经，也是值得营销服务人员借鉴的成功诀窍。

营销服务是一门多种学科交叉渗透的科学，内容十分丰富，知识极为深奥，但其中最重要的还是必须树立良好的服务精神。企业领导者必须成为树立服务精神的核心，善于把优质服务精神注入企业经营理念中，对员工进行培训、教育，调动员工的积极性，提供优质服务。

▲ 图 4-19

服务并不能完全以量化的客观标准加以衡量，它最终必须以消费者的满意为标准。一般来说，迅速、热情、方便、有诚意、亲切、独特是优质服务所共同具有的，也是消费者所共同要求的。

再以海尔为例。海尔为追求产品的强劲竞争力和品牌形象力，在表现产品质量形象、技术形象、外观形象的同时，不遗余力地树立有海尔特色的优质服务形象：以“真诚到永远”为经营理念和统一广告词，进行一以贯之的全方位传播；在全国家电行业独家推出“国际星级服务”，提出“用户永远是对的”服务理念和“产品零缺陷，使用零抱怨，服务零烦恼”服务目标。海尔完善的服务体系，获得美国优质服务科学协会授予的“五星钻石奖”。“真诚到永远”的深入人心与国际服务品质的树立，将海尔在全国家电市场的炽热化竞争中，同对手区别开来，明显高出一个层次。

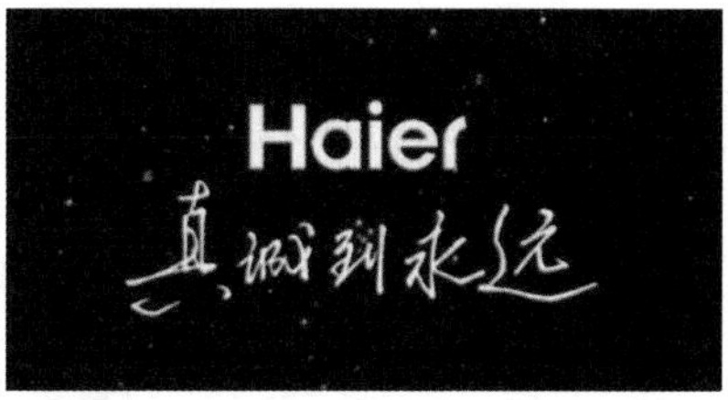

▲ 图 4-20

4.4.3 促销活动

所谓促销，就是营销者将有关本企业及产品的信息通过各种方式传递给社会公众，促使社会公众了解、信赖并购买本企业的产品，以达到扩大销售的目的。策划一项促销活动其实就是通过各种促销方式的选择、运用与组合搭配而形成的以销售商品为目的的计划，需要后期组织实施，实现企业与社会公众之间的信息沟通而完成预期方案。

在对各种活动进行策划时，如何树立企业形象显得十分重要。因为，企业具有良好的社会公众形象，可以使企业和社会公众之间的信息沟通更顺畅、更持久，这对企业发展的影响也是深远的。策划促销活动有时候需要的是机会，机会稍纵即逝。例如，多年前，北京地区遭遇多年未有的酷暑天气，一时间各大商场的空调被抢购一空，出现脱销现象。很多市民即便买上空调，也要排队等候好几天才能轮上维修人员上门安装。这时，素以“迅速反应，马上行动”作风著称的海尔，马上派遣一支 300 人的安装服务队伍增援北京，并通过大众传媒大做广告，真可谓“雪中送炭”，受到北京消费者的欢迎。这是一次非常成功的促销活动策划，同时对海尔的企业形象、产品形象又是一次有力的提升。

围绕着企业营销所实行的公关活动称为营销公关活动，如现场免费咨询、公益广告、公益活动等。同时，现场促销也是塑造企业形象、品牌形象、产品形象的良机。促销现场统一视觉形象的 POP（店面促销工具）、广告、吊旗、宣传品、促销人员服装等的设计，是塑造优良企业形象与产品形象的必备手段。与此同时，围绕营销开展一系列公关活动也尤为重要。

营销公关的核心是争取社会各方面的理解、信任和支持，在公众中树立良好的企业形象和产品信誉，达到促进销售的目的。它的着眼点不是企业的眼前利益，而是企业的战略目标实现及长期影响。营销公关活动本身不是做买卖，而是通过公关活动促进销售。具体地讲，企业营销活动可选择的目标主要有以下几个。

1. 建立并提高企业及企业产品的知名度

知名度是企业的产品、名称、宗旨、任务、方针、政策、规模等被公众了解的程度。知名度、信誉度和美誉度三者可以反映出一个企业在社会公众心目中的大致形象。企业知名度的高低直接影响着企业自身的经济利益，决定着企业的生存和发展。因为公众很难甚至不可能去一个自己不知道的商店购物，也不太可能购买没听说过的品牌的产品。

2. 建立并提高企业及企业产品的信誉度

信誉度就是公众对企业及产品的信任程度。可以通过公共关系，用各种媒介使公众了解企业及其产品，使公众与本企业打交道时放心，购买本企业产品时踏实。

3. 建立并提高企业及企业产品的美誉度

美誉度表示公众对企业的赞许程度。现代社会市场的发展，已由过去商品美誉的竞争转向企业美誉的竞争。良好的美誉度，可以吸引更多的目标顾客，开拓更大的企业目标市场，是企业得以生存和发展的重要因素。通过公共关系，可以宣传企业的优质产品、优质服务、经营管理水平与科技水平，树立企业良好的市场形象。

4. 取得社会谅解

现代企业处在复杂的社会环境之中，各种矛盾交织，比如工商企业之间，厂家之间，产销商之间，买卖方之间，国家、企业和职工之间等，都有着复杂的经济利益关系和矛盾冲突。要保持良好的公共关系，必须注意预防各种可能产生的矛盾和冲突，相互协商，取得谅解和支持。

5. 建立信息沟通网络

应广泛开展企业外部的信息交流，建立企业同社会各界之间纵横交错的信息网络，及时掌握社会环境变化及其对企业行为的反应。尤其是当今基于大数据的分析应用，使消费者和企业之间的供需关系一目了然，使营销公关活动项目的确定可以更加理性、科学。

4.4.4 公益活动

公益活动是企业以赞助社会福利事业为中心开展的公关促销活动，如赞助社会福利、慈善事业，资助公共服务设施的建设等。通过这些活动，在社会公众心目中树立企业注重社会责任的形象，提高企业的美誉度。从近期来看，公益活动不会给企业带来直接的经济效益，而且会使企业付出额外的费用，但是从长远来看，这些公益活动为企业树立了较完美的社会形象，使公众对企业产生好感，为企业创造了一个良好的发展环境。

策划公益活动要从以下几个方面考虑。

1. 公益活动的策划准备

在着手进行公益活动策划之前，应首先做好以下两项准备工作。

（1）企业形象现状及其原因的材料分析。它要求策划人员在进行策划之前，对策划所依据的材料进行进一步分析、审定。调查材料必须真实，否则再好的策划方案也不会取得成功。

（2）确定目标。这是公益活动策划的前提。一般来说，企业所要解决的问题是举办公益活动的具体目标。

2．公益活动的对象选择

企业组织促销的具体目标不同，使得公益活动的对象也选择得不一样。虽然公益活动总体上以资助或赞助某一项活动为主要特征，但对象并不同，其赞助的内容、形式、特点及效果也不同。常见的主要公益活动有以下几类。

（1）体育活动。体育运动目前已成为全民性运动，特别是一些国际性的体育盛会，可以超越国家、民族和文化等的各种界限，吸引数万人的注意。企业向这类活动提供赞助，可以迅速地提高知名度，扩大产品销售。健力宝正是靠大力赞助全运会、亚运会、奥运会等举世瞩目的大型体育运动打响品牌，创立名牌，塑造善尽社会责任的优良企业形象。因此，健力宝在这方面堪称典型。

（2）灾区活动。资助灾区，为灾区人民排忧解难是公益活动的一个重要内容。中国人素有“一方有难，八方支援”的传统美德，当灾情到来之际，企业能够适时地组织此项公关活动，就会极大地触动社会公众的情感。

（3）社会福利事业。企业选择对各种社会福利事业进行赞助，比较容易获得社会各界的普遍好感。金利来、康佳、健力宝等企业，在这方面均有出色表现。

（4）文化教育事业。文化教育事业是一个国家的立国之本，中国人喜欢将资助文化教育事业的人和事迹称赞为“尊师重教，功在桑梓”。企业通过资助“希望工程”，设立教师或教学奖励基金等各种赞助项目，可以塑造企业形象的民族大义和社会责任感。这类公益性活动不是肤浅的、稍纵即逝的，它对企业的影响是深厚的。例如，香港嘉华集团积极支持多所中国内地、香港及海外大学的学术发展，通过设立奖学金、捐建教学设施、资助研究及促进学术交流等形式，改善学生的学习环境，培养社会栋梁之材。

▲ 图 4-21

3．公益活动的运作技巧

虽然上述各种公益活动不会给企业带来直接的经济利益，但是在实施过程中，企业还是要运用各种有效的公共关系技巧来扩大公益活动在社会上的影响，如举办隆重的赞助仪式，召开新闻发布会，编写传奇故事，邀请社会名流给予评价等。

康佳在营销、公益活动等方面将产品宣传融入形象塑造之中，提高了广告、宣传的品位和档次；将“康佳产品遍四方，售后服务到府上”作为企业理念的延伸；通过举办“康佳质量万里行”等大型活动来增进与消费者之间的感情。另外，康佳捐资在延安兴办“深圳康佳希望小学”，参加电视扶贫活动，树立良好的企业形象；开展“全国家电维修技术能手大赛”等，对潜在的市场起到导向作用。

康佳举办一系列活动的目的，在于向内外公众树立优良的企业形象：康佳不仅生产、销售高品质的电视，而且奉献一种优质的服务。一个大型企业振兴民族经济及回报社会的行为使消费者广泛认同，最终使消费者感受到，拥有康佳，不仅仅能领略到高科技带来的清晰的画面、悦耳的声音，同时能感受到品牌文化附加值所带来的满足和自豪。

总之，企业在开始公益活动运作时，可以采取各种技巧和方式，大造公益活动声势，以此震撼社会公众，从而使公益活动形象生动。

作业

1. 简述 BIS 的定义。
2. 简述 BIS 的构成。
3. 查阅相关资料，列举管理干部待人处事之道——蓝伯格法则。
4. 设计一份促销活动计划书。

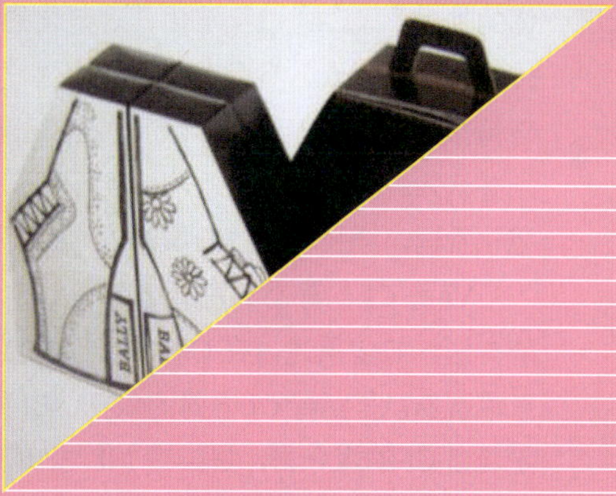

第5章 VIS设计

教学内容： 本章主要介绍VI的概念及其与CI的关系；介绍VIS的构成；介绍VIS的设计程序及设计的基本要素；介绍VIS设计的整体策划和开发流程。

教学目标： 了解和掌握VI的基本概念。

了解和掌握VI基础系统的设计内容。

了解和掌握VI应用系统的设计内容。

教学时数： 16学时。

5.1 VIS 概述

5.1.1 VI的定义

VI 是 CI 的重要组成部分。VIS 是以标志、标准字、标准色为基本核心要素展开的完整的、系统的视觉表达体系，借助一切可见的视觉符号，在企业内外传递与企业相关的信息，运用整体的传达系统，通过标准化、规范化的形式语言和系统化的视觉符号，将企业理念和企业文化传达给社会大众，具有突出企业个性，塑造企业形象的功能。对外，VIS 传达企业的经营理念与情报信息，将 VI 的基本精神及其差异性利用视觉符号充分地表达出来，从而使消费公众识别并认知；对内，VIS 通过标准识别来划分生产区域、工种类别，统一视觉要素等，以利于规范化管理，增强员工的归属感。

VI 是 CI 的静态识别标志，在 CIS 中是最直接、最有效地建立企业知名度和塑造企业形象的方法。如前所述，在 CIS 的整个构成中，MI 是核心部分，是精神实质，是根基，能够供 CI 汲取营养，是指导 CI 方向的依托；BI 是企业规定对内及对外的行为标准，是企业形象的载体，是传递 CI 的媒介物，是架在 MI 与 VI 之间的桥梁；VI 是外在的具体形式和体现，是最直观的部分。VI 以形式美感染人、吸引人，是人们最容易注意到并形成形象记忆的部分。设计科学、实施有力的 VI，是传播企业经营理念、建立企业知名度、塑造企业形象的快速便捷之途径。CI 以 VI 为基础，将企业识别的基本精神充分地体现出来，使企业产品名牌化，同时对推进产品进入市场起着直接的作用。

VI 设计以企业标志为基本要素，与企业名称的标准字组成不同的单元，配合各种不同的应用项目，将视觉设计要素组合在不同的应用项目中，从视觉上表现企业的经营理念和精神文化，形成企业固有的、独特的视觉形象，通过视觉符号的统一化来传达企业精神与经营理念，提升企业及其产品的知名度和形象。在 CI 形象价值确立之后，VI 本身也具有形象价值。

5.1.2 VIS的构成

VIS 由两大部分组成：基础系统和应用系统。

基础系统由企业名称、标准标志、变形标志、标准字体、印刷字体、标准色、辅助色、编排模式、商标品牌、吉祥物、象征纹样等基本元素组成，用于表达企业经营理念的统一性，同时也是应用设计系统的基本设计元素，使 VIS 在信息传播中达到视觉上的一致，从而塑造明确而统一的企业整体形象效果。

应用系统由办公用品类、环境系统类、指示标志类、服装类、广告类、陈设类、交通工具类、公关礼品类、包装类、资料类等组成，建立在基础系统之上，广泛应用于各种媒介物上。这样，企业通过全方位的整体传播系统达到统一识别标志的目的。应用系统所含项目多，层面广，具有较强的传播力和感染力。用一棵大树来做比喻的话，VI 基础系统就像树根，是 VI 设计的基本元素；应用系统就像树枝、树叶，是整个企业形象的传播媒介。

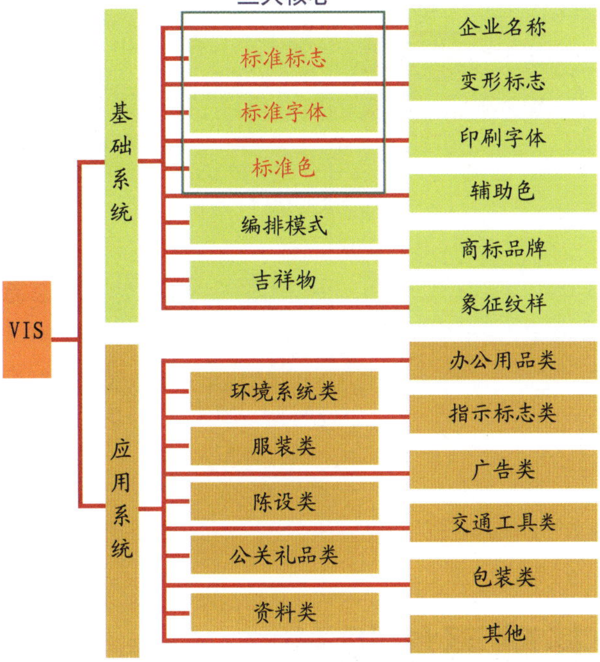

▲ 图 5-1

基础系统中的标准标志、标准字体、标准色是 VIS 的三大核心。整个 VIS 完全建立在其三大核心所构成的基础之上，因而对三大核心的应用有着极其严格的规定。应用设计方案一旦确定，就不能随意改变。标准标志又是三大核心之核心，是促发和形成所有视觉要素的主导力量。

由于各企业的性质不同，除了三大核心外，其他设计元素的选择及应用侧重点就不尽相同了，需要根据实际情况进行取舍。

（a）

▲ 图 5-2

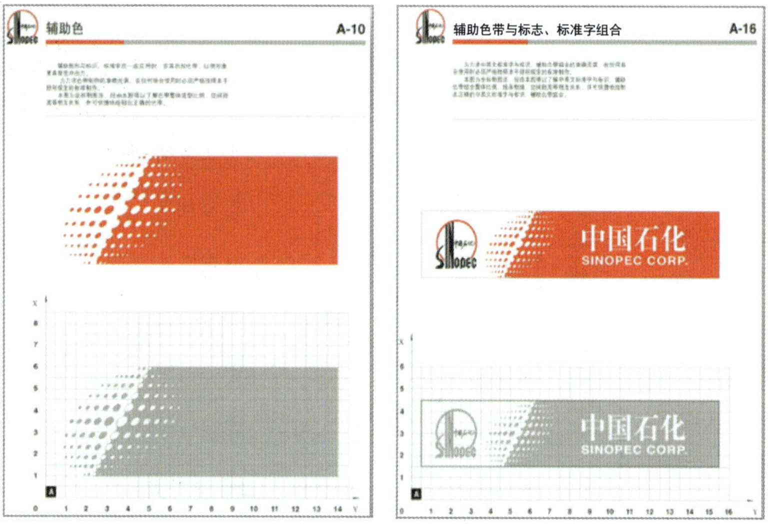

（b）

▲ 图 5-2（续）

5.2 VIS 基础系统设计

5.2.1 企业名称

企业名称往往会因时代的变迁而不适于信息传递，或因与实际经营状况不符而影响其商业活动，因此，不但新建企业要考虑企业名称，老牌企业也要根据需要更换企业名称。

1. 命名时要把握的原则

在考虑命名或更换企业名称时，一方面要符合有关法规，另一方面要在思想性、独特性、措辞明确性、文字明了性、适应广泛性、国际性等各方面进行把握。

（1）思想性是指企业名称要反映企业的经营理念和精神实质，反映企业的经营特性和形象特性，命名时能够结合企业特点，准确定位；在更换名称时，还要考虑与旧有名称的连贯性。

德国 Benz 汽车公司的中文名称“奔驰”是一个很好的例证。“奔驰”是 Benz 的译音，其所具有的中文意义不但代表了公司的汽车行业特质，而且隐喻了公司不断创新、永不停步、快速前进的企业追求。和宝马等名称一样，让人一听就知道与汽车有关。

Mercedes-Benz

▲ 图 5-3

（2）独特性是指要求企业名称能够独辟蹊径、角度新颖、不与其他企业名称雷同，做到与众不同，能给人以新鲜感、新奇感，并留下深刻印象，使人难以忘怀，如“狗不理”“一品鲜”。但也不可过于哗众取宠，以免引起人们的反感。如天津一家以“塔玛地”命名的公司，因其名称是一个骂人词语的谐音而遭到工商管理部门的取缔，成为一时之笑谈。

▲ 图 5-4

给企业命名，起点要高，要引领时尚，新颖别致，卓尔不群。站在制高点的名称，才能起到震撼和刺激的作用，会一石激起千层浪，迅速打开市场，赢得客户，稳住消费者心理。娃哈哈集团在进入市场之初，其名称就使人耳目一新，从而快速地获得市场认可，“巨人集团”“脑白金”都以其独有的特质而历久弥新，长盛不衰。

娃哈哈®

▲ 图 5-5

（3）措辞明确性是指企业名称容易上口，清晰明快，不致使人引起误会或错误联想，并应具有一定的语言水准。如“可口可乐”的重复音节形成了很强的节奏感，朗朗上口、寓意贴切，曾被很多中国人津津乐道，成为一个极具语音魅力的成功案例。

CHANEL

▲ 图 5-6

（4）文字明了性指的是企业名称可视性好、容易辨认，且语句简短，字形简洁。目的是使企业名称在传播中占有一定的优势。CHANEL（香奈儿），美名如神应，润物细无声，在听觉和视觉上都具有很强的冲击力，至今仍是时尚的化身、精品的代名词，其标志也使人过目难忘。再如，“百度”源自“众里寻他千百度”，使人自然联想到“众里”“寻”之，画面感极强。

Baidu百度

▲ 图 5-7

（5）企业名称要具备适应广泛性。现如今的市场变幻莫测，企业不断受到各方面潮流的冲击。在企业名称的选定上，也应顾及企业发展的要求，遵循企业文化特征，与时俱进，将企业文化的核心与企业名称相适应，选用适应范围较广的名称，为企业的未来着想。

（6）国际性是企业在这个时代经营的必然趋势，因此在进行命名时就不得不考虑应具有国际化水准及进行国际间交流的可能性。如果是将中文翻译成英文或其他语言文字，能在该文字中找出与原文对应的发音或书写，并具有良好的意义，能够在相应的国际市场引起共鸣，则为最好。例如，“竹林”一词在中国人的理解中，各方面的意义都比较好，其英文名为 Jolly，与“竹林”的发音非常近，虽然 Jolly 是一个创新组合词，但符合英文的构词法，而且容易被人们视为一个具有良好寓意的名称，因为，它与英文 Jollying（快乐）的发音极为相似。

2. 常见命名法

（1）寓意命名法。寓意命名法主要关注企业名称的寓意，大多运用寓意美好的字词，如祥、康、福、泰、恒、兴、庆、和、富、德、隆等。如北京全聚德烤鸭、上海老凤祥银楼运用的都是吉祥美好的词语。而在长期的命名过程中，也有逐渐形成的一些行业习惯，如药店多用“仁”和“堂”（同仁堂、怀仁堂）等，迎合消费者心理，使消费者对企业产生好感。

▲ 图 5-8

▲ 图 5-9

（2）音韵命名法。音韵命名法主要从音韵的角度来进行命名。采用这种方法命名，人们会根据发音的好坏来评判企业名称的好坏，而不太考虑其他方面的因素。著名的代表就是 CocaCola（可口可乐）。CocaCola 源于 Cock（公鸡）和 Cold（冷）两个单词，各自变换一个字母，将 k 和 d 都变成 a。CocaCola 本身并没有什么含义，但是它的字母结构很有意思。该名的最大特点就是不注重含义，只注重发音响亮，不仅好拼好念，而且容易记忆。因此，这种极富个性和创造性的名字，几乎遍及世界各个角落。

▲ 图 5-10

（3）夸耀命名法。这种命名法通过企业名称来夸耀商品质量和服务质量，暗示消费者放心消费，从而引起消费者的消费冲动，如美味滋烤肉城、宅急送、舒美时装店等。

▲ 图 5-11

（4）吉祥物命名法。该命名法通过人们对动植物、天然景观、自然现象等的美好印象，使企业在人们的心目中留下美好的形象，并且通过提及动植物名、天然景观、自然现象，使人们自然而然地联想到企业，达到记住企业名称的目的，如飞龙集团、白云酒店、苹果公司、金风科技股份有限公司等。

▲ 图 5-12

（5）别名俗语命名法。有很多企业在长期的经营过程中虽然没有正式明确的商标和品牌，但是有较高的社会影响力，潜移默化地形成了各自的品牌。这些品牌多是口语或俗语，也有别名外号之类的，但由于这些名称的影响力广泛，也具备了品牌的作用。于是，经营者干脆以此为名，借此扩大自己的影响力，如陕西老孙家泡馍、平娃烤肉、大娘水饺等。 这些别名俗语贴近生活，十分亲切自然，传播速度快、范围广，社会影响力大，生命力强，具有很多名称不能企及的效果。

▲ 图 5-13

（6）人名地名命名法。很多企业会根据人名或地名来进行命名。由于人名和地名具有特殊的含义，因此，以人名和地名命名的企业名称往往看起来朴素简洁，但是名称会响亮大方，寓意也十分丰富。这类企业名称也有很多。例如：根据地名命名的有长江集团、青岛啤酒、燕京啤酒、茅台等；根据人名命名的企业名称有王麻子剪刀、张恒春制药等。

▲ 图 5-14

（7）功能特点命名法。很多企业会根据企业或产品的特点来对企业或产品进行命名。这种命名方法直接明了，让人一眼就能了解企业或产品的功能和特点。比如感冒通、肠炎宁这些名称简单明确，易读易记，容易打造优秀品牌。

（8）原料命名法。原料命名法就是用产品的原料来命名。这是一种特殊的命名方法，特点是个性独特，引人注目。这样命名的企业和产品也不在少数，如五粮液。五粮液是中国著名的白酒品牌。五粮液白酒由高粱、玉米、小麦、大米、糯米五种粮食酿制而成，故起名为五粮液。

▲ 图 5-15

（9）商标命名法。商标命名法就是企业以商标名称取代原来的企业名称。运用这类命名法多是由于商标的知名度和社会影响力大大超越企业本身，为了企业有更好的发展，用商标名称逐步取代原有的企业名称，如乐百氏。乐百氏原本只是一个品牌名称而并非企业名称，这一点大部分人并不了解。乐百氏集团原名为今日集团，但知道企业名称“今日”的人寥寥无几，而“乐百氏”几乎家喻户晓。无奈之下，1999 年，今日集团更名为乐百氏集团。

▲ 图 5-16

（10）典故命名法。典故命名法以我国灿烂的文化为背景，以诗词、典故、成语、传说来命名企业，为企业赋予更深厚的中国文化底蕴。以这种方式命名的企业名称意义深刻而又含蓄，既可避俗，又可避重，如楼外楼菜馆、杏花村汾酒集团、三味书屋、百度、腾达、孙悟空理财等。

▲ 图 5-17

▲ 图 5-18

企业的命名方法多种多样，各不相同。由于企业名称是一种企业形象，故企业命名时可根据自身的商业项目、商品、消费对象等情况，因地制宜，因时而异。

5.2.2 标准标志

标志是一种记号，它以各种精炼的形象表达一定的含义，传达明确的信息，有助于克服语言和文字上的障碍及表述时的困难。由于它是非语言性的图形符号，因此有利于传播和记忆，能起到语言和文字难以达到的效果。

根据需要，VI 中的标志会有一定的变化。标准标志是 VI 中一切变化的基础，VI 中所涉及的图形、字体、色彩、编排模式，无一不渗透着标准标志所蕴含的理念。而标准标志又以企业的经营理念为基础而设计，是企业精神的视觉化浓缩，是以小见大的典型，是图形的最高境界。

标志的历史悠久。三千多年前的货物交换集市上就已经出现了交换标志——草标。在标志漫长的演变过程中，经历了由简至繁、螺旋式上升的发展变化过程，尤其是在近百年的标志变化过程中，典型地概括了现今标志发展的趋势：形态由烦琐趋向于单纯、由具体转向抽象、由图画形式发展至图案形式。

▲ 图 5-19

企业标志是企业的一个象征。一个好的标志，在市场运作中会给相关者留下深刻印象，是企业信誉的保证。因此，没有一个企业愿意不负责任地随意丢弃老的标志形象，但为了适应时代的变迁，往往慎而又慎地在原有造型的基础上，按照标志演变的规律和时代的流行趋势进行变更，从而使老牌企业能够跟上时代的步伐，不懈地竞争，更好地生存。百事可乐公司之所以数次改革标志，便是基于此种原因。而新企业的标志，要能够担负起高速发展的社会的信息传递使命，在进行设计和确认时，便要迎合时尚，经过一系列的探讨、设计、测试、检索，并经修正后才能定稿。

5.2.3 标准字体

标准字体与标准标志一样，也是企业的一种象征。标准字体是经过设计的专门用于表现企业或品牌名称的字体，是企业的中英文名称样式集合。标准字体是 CIS 的基本要素之一，应用广泛，常与标志联系在一起，具有明确的说明性，能准确地传达企业形象，与标志具有同等重要性。

1. 标准字体的设计要求

标准字体在设计上要求具有强烈的个性和美感；易于辨认，易于阅读，与标志风格具有统一性；在文字形式的创新上，要顺应文字规则、笔画及结构特征，进行适当添加或简化。由于标准字体的主要作用是以文字传递企业形象，因而无须过分装饰，但求新颖、别致、有所创新。标准字体不同于印刷字体，经过精心设计的标准字体，外观造型与印刷字体不同。更重要的是，它是根据企业或品牌的个性而设计的，对文字的形态、粗细、文字间的连接与配置、统一的造型等都进行了细致严谨的规划，比普通文字更美观，更具特色。

（1）讲求易辨性，即要选用公众看得懂的字体，要避免与其他企业、其他品牌相似或类同，字体结构要清楚、线条要明晰，放大或缩小后都要清楚。

（2）讲求艺术性，即应具有一种创新感、亲切感和美感。只有比例适当、结构合理、线条美观的文字，才能够让人看起来比较舒服。在标准字上加上具有象征、暗示、呼应含义的因素，可使标准字显示出不同的意境。

（3）讲求传达性，要能够在一定程度上传达企业的理念，而不能把设计作为孤立的事件，单纯追求形式上的东西。欧米茄手

▲ 图 5-20

▲ 图 5-21

▲ 图 5-22

▲ 图 5-23

表一般都把 Ω 和 OMEGA 放在一起。单独一个 Ω 已经足够醒目，单独一个 OMEGA 也十分不错，但企业经常将两个标志放在一起宣传，消费者常常将 Ω 这个图形标志和 OMEGA 联系在一起，其效果明显好于单独宣传其中的一个。

2. 汉字标准字体的表现形式与设计方法

汉字标准字体的设计可划分为书法标准字体、装饰标准字体两种。

（1）书法标准字体是体现我国具有三千多年历史的汉字表现艺术的主要形式，既有艺术性，又有实用性。相对于印刷字体而言，书法标准字体的设计形式可分为两种：一种是针对名人题字进行调整编排，像人民日报、清华大学等书法标准字体，是政坛要人、社会名流及书法家的题字；另一种是由设计师尝试的设计书法体或装饰性书法体，介于书法和描绘之间，将这类书法体作为企业、品牌标准字体，能够突出视觉个性，特意描绘的字体具有特定的视觉效果，活泼、新颖，画面富有变化。

（2）装饰标准字体具有美观大方、便于阅读和识别、应用范围广等优点。装饰标准字体是在基本字形的基础上进行装饰、变化加工而成的。它的特征是在一定程度上摆脱了印刷字体的字形和笔画的约束，根据品牌或企业经营性质的需要进行设计，达到加强文字的精神含义和富有感染力的目的。

装饰标准字体表达的含义丰富多彩。如细线构成的文字容易使人联想到香水、化妆品之类的产品；圆厚柔滑的文字常用于表现食品、饮料、洗涤用品等；浑厚粗实的文字则常用于表现企业的实力强劲；有棱角的文字则易展示企业个性。

总之，装饰标准字体设计离不开产品属性和企业经营性质，所有的设计手段都必须为企业形象的核心——标志服务。设计者运用夸张、明暗、增减笔画形象、装饰等手法，借助丰富的想象力，重构字形，既加强了文字的特征，又丰富了标准字体的内涵。同时，在设计过程中，不仅要求单个字形美观，还要使整体风格和谐统一，理念和内涵易懂，以便于信息传播。

3. 英文标准字体的表现形式与设计手法

企业和品牌名称标准字体的设计，一般均采用中英文两种文字，以便同国际接轨，参与国际市场竞争。英文字体（包括汉语拼音）的设计与中文字体的设计一样，也可分为两种基本字体，即书法体和装饰体。书法体的设计虽然很有个性、很美观，但识别性差，因此用于企业名称的情况不常见，常见的情况是用于人名或非常简短的商品名称；装饰体的应用范围非常广泛。

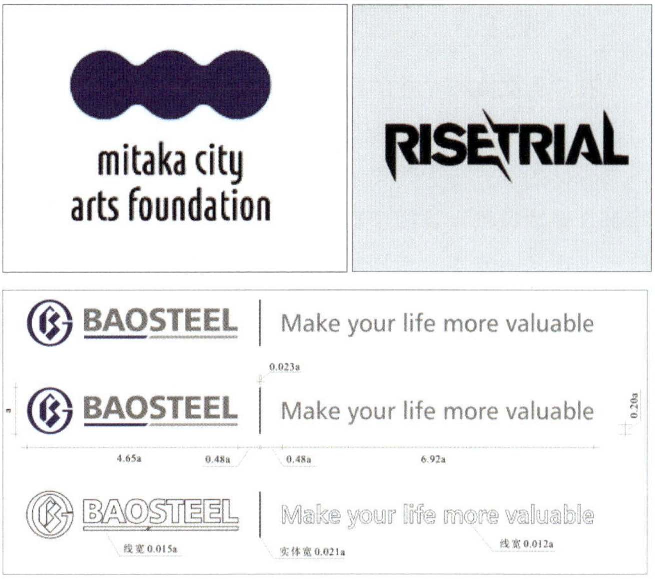

▲ 图 5-24

案例：用 CorelDRAW 设计制作标准字体

下面学习运用 CorelDRAW 制作“标准字”文字，主要学习如何对系统字体进行改造加工、拼接等。

Step 01 打开 CorelDRAW，打开文本工具（F8），选择“黑体”，48pt，输入“标准字”。

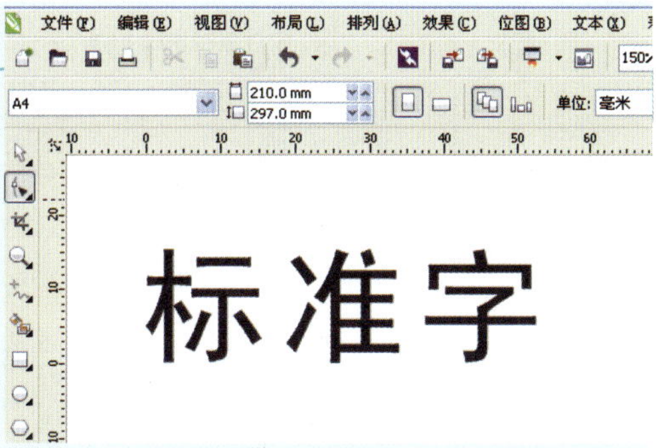

▲ 图 5-25

Step 02 拆分美术字（Ctrl+K）。打开文档网格（视图 / 网格 / 文档网格），选中所有文字，将其转换为曲线（Ctrl+Q）。

Step 03 打开形状工具（F10），对“标”“准”“字”进行字形、字体结构处理，即制作半径为 3.5mm 的圆形，填充红色，选择轮廓为“无”，替换相应的笔画。

▲ 图 5-26

Step 04 用选择工具对字形进行移位编排。将标准字放置在长为 25 个单位（a）、宽为 10 个单位（a）的矩形方框内，字间隔为 a 的三分之二，将三个红点放置在一条直线上。

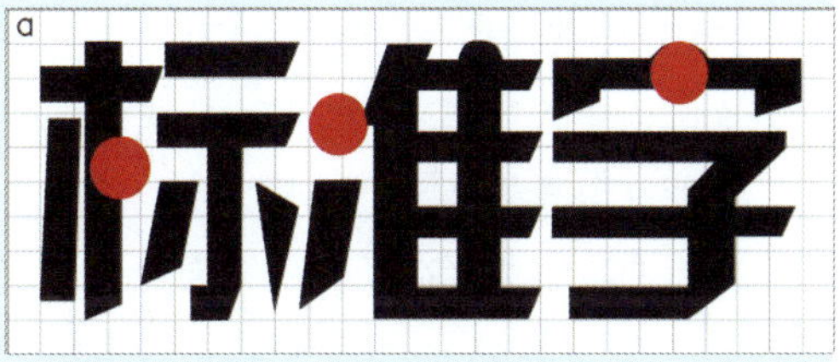

▲ 图 5-27

5.2.4 印刷字体

在广告文案和企业的行文中经常要用到一些印刷字体，这些字体也是要实现设计的。在设计领域里，文字已成为视觉传达的重要途径，其字体关系到 VI 设计艺术美感的表现，直接影响着设计的视觉传达效果。如果企业用字过于随便和混乱，企业形象同样会遭到破坏。因此，根据企业的风格为其规定用字是十分有必要的。印刷字体不需要专门进行设计，只需在现成的字库中选择一套或多套与其形象、风格匹配的字形即可。

兰州石化职业技术学院稿纸

▲ 图 5-28

汉字的印刷字体分为三大类：宋体、黑体、书法体。

宋体包括标宋体、粗宋体、中宋体、新宋体、仿宋体、书宋体。其特点是横细竖粗撇如刀，点如水滴捺如帚。标宋体常用于正规文档标题、正文，粗宋体常用于标题等醒目文字，仿宋体多用于文艺小品、诗词古文、序言 / 后记等。

黑体又称方体，受西方无衬线体的影响而产生。其特点是所有笔画粗细基本一致，约为字格长度的八分之一，起笔、落笔均为方头，结构严谨，端正有力，朴素大方，简洁现代，醒目度高，常用于需要强调的标题、广告用语等。

书法体又称手写体，是传统书法体的一种变体，常见的有楷体、隶书、魏体等。其特点是笔画规范，粗细适中，严谨丰满，呈百花齐放之态，各体各有所长，艺术性强。由于适用面较宽泛，也容易有别于他人，因此，书法体常被选择为企业印刷字体。

外文印刷字体也用同样的方式选定。

5.2.5 标准色

企业标准色是企业的特定色彩，用以强化刺激及增强对企业的识别。色彩是人的视觉最先感知到的，以色彩吸引人的注意，是不能放弃的重要手段。例如可口可乐公司的红色，就是色彩运用成功的例子，其色彩的感召力是十分强烈的。如今，从事饮料行业的企业，在选择红色为标准色时，多半要掂量掂量，用不好的话，就可能被埋没在可口可乐的红色海洋之中。

不同的色相有着不同的性格和情感意味。比如，红色代表热情、向上、吉祥、喜庆，也可表现危险、恐怖；蓝色代表宁静、崇高、深远、凉爽，但也有后退、深奥莫测、绝望之感；黄色代表明快、辉煌、忠诚、纯洁，给人的感觉是年轻、充满活力，但也有人感觉其“低贱”。色彩之间由于相互搭配，又能产生新的感觉，如红与黑有古朴之感、红与黄有跳跃之感等，因此，企业在色彩的设定上，要选用能够反映企业精神、行业特点的色彩。

一方面，企业标准色不仅能强化企业识别标志、企业识别系统、企业识别形象的吸引力和传播力，而且能加强企业生产经营、运行实态、行为方式的约束力和激励力，实现形象化的管理；另一方面，通过人们对色彩的感知和联想，赋予了色彩以象征的或设定的指示意义，使色彩成为人类独有的语义传播信号和视觉传播媒介。如中国人民银行的红色，表现出民族传统、实力、圆满和信心；中国建设银行的蓝色传达出了理性、沉稳、安全、包容、可靠的信念，像大海一样吸纳资金和人才；中国邮政的橄榄绿，给人以安全、准确、便捷的感觉。

在 VIS 中，标准色包括标准色设计与标准色管理两个方面。

1. 标准色设计

对于标准色的设计，通常采用 1~3 种颜色单独或组合使用。单色易记，印象强烈，但容易与别人重复；多色组合易显出个性，然而用色过多、制作复杂也是不可取的。如果标准色在两种颜色以上，有时要根据设计分出主次，将其中一个颜色作为主色。

标准色的设计要把握企业 BIS 和 MIS 的内涵与特点，构造理想的企业意象，将各种资料加以整理分析，以特定色相、明度、彩度为选择标准，将出现频率较高的颜色选出，作为企业选择标准色的依据。2008 年北京奥运会的色彩设计堪称经典，尤其是中国红、青花蓝、琉璃黄都具有鲜明的“中国元素”特色。

标准色设计尽可能单纯、明快，以最少的色彩表现最多的含义，结合企业经营理念和产品的特性，通过客观、合理、科学的设计，达到精确、快速传达企业信息的目的。标准色设计要突出竞争企业之间的色彩差异，不能混同于其他企业的标准色，要体现企业形象或产品的属性。恰到好处的企业标准色，有助于提升消费者对企业或企业产品的认同与感知。标准色设计必须与标志、标准字体的设计密切配合，组成一个整体，使其系统化，形成具有很好的适应性的系统化色彩体系。

标准色的设定一般有三种情形：单色标准色、复色标准色、多色系统标准色。

（1）单色标准色强烈、刺激，追求单纯、明了、简洁的艺术效果，容易被消费者记忆。单色标准色是比较少见的，只有知名大型企业敢用单色标准色。如中国建设银行和中国移动通信两家企业均只有蓝色（C100 M60 Y0 K0），而且是相同的蓝色。

（2）复色标准色是指采用两种以上的色彩搭配，追求色彩对比效果，以增强色彩律动的美感，完整地说明企业的特征。如中国石油天然气集团有限公司的红（C0 M100 Y100 K10）与黄（C0 M10 Y100 K0）组合。

▲ 图 5-29

（3）多色系统标准色是企业利用色彩的差异性、易读性，区分集团公司与分公司、公司内部各部门、不同类别商品而建立的多色系统，便于达到瞬间区分识别的目的。如 1996 年，中国人民保险（集团）公司选用灰色作为基色，象征企业经营稳健，管理严谨科学，员工素养深厚。集团与不同业务板块标志通过与灰色球体（K80 向 K20 渐变）形

▲ 图 5-30

成颜色不同的四分之三圆环进行区别：灰色象征“安全、平稳”，代表集团；金黄色象征“财富保全”，代表中保财产保险公司；绿色寓意“生命之树长绿”，代表中保人寿保险公司；蓝色代表中保再保险有限公司，预示公司主要经营国标性重大保险标的业务。

2. 标准色管理

对于标准色的管理，在选定标准色以后，设计者就标准色给予明确的数值规定，以保证在不同制作工艺下的准确度。企业应针对不同的材料、油墨等技术问题（包括表色符号、印刷色的规定、油墨厂编号等）进行色块认定，然后选用这些材料，制作正确的色彩样本，以供施工时使用和印刷时参考。当然，在此过程中企业还应针对不同材料、施工技术等确定色彩偏差范围。在样本制作完工后，企业还应对样本进行评估，不断纠正其中的偏差，以实现标准色的最优制作效果。一般情况下，为印刷品标明 C、M、Y、K 的数值即可。

5.2.6 辅助色

在应用中，标准色常常显得单调或不够用，需要一些相应的色彩作为辅助色对其进行补充。比如某企业的 Logo 标准色是红色和白色组合，而在 Logo 的应用媒介上，只用标志会很单调或不醒目，此时就会使用辅助色衬托，以增强 CIS 的多彩表现力和活力，更好地进行品牌展示。辅助色既丰富了企业用色，又不至于无限制用色，避免用色范围过广而失去企业的独特个性。因此，辅助色是企业 VI 标准色的一个重要组成部分。

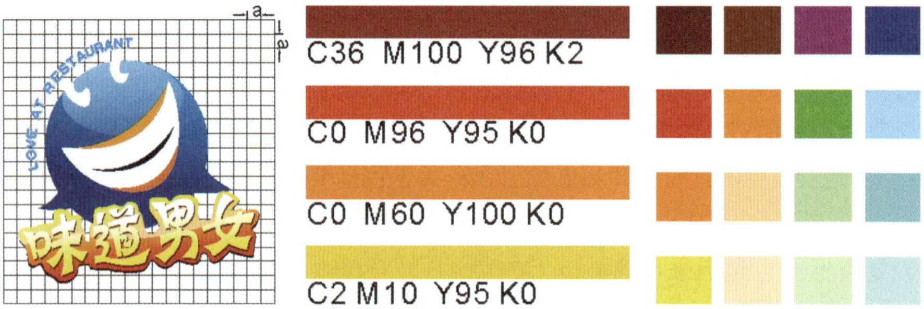

▲ 图 5-31

设计辅助色要注意与标准色之间的协调关系，以及与用色环境及对象的协调等，这要依据设计内容具体对待，常见的有同一色系搭配与延续、互补色系对比与强调、基础色系配置流行色等。

5.2.7 编排模式

在标准标志、标准字体、标准色设计完成后，就要对三者进行合理的、艺术的、有规则的编排，并固定编排组合，不再随意改动。一方面再次强调了企业个性，另一方面为大量的应用设计提供了模式，使之在应用中更迅速、更规范。编排模式与标准标志、标准字体、标准色一样，要设计出自己的个性和风格，并借此来强化其他基本要素，使之建立起相互映衬、相互作用的关系，进而促进消费者对企业的认知及记忆，以产生固定的印象。

在基础系统中，编排模式包括两个内容：一个是标准标志和标准字体（中、英文）的编排模式，分横排和竖排两类；另一个是色彩在基本设计中的编排，通常称之为色带组合。色带在应用中除了赋予标志以更强烈的个性外，还以自身的延伸来加深人们对色彩的印象，尤其应用在广告牌、车体等瞬间印象的媒体中时，其作用显著。

▲ 图 5-32

5.2.8 吉祥物

吉祥物是指借助于适宜的人物、动物、植物的具象化视觉效果，塑造的企业形象识别的造型符号。通过幽默、滑稽的造型捕捉社会公众的视觉焦点，往往比抽象的标志、标准字更具视觉冲击力。为了强调企业性格，配合广告宣传而为企业专门设计创作的拟人化形象，可以活跃企业形象，以动感形态引起人们注意，使企业在消费者心中建立起亲切感，拉近企业与消费者之间的距离。以动物或植物等拟人化形象为基础造型，有很强的亲和力及趣味性，是吉祥物造型的首选；也有一些设计依据企业的标志进行拟人化创意设计，同样能表现出有趣的形态。

幽默、滑稽的人物造型，带给人热情、周到的服务暗示；威武凶猛的动物形象，带给人强劲、霸气的品质保证；娇嫩率真的植物卡通，带给人呵护备至的关爱情怀。借助人物、动物、植物的个性和特征，能准确而轻松地表达企业的经营理念。将民间传说或童话故事的典型人物加以夸张展示，借动物或植物的拟人化表演，能使不同年龄层、文化层，不同语言背景的消费者产生认同与共鸣。可以通过吉祥物的变体设计，充分利用表情、姿势的动态变化来展现视觉识别的传达内容，成为具有强烈诉求的视觉要素。

吉祥物可用于体现企业标志的意义，或者用于补充企业标志的意义，说明企业性质或产品特性。因此，吉祥物的设计要以标志为中心，以关联题材为切入点，以家喻户晓的故事或民间传说中富有个性特征的角色、被人们敬仰的历史人物、富有传统文化特征的物象、动植物等为依据而展开。

吉祥物是近代广告设计中的工具，指一个象征性的助力促销的角色，也有人称之为卡通代言人。如米老鼠，它作为迪士尼公司的吉祥物已有近百年。然而，吉祥物并非全是虚构的卡通人物，有许多吉祥物是真的动物，如北京亚运会吉祥物是大熊猫。

▲ 图 5-33

▲ 图 5-34

5.3 VIS 应用系统设计

5.3.1 办公用品类

办公用品包括名片、信纸、信封、便笺、传真纸、公文袋等事务性用品，以及发票、预算书、介绍信、合同书等。

1. 名片

名片的规格：名片的标准尺寸为 55mm×90mm。如喜爱特殊尺寸，可以在高度上进行变化，但最低不要低于45mm；高于 55mm 的造型，可考虑将多出的部分进行折叠，而宽度则不宜变化，因为大多数名片夹、名片盒都是按照标准尺寸制作的。

名片的设计：通常情况下，名片要表述的所有内容均设计在一面，也有双面使用的情况。其内容包括标准标志、企业或机构名称、名片使用者的姓名和职务、企业或机构的联系方式、名片使用者的联系方式等。要特别注意设计的主题是什么，是强调企业还是强调个人，是强调销售还是强调宣传。设计因主题不同而有很大差别。

名片的造型多为横式，但竖式也经常被人们使用。因为竖式名片看起来儒雅别致，因而文化、艺术等机构使用较多。

根据使用场合及使用者情况，可将名片分为普通名片和特殊名片，设计上考虑不同风格。

名片的材料：名片的材料要有一定的流行性，但还要注意选用符合设计思想的色彩和质地。同时，普通名片和特殊名片的材料，在选择上也要有所区别。

名片的印刷：一般名片使用数字印刷即可，特殊名片可考虑多色胶印或专色印刷。

名片

名片是苏中电池对外经济活动及社会活动的重要载体之一。

单位 :mm
规格 :90×55
材质 :300 克白卡纸
色彩 : 标志 / 标准色
　　辅助图形 /K10
　　其他 /K100

正面

反面

▲ 图 5-35

2. 信纸

常见的信纸规格有以下几种：正 16K（190mm×260mm）、大 16K（210mm×285mm）、A4（210mm×297mm）。

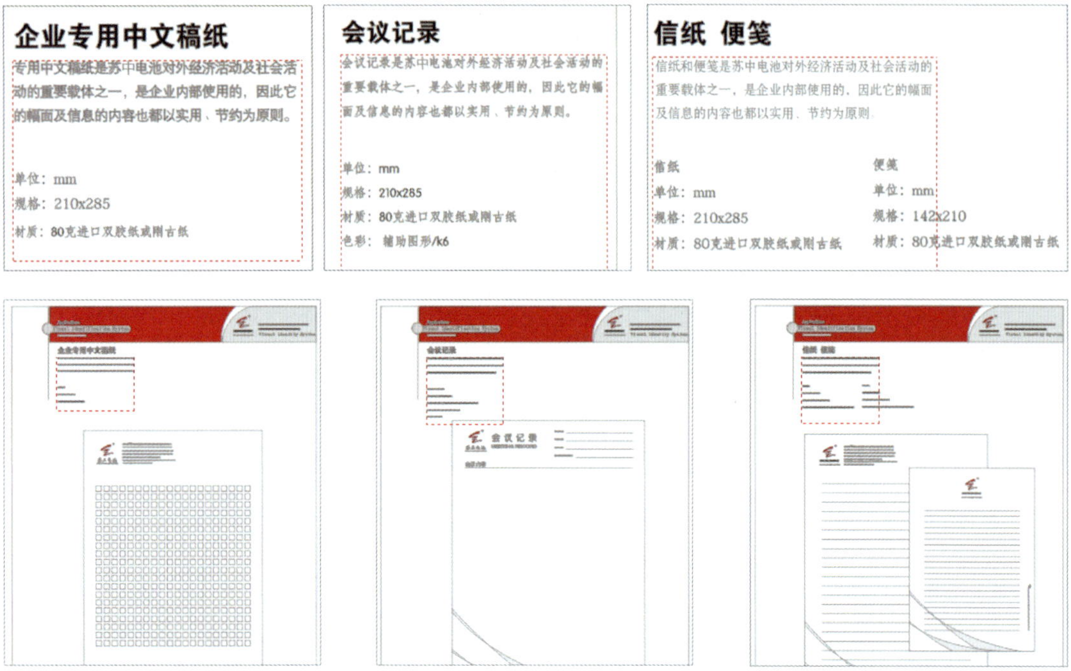

▲ 图 5-36

信纸材料：一般的信纸用 80 ～ 100 克的普通纸即可。如果是草稿用信纸，可以使用低廉的文件纸；特殊用信纸，可以采用特种纸张，其色彩、肌理、质地、厚度要根据设计需要来选择。

信纸的印刷：草稿用信纸，使用普通的单色印刷即可；一般信纸，根据具体情况，可考虑单色印刷或多色印刷；特殊用信纸，则可以使用专色印刷或多色胶印。

信纸的封面：一些讲究的企业，每一本信纸上加上一张封面。这与书籍的封面不同，因为它没有主题和内容要去表现。信纸的封面可考虑利用象征纹样作为基础进行设计，以装饰图形传达企业的形象信息。印刷工艺与信纸相同。

信纸的设计：信纸中的设计要素包括企业标志、中英文名称、标准色、联系方式、装饰纹样等。设计要素的组合可与名片、信封的设计风格和样式一致。但需要注意的是，设计时，在信纸上要留够功能区域的面积，不可让设计要素占据太多书写位置，使信纸失去它原有的功能。

另外，为了强化信纸的设计感和装饰性，可适当对纸面进行装饰，常见方法有以下几种。

（1）大面积铺设，显得较为华丽。

（2）局部铺设底纹，显得非常别致。

（3）为设计要素制作衬底，使层次丰富。

（4）将纹样缩小，以散点排列，显得十分雅致。

3. 信封

信封的规格：邮寄用信封按国标（GB/T1416-2003）设计、生产。常见规格有：2 号（B6）（176mm×125mm）、5 号（DL）（220mm×110mm）、6 号（ZL）（230mm×120mm）、7 号（C5）（229mm×162mm）、9 号（C4）（324mm×229mm）。不通过邮局寄送的特殊信封，规格较为随意，可根据设计需要确定尺寸。但要注意信封尺寸与纸张大小相配合，尽量减少浪费。

信封的材料：一般信封用 80 ～ 100 克的普通纸张即可；6 号以上的信封常用白色牛皮纸或彩色牛皮纸；特殊信封可以选用 80 ～ 120 克的特种纸。

信封的设计：邮寄用信封的设计位置和范围都是有规定的，一般只能利用信封右下角的指定位置安排发送单位的设计要素。如果不按照要求设计，很有可能遭到邮政部门的拒收而不予邮寄。特殊规格的信封由于尺寸特殊，不能通过邮局寄送，则以发送为主，用途多为盛装请柬、问候卡、礼品及重要文件等，因此，在设计上也应配合用途，使设计更加讲究、印刷更加精致。普通信封的设计应与普通信纸保持一致；特殊信封的设计应与特殊信纸、名片的风格相互协调和统一。

▲ 图 5-37

4. 便笺

便笺的用途是画草图、速记及记事等，不作为正式文件用纸，因此规格就不那么重要了。然而作为文头纸，为了避免浪费，往往将规格与标准信纸相结合，使用其缩小比例，如 1/2、1/3、1/4、1/6、1/9 等；也可以直接使用从其他印刷品上裁切下来的纸头，规格就更谈不上级别了。

便笺的材料：便笺的材料多半使用廉价的纸张或再生纸，但也有一些企业的个别部门对文头纸的要求较高，尤其是企业中的接待、客户服务等部门就不能太过节约使用。质地较好的办公用纸也能凸显企业的服务品质。

便笺的设计：便笺的设计样式一般与信纸的设计样式一致。若尺寸过小，可减少一些设计要素，并进行淡化处理，以腾出用于书写的功能区域。

5.3.2 旗帜类

旗帜指企业门前飘扬的司旗、道路两边的竖旗、办公桌上的桌旗、庆典活动中的吊旗等。旗帜的种类、样式非常丰富，可根据企业特点选择使用。

旗帜是一种非常有感召力的标识物，利用旗帜可以将企业标准色、标志、名称等基本要素加以充分的展示，并可获得明显的效果。

1. 司旗

无论是企业、机构还是团体，都有一两面代表自己形象的旗帜，其称谓根据具体情况而定，如公司称之为司旗、商店称之为店旗、学校称之为校旗等。

司旗的规格：大型企业、机构一般使用的司旗规格为 1440mm×960mm；中小型企业、机构一般使用的司旗规格为 960mm×640mm。

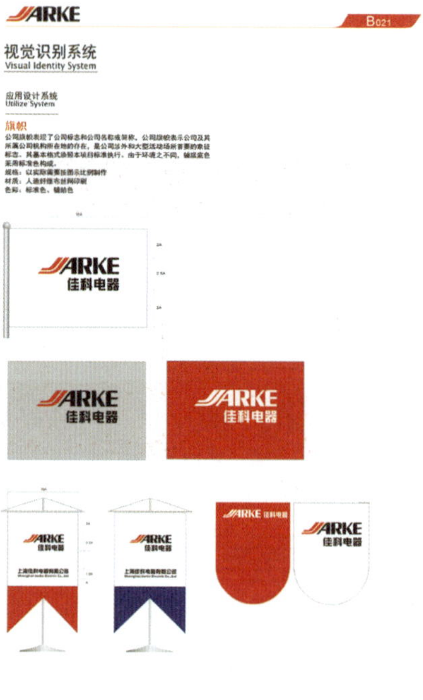

▲ 图 5-38

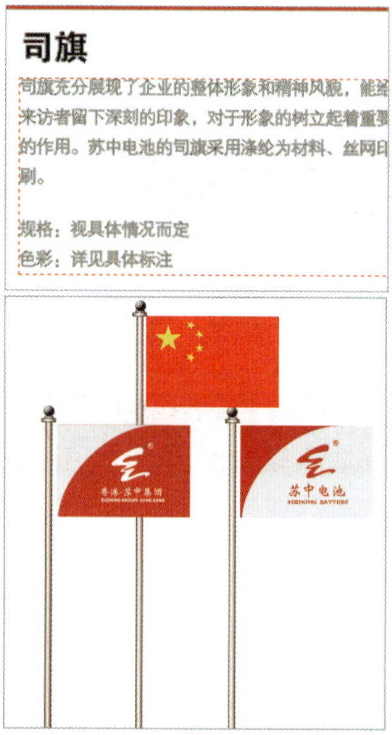

▲ 图 5-39

材料和印制工艺：大多数情况下，旗帜使用尼龙防水面料，以胶印工艺印制；质量要求较高时，可以采用特殊面料，以水印工艺制作；特殊情况下，要求更高时，也可以使用绣制工艺来制作旗帜。

使用场合：平时在企业大门或主建筑物前的旗杆上悬挂。参加或举办重要活动时，指定专人高举。

设计要求：设计要素包括企业标志、企业名称、标准色。由于飘动中的旗帜很难让人看清楚太多的细节，所以设计要求简洁、明确、效果强烈、一目了然，尤其要突出色彩和标志这两个核心要素。

2. 竖旗

竖旗是为烘托气氛而使用的旗帜，分为广告竖旗和形象竖旗两类。广告竖旗是根据具体的广告主题来设计的，服务于具体的广告活动；形象竖旗是常规用旗，可在不同活动中与不同主题的广告旗一起使用。所以在初始的设计方案中就必须对形象竖旗进行设计。

竖旗的规格：竖旗的宽度一般为 750mm，长度可根据旗帜竖立的环境及需要具体确定。灯杆竖旗的规格一般为 750mm×1500mm。

材料和印制工艺：参照司旗。

使用场合：可用于与本企业相关的重要活动、本企业赞助的重要活动等。如举办企业的周年庆典时，企业赞助大型展览会、运动会等时，可在企业内外一定范围内悬挂大量竖旗；也可在城市指定的街道悬挂灯杆竖旗，这样既可以营造热闹喜庆的气氛，又可以不失时机地宣传企业，是强化人们形象认知的良好时机和方式。

设计要求：竖旗中的形象旗与司旗的设计从要素上讲基本是一致的，但由于大多数竖旗都以固定方式展开，整个幅面都能够完全展现，如果有足够的位置，可以考虑加上企业标语，用于传达企业精神。设计风格和样式与司旗一致。但司旗一般为横构图，竖旗为竖构图，设计要素的排列要与构图方向配合。

3. 桌旗

桌旗是摆放在桌面上的旗帜，又称刀旗，因其横向摆放形似刀的样式而得名。

桌旗的规格：桌旗分为横竖两种，横向规格可参考 210mm×140mm，竖向规格可参考 140mm×210mm。横竖桌旗的插放有所不同，横旗斜插，似刀；竖旗垂挂，像帘。

材料和印制工艺：桌旗一般要求硬挺，不担心风吹雨淋，其制作的精致程度较高，所以大多采用水印工艺；也有纸面印刷的桌旗。

设计要求：桌旗与司旗虽然尺寸、制作工艺的差别很大，但内容和样式却基本一致。然而桌旗多为对式摆放，

桌旗

桌旗充分展现了企业的整体形象和精神风貌，能给来访者留下深刻的印象，对于形象的树立起着重要的作用。苏中电池的桌旗采用涤纶为材料、丝网印刷。

单位：mm

规格：140X210

材质：绸缎

色彩：标志 / 反白

▲ 图 5-40

设计时既可以让两面旗完全一样，形成重复关系；也可以考虑在色彩上进行调换，形成对比效果。

4. 吊旗

吊旗与竖旗一样，不是平时悬挂的旗帜，多半是在一些活动中为了活跃气氛、增加热闹程度而悬挂的，尤其是节庆期间、销售旺季，商业企业在卖场内外更是要使用花样繁多的吊旗。吊旗分为广告吊旗和形象吊旗两类。广告吊旗必须在具体的广告活动前，根据活动主题来设计；形象吊旗要作为基础设计事先完成，在活动中与广告吊旗一起使用。

▲ 图 5–41

吊旗的规格：可以按照正方形和矩形两种规格进行设计，具体的尺寸要根据实际需要而定。矩形的比例按照黄金比例即可，横竖构图均应考虑，除此之外，还有三角形、异形的吊旗样式。

材料和印制工艺：大多数吊旗采用纸面印刷，也有个别吊旗采用布面印制的情况。

悬挂方式：屋顶较低的情况下，可以直接钉于顶面悬挂；如有横向的楣板（门楣、展架楣等），也可以贴挂；在没有附着物的情况下，可以使用拉绳横向串挂。

设计要求：设计要素与前面几类旗帜大同小异。因为吊旗的作用是活跃气氛，设计风格可以适当活泼一些，但不能脱离基本的设计风格。

5.3.3 指示标志类

指示标志是表示商品和企业所在的标志，是对办公室和企业位置的确认、各种设施的指南、功能区域的区分。指示标志是企业的脸面，能起到从多角度传达企业形象的作用。制作指示标志的目的应该是创造环境美，做到简洁、醒目，与环境协调。

1. 区域指示类标志

（1）机构、部门或类别分布指示牌：对于商店、酒店、医院、机场、候车室等对外服务场所或公共场所尤其重要。它能有效地疏导人流，减少语言沟通带来的麻烦。

（2）楼层或区域指示牌：如果在多层建筑中标明楼层，可以让人们作为位置的参考，从而减轻沿路记忆的负担。

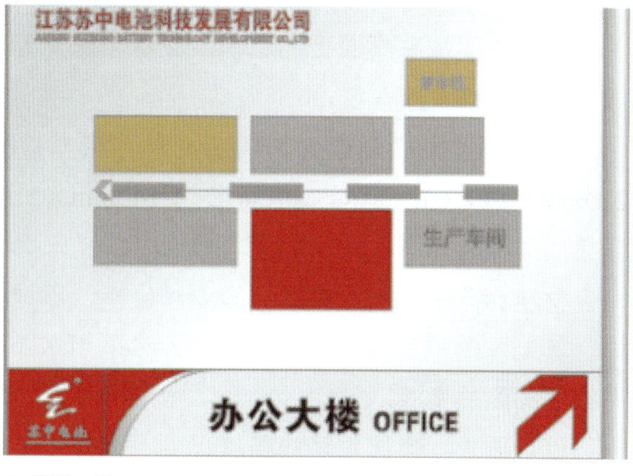

▲ 图 5–42

设计要求：设计要素以分布内容和企业色为主，企业标志、企业名称等要素安排在次要位置，但要处理得当，不能显得可有可无。

2. 门牌类标志

（1）部门门牌。

（2）有关人员门牌：主要是管理层领导的门牌。

（3）公共设施门牌：如盥洗室等。

（4）普通门牌：如 1008 等编号。

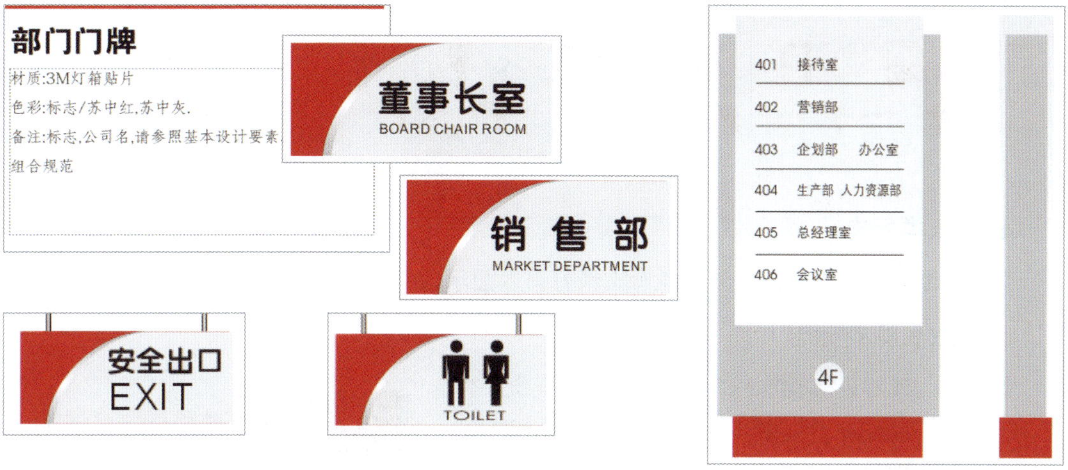

▲ 图 5-43

设计要求：设计要素以门牌所示内容和企业色为主。公共设施门牌可以辅以图形符号或装饰纹样，帮助人们确认设施的功能或所属。

3. 指路类标志

（1）车辆行驶、停放指示牌：应保证使用与交通管理标志一致的图形语言。色彩可适当与企业色协调，若有可能产生歧义，则要考虑使用交通专用色的标志、名称等。

（2）企业方位指示牌：一般以企业标志、标准色、企业名称为设计要素，还包括指路语言或方向标。

（3）部门方位指示牌：如果设计空间较少的话，可以不考虑企业标志、企业名称等要素，但标准色或辅助色一定要使用。

▲ 图 5-44

▲ 图 5-45

4. 警示类标志

防火、防电、防滑等危险警示类标志最好辅以图示。

5. 企业名称类标志

置于大门或建筑物墙面上的企业名称标牌是重要标志，能表现企业标志、企业中英文名称、色彩等核心要素。设计时要根据具体的环境确定几个要素的组合关系、材料和加工工艺。

▲ 图 5-46

如果区域比较散，有时以欢迎牌的形式表现，这种人文关怀既反映了良好的企业形象，又明确了该区域的归属。欢迎牌在应用设计中为人们时常接触，它们会影响到一个企业内外的整体视觉环境，其好坏直接影响到企业形象。因此，对其进行统一化、规范化的设计是极其重要的。

也可以将建筑外观作为载体进行设计，充分展现企业的整体形象和精神风貌，给来访者留下深刻的印象，对于形象的树立起着重要的作用。

6. 胸牌

胸牌大多悬挂或串扣于上衣左方，起到企业、部门（单位）、个人身份的标识作用。胸牌规格尺寸较多，如大号吊挂胸牌为 110mm×80mm，小号滴塑胸牌从 18mm×18mm 到 60mm×20mm 不等。胸牌形状可以是长方形、条形、圆形、椭圆形、异形、方形的，也可以由客户自定。现如今，胸牌的功能已经发生了很大改变，不仅用于身份的标识，而且常当工作证使用，甚至同时作为门禁卡、午餐卡等。

材料和制作工艺：胸牌材料有金属材料和非金属材料之分。金属材料的胸牌经冲压、腐蚀、电镀、填漆等多道工序精工制成，工艺精细，美观大方，尊贵典雅，具有比非金属材料的胸牌更显档次、更持久耐用，不褪色，不变形等特点。

常见制作工艺之一：纸面印刷，塑封卡保护。小号胸牌背面粘有别针，用来固定于衣服上；大号胸牌常施以塑封后，用绳挂于脖子上。

常见制作工艺之二：双色计算机刻制、滴塑、金属腐蚀等，尺寸较小，犹如徽章大小。

设计要求：吊挂胸牌的设计要素包括企业名称、企业标志、姓名、编号、职务、所属部门、色彩、照片等；而系扣胸牌规格比较小，所以设计要素相对要简单一些，内容尽量简写。

▲ 图 5-47

7. 徽章

徽章是员工所属企业的标志，由于形状多样，一般不固定规格，但不宜过大，方形或圆形均可。长方形的最长边不超过 60mm；圆形的直径不超过 30mm。用别针或上下卡钉将徽章固定在衣服上。

制作工艺以金属烧制为主。

设计要素：企业标志、名称、色彩。

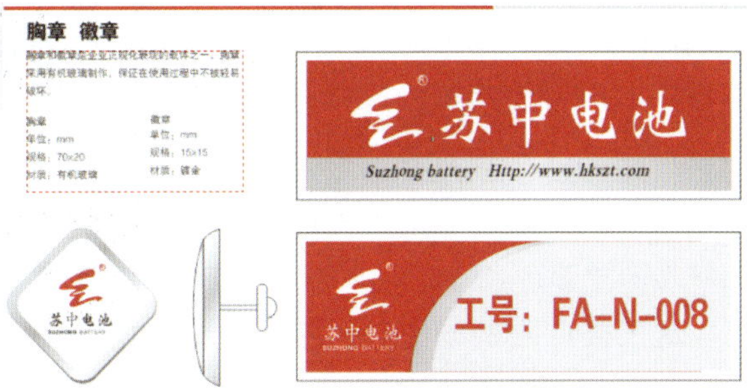

▲ 图 5-48

8. 广告塔

广告塔是展示企业广告的大型工具，竖立在较高的建筑物或高地上。广告塔不一定要竖立在自己企业的建筑物上，可以利用别人提供的有偿制高点发布自己的形象信息。有专门传递企业品牌信息的广告塔，也有传递产品信息的广告塔。

用于发布企业品牌信息的广告塔的设计要素包括企业标志、企业名称、色彩、装饰造型等。

用于发布产品信息的广告塔的设计要素包括品牌标志、产品形象、产品名称、色彩、装饰造型、生产企业名称等。

广告塔位于较高的位置，所用材料一定要考虑能够防雨、抗风、抵御日晒，还要使用强有力的支撑架固定。在设计

▲ 图 5-49

时，还要考虑灯光的类型和布局，使夜间的效果比白天更加夺目。

制作工艺有大型防雨材料喷墨打印、白铁皮喷漆、液晶管集成等。设计要简洁明了，适于远距离观看。

5.3.4 广告宣传类

公司指南、内部刊物、企业形象广告、产品广告、产品目录、宣传纸袋，以及一些促销工具都属于广告宣传类。这是推广企业视觉形象最直接、最重要的部分，也是工作量较大、变化较多的一部分内容。大量的宣传资料并不是在VI设计之初就能够完成的。在具体的广告活动中，应有针对性地设计宣传资料，并努力去反映具体的广告主题。

在VI设计之初，设计师完成的是企业的形象广告样式，以及在未来具体的广告活动中出现在广告媒体上的企业形象要素的样式。

由于企业形象要素在具体的广告中不是重要的主体，只是广告发布者的相关信息，因此在版面安排上不能占据太大的面积或占据主要位置。这些要素会在今后企业所发布的广告中与具体的广告内容一起出现。

1. 招贴、报纸、杂志广告

招贴、报纸、杂志广告都属于印刷类媒体广告。其中招贴与杂志广告可以印制成较为精美的广告画面，而报纸广告的印制相对较为粗糙，在设计时要将实际的印刷条件与设计效果结合起来考虑。

▲ 图 5-50

这三类广告的构图较为接近，分为矩形构图和方形构图两类。其中矩形构图又分为横构图和竖构图两种情况，比例参照黄金矩形。报纸广告略为特殊，有时会提供通栏的位置，其位置范围将出现类似于34.5∶12或34.5∶10、34.5∶8的长条形状。

2. 路牌广告

▲ 图 5-51

路牌广告的材料和制作工艺与广告塔较为接近，但设计要求却与招贴广告类似。由于为路牌广告提供的发布媒介样式繁多，因而路牌广告的构图比例变化相当多，没有具体的规格限制。如建筑工地围墙广告、候车亭广告、人行道围栏广告、高速路边架高广告等，不一而足。因此路牌广告往往不能在 VI 设计之初为其设定比例准确的基本要素构成，需要根据实际情况来确定（可参照招贴广告等平面媒体的样式）。

3. 灯箱、霓虹灯、液晶显示牌广告

灯箱、霓虹灯、液晶显示牌都是广告在夜间的表现媒体。除了对企业、商品进行宣传外，还能起到美化城市夜景的作用。

这些夜间广告媒体的规格也不是固定的，它将根据发布广告的具体位置、条件进行设定。

这类广告的设计除了要注重在灯光中的特殊效果外，还要考虑白天没有灯光时的视觉效果。

▲ 图 5-52

4. 电视广告

电视广告是现代广告中最及时、最有效的媒体之一，因而大多数企业和机构都以不同形式，从不同角度，不同程度地利用电视媒体做自己的文章。

电视广告与前面所述的广告媒体一样，需要带有基本要素的屏幕样式，在广告的最后将发布者的信息告知观众。

5. 宣传手册和礼品袋等

宣传手册、礼品袋等一些必要的印刷品的设计样式较为灵活，是企业形象宣传中较为活跃的部分。掌握好设计的尺度和样式，将有助于提升企业形象。

▲ 图 5-53

▲ 图 5-54

5.3.5 资料类

档案袋、招标书、培训教材、员工手册、规章制度、文件夹等企业对内、对外的资料，也应该有一个统一面貌，既便于管理，又能够提高办公效率，还可以把企业视觉形象贯彻、渗透至方方面面。

设计与制作工艺上，根据具体情况采用印刷或打印方式。

▲ 图 5-55

5.3.6 服装类

制服的作用是不可忽视的。制服对内可激发员工在企业活动中的参与意识，对外是形成企业形象的重要工具。统一的员工服装，是使员工产生归属感的一种有效手段，同时也便于企业管理，并为企业带来整齐划一的视觉效果。一些企业员工由于所在企业在社会中有良好的正面形象，会以穿着其统一的制服为荣，这种例子是不鲜见的。

企业制服作为设计系统的一部分进行开发时，首先要整理其开发的对象，然后收集设计依据，设计时要充分研究实用功能与形象宣传两个重要方面。员工的服装应视其工作性质、工作岗位不同而制定不同的样式、选用不同的面料，不能一概而论。服装造型一要符合员工身份；二要满足人体工学；三要参考流行趋势；四要注意色彩协调搭配。服装的形象设计要反映职业种类、职业特点，使企业更具识别性和优越性，能跨越穿着者的年龄层，富有时代感并与环境和企业形象相吻合。

1. 办公服

办公服属于企业行政办公人员的统一服装，根据员工的工作性质选择面料。办公服应尽量服从一线工作人员需要，不能搞特殊化。如果采用流行的西服样式，则面料以毛涤为主，色彩以黑灰、蓝灰等灰色系为主，会显得端庄、沉稳、成熟，适合办公的环境气氛。

▲ 图 5-56

2. 工装

根据工种类别，工装的材料和设计会有所不同。车间里的工人、商店里的售货员、酒楼里的侍应生、建筑工地的施工者，他们所处的环境和作业内容大不相同，因此要顾及穿着者是否便于操作，衣服是否耐脏、耐磨，要考虑醒目、防火、防冻、防静电等身体保护要素，还要考虑性别因素、季节因素。除此之外，为了强化企业形象，工装的设计还要突出企业个性。

因工装要求耐磨、易洗又经济，所以材料大多为化纤、卡其布、牛仔布等。

▲ 图 5–57

3. 礼服

当企业举办重要活动或大型活动时，如逢五或十的周年庆典、产品推荐会、大型文艺演出、运动会、公益集会等，员工着统一服装就显得尤为重要了。平时着装讲究朴实、舒适，而参加这样的活动仍然穿平时的服装就与活动气氛不相适应了，需要有一套合适的节庆礼服配合这样的环境气氛。当然，由于这种大型的重要活动相对比较少，绝大多数企业未必会定制统一礼服，通常由办公服、工装、临时定制来替代。

4. 饰物

饰物包括帽子、领带、领结、丝巾、别针、领带夹、扣子等。饰物大小不一，材料各异，设计时要根据实际情况选用不同的视觉要素。如领带、领结、丝巾等多以企业的象征纹样为主要表现对象；而别针、领带夹、扣子等由于设计面积较小，则以单独的企业标志放置为主。

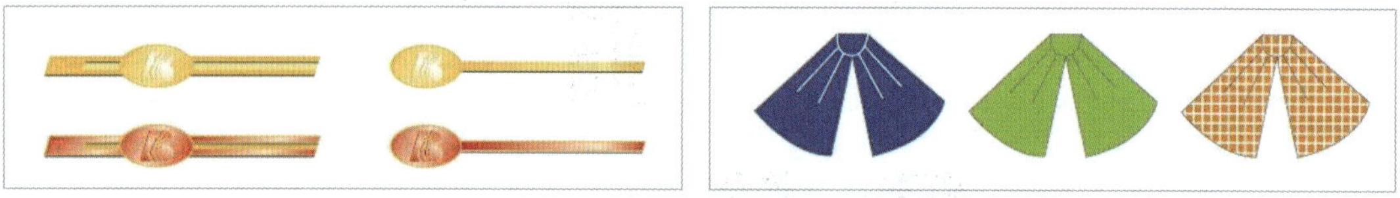

▲ 图 5–58

5. 雨具

雨具主要包括雨披、雨伞。

雨披的前后两面均可以作为设计位置。设计要素应集中于前后面中心偏上位置，这样，一旦穿在身上，就容易将形象要素显露出来。

雨伞只设计外表面。雨伞被撑开后是一个圆形，结合圆形的特性，常用镜像对称式方法进行设计。设计的要点在于撑开后能够清楚地看到企业标志及其广告语。一般情况下，重要的设计元素放置在伞面的偏外围处，以起到醒目、易读的作用。

雨披样式的设计是三角形、扇形、矩形等几何图形的拼接；而雨伞样式的设计是三角形和矩形或者三角形和扇形的拼接。

设计要素：企业标志、标准色。特别需要注意的是，雨具对色彩是有特殊要求的，即要醒目。当套用企业标志时，如果色彩不够鲜艳的话，可能要用到鲜艳色彩的反白标志。

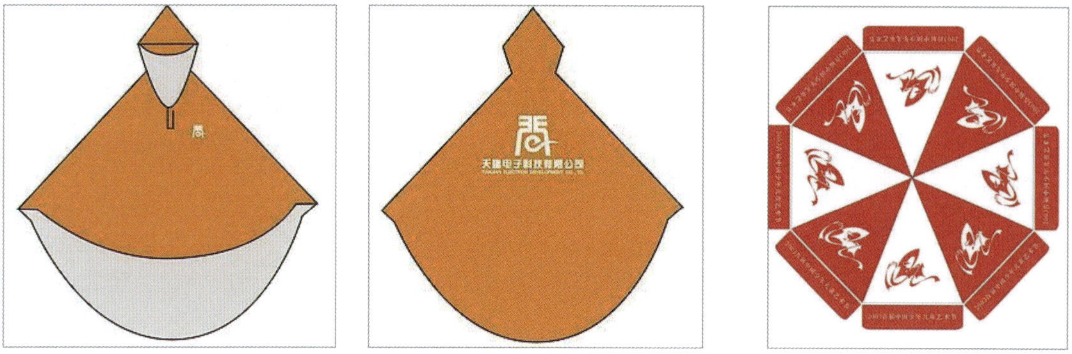

▲ 图 5-59

6.T 恤

在夏季，许多企业都喜爱将 T 恤作为统一着装，物美价廉又舒适。T 恤多以针织面料为主，设计形式可以较为活泼，图案加工方式以丝网印、热转移、绣制为主。

T 恤的样式分为圆领和方领两种类型。无论哪种类型，没有特殊要求的话，其样式基本没有太大的变化，像圆领 T 恤，母版样式特别简单，相信任何美术零基础的读者都可以绘制出来。只要有了母版样式，接下来的工作就是添加设计要素了。通常，T 恤的设计要素是企业标志、标准色，如果需要，可以添加一些装饰。

▲ 图 5-60

5.3.7 环境与陈设类

随着企业 CIS 的导入，企业管理越来越标准化。作为标志设计的延伸，企业环境设计是企业形象在公共场合的视觉再现，是一种公开化、有特色的群体设计和标志着企业面貌特征的系统，除了要统一建筑物的内外观形象，工厂、办公室环境设计的独特想法和总体设计保持连贯性也是很重要的，特别是店铺陈列、会客空间、连锁店等都应重视设计风格的一致性。在设计上要借助企业周围的环境，突出和强调企业识别标志，并贯彻于周围环境当中，充分体现企业形象的标准化、正规化和特定性，以便使受众在眼花缭乱的都市中能够快速识别并获得好感。比如无论是国道、省道，还是县道旁的中国石油、中国石化加油站，其外观设计风格都是一致的，人们一眼就能准确识别。

▲ 图 5-61

1. 招牌和标志

企业的招牌是指引性和标识性的企业符号，一般放置在企业的大门旁或路口、店面、展示厅大门前等地方。

企业标志分为两种：一种是纯识别性标志，如室外建筑物展示面标志符号；另一种是指示性标志，其主要功能是指示和提示企业室内外的场所设置。

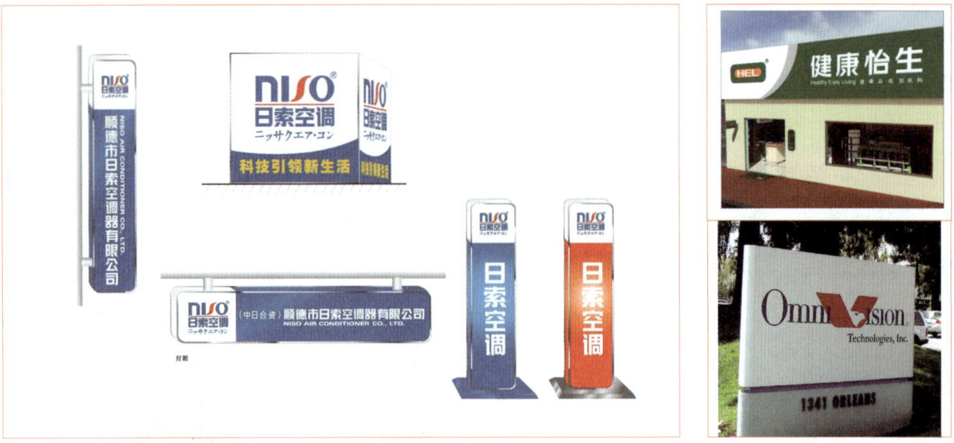

▲ 图 5-62

2. 服务场所

服务场所指店铺及铺面、服务大厅等，是企业和消费者的接触点，在某些地方，店铺直接反映着企业的整体形象，从而也影响到商品的形象。

服务场所是更为引人注目的环境。在进行店铺设计时，要注意不同行业的形象设计。对消费者而言，其店面形象就是企业的形象，而拥有生产和销售两个环节的企业，其店面形象的价值比广告价值更高。

服务场所设计的重点是要分析店铺里的必要空间和机能，整理现有的设计条件，从商品的形象联想到地区性和消费者的特性，按使用功能和空间对店铺进行合理设计。

▲ 图 5-63

招牌和标志、服务场所以单独的识别形象出现时，要注意其系统化、一致化；当设计有文字信息和视觉图形信息时，由于视觉图形信息视认性较高，容易使受众忽视文字信息，所以，要注意文字信息内容优先显示，力求易懂；设计制作要考虑到背景、环境的明暗及色彩关系。

设计要素包含企业标志、标准字体、标准色等。

5.3.8 交通运输工具和设备类

交通运输工具包括各种车辆、船舶、飞机等，其中车辆类有公务用车辆、营运用车辆、运输用车辆、作业用车辆等。交通运输工具除了用于运输之外，还可成为企业与社会的沟通工具，而且能产生很好的广告宣传效果，具有流动广告的功能，受众面广，是提高士气、增加企业凝聚力、建立企业形象、提高企业知名度的重要途径。

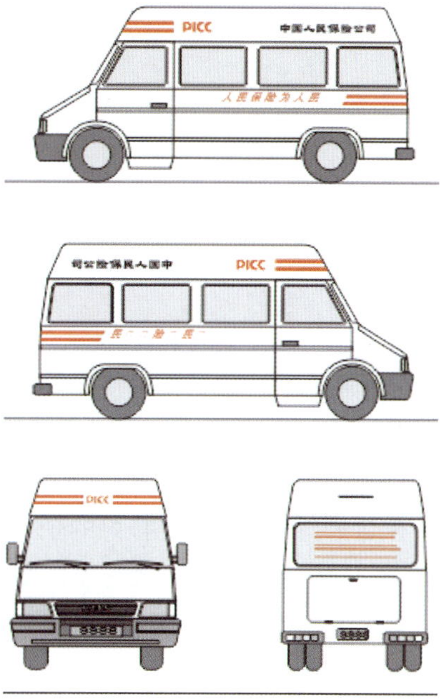

▲ 图 5-64

由于交通运输工具的运动特性，车辆表面的装饰设计要追求“运动”过程中的强认同性、识别性，突出企业形象要素中的标志和标准色。运输工具装饰一般采用剪贴文字、贴附商标、印刷、涂料描绘、切割纸等方式进行。企业运输设备的设计要避免与公共性很强的特殊车辆（如邮政、医疗、消防等）的设计雷同。

进行交通运输工具的标志设计时，要确保 VI 设计风格符合整体 VIS，包括基本元素的选择与安排、图文的组成、标准字体及文字大小、企业标志和符号、图形和形状、标准色及色彩搭配、视觉冲击，以及许多其他要素，并与企业的风格保持一致，但也要注意不同的交通运输工具在视觉设计风格上的统一。

除了交通运输工具外，还有一种类型是企业设备。给企业专用的设备（如建筑工地的塔吊等）添加标志，既可以标明设备所属，又可以强化内部员工对企业视觉形象的认知。

5.3.9 公关礼品类

自古至今，送礼一直是普遍存在的社会现象，它存在于人类社会的各个时期、各个地区、各个阶层。礼品不在于轻重，而在于宣告送礼者和接受者之间的关系，企业之间的交往也是如此，强调企业之间的礼尚往来。公关礼品是企事业单位在经营或商务活动中为了提高或扩大其知名度，提高产品的市场占有率（份额），获取更高的销售业绩和利润而特别订购的带有企事业标志、具有某种特别含义的产品。

公关礼品具有新颖性、奇特性、工艺性和实用性等特征，所以在进行公关礼品的设计时，要根据企业送礼的目的，在其上标明企业的形象要素，既要把标志标明，又不能破坏礼品的原有形象，尽量做到使两者协调统一。设计要素仍然要突出企业标志，同时要结合礼品配以适宜的文字语境，充分表达所送礼品的目的。

常见的公关礼品派发用途（场合）与礼品分类如表 5-1 所示。

表 5-1 公关礼品派发用途（场合）与礼品分类

公关项目	礼品（举例）
新闻发布会	笔、笔记本、U 盘、视频宣传卡
商务考察	高档办公用品、琉璃制品、紫砂杯、保温杯、真皮手包
市场推介	视频宣传卡 、记事本、玩具、笔筒、保温杯
客户拜访	玉石、笔记本电脑、手表、商务笔
社会调研	钥匙扣、广告扇、手机链
产品促销	趣味性用品，如碳包、餐具、小玩具
员工福利	生活用品及消耗品
庆典活动	保温杯、手表、工艺品

5.3.10 产品包装类

面对发展迅速的社会，人们的生活意识形态在不断发生变化，市场竞争激烈，产品的造型和包装成为 VI 设计要素中不可忽视的部分。企业利用包装进行广告宣传，可广泛地树立自己良好的企业形象。经常出现在消费者身边的包装设计，直接影响着企业形象。消费者在购买商品时，包装作为商品的镜子，有时比商品本身还重要，它是市场营销的工具。

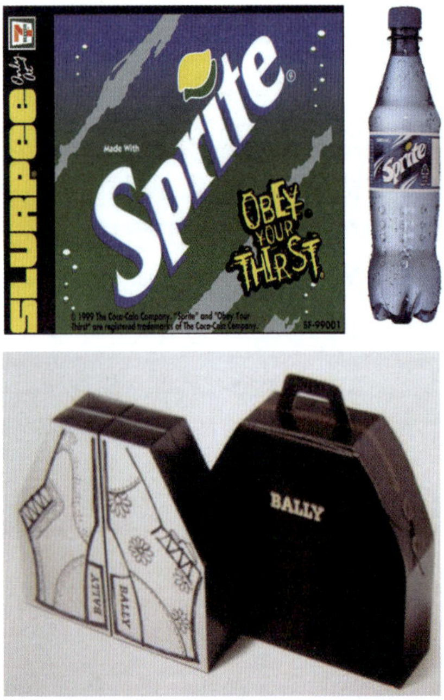

▲ 图 5-65

产品包装类设计必须考虑包装结构与包装材质。包装结构主要包括管式结构、盘式结构、非管非盘式结构、罐式结构、篮式结构、袋式结构等；包装材质主要包括纸、木头、玻璃、塑料、金属、陶瓷等。

产品包装类设计要强调企业形象的基础要素，如企业标志、企业名称或品牌标志、品牌名称。包装设计要运用好色彩，正确应用标准色和辅助色、装饰图案、图片等元素，达到视觉统一性，强化企业形象。包装设计中的文字尽量使用标准字体，要选择可读性强的文字，但要与识别系统的基础要素中规定的字体相统一。因企业开发的产品呈多样性，所以要注意各品牌包装之间的差异性，不仅应重点突出企业的基本要素，而且要善用包装的语言，利用材料、技术、设计美感等设计出既具有品牌个性风格又突出企业整体形象的包装，如色彩的应用在体现企业个性的同时也要照顾产品特性。

产品包装类设计因包装结构不同，设计时有很大的差别。罐装包装通常是矩形幅面，其长

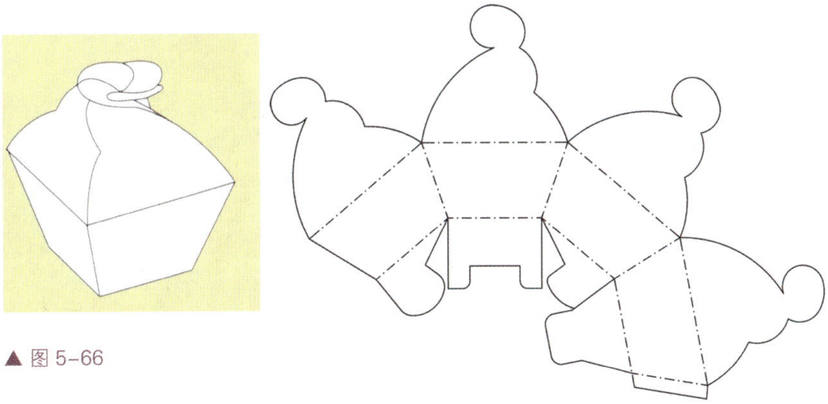

▲ 图 5-66

是罐的周长，而高由罐的高度确定；盒装包装则根据所围成的面来确定，如果是棱柱盒，每个面也是矩形幅面。

设计思路：要先完成纸盒结构的绘制，可用 Box-Vellum 这个专用软件完成（如果不熟悉，可以用 CAD 代替）；然后导入其他软件（如 CorelDRAW、Photoshop、Illustrator）中进行编辑、渲染等装潢设计。

5.3.11 其他

由于企业类型很多，VI 的应用系统也很繁杂，因此不可能面面俱到地涵盖到本书的介绍中来。不同企业的行业特征不尽相同，随着时代变迁也会不断出现新要求，需要不断增添一些新的、在前面没有罗列的应用项目。这就要求企业紧跟时代的步伐，不断完善应用系统项目。

作业

1. 简要叙述 VI 及其内容。
2. 为你所在院系设计标准字体及标准色。
3. 调研并设计某企业 VI 办公用品类应用系统。
4. 设计一套企业 VI 广告宣传应用系统。

第6章 标志设计

教学内容：本章主要介绍标志的概念、设计形式和设计方法。

教学目标：掌握标志在 VI 中的作用。

掌握标志的设计形式、设计依据。

掌握标志的设计方法。

教学时数：8 学时。

6.1 标志概述

6.1.1 标志的定义

通俗讲，标志就是一种记号，是用于表明某一事物特征的记号。这种记号将事物的特征通过单纯的、易识别的形式，将抽象或具象的物象、图形或文字符号作为直观语言，表示事物的属性、意图，表达意义、情感和指令行动等。标志的英文是 Logo。

标志的出现，可以追溯到上古时代的“图腾”。古代人们在生产劳动和社会生活中，为方便氏族部落之间的区别与联系，以及标记特定意义、区别事物的种类特征和归属，不断创造并广泛使用各种类型的标记，每个氏族和部落都选用一种认为与自己有神秘关系的动物或自然物象作为本氏族或部落的特殊标记。如女娲氏族以蛇为图腾，夏禹的祖先以黄熊为图腾，还有的以太阳、月亮、乌鸦为图腾。最初人们将图腾刻在居住的洞穴和劳动工具上，后来就作为战争和祭祀的标志，成为族旗、族徽。国家产生以后，又演变成国旗、国徽。在古埃及的墓穴中，曾发现带有标志图案的器皿，这些图案多半是制造者的姓名和用于区别不同制造者的符号，后来变化成图案。在古希腊，标志也有广泛使用。在罗马和庞贝以及巴勒斯坦的古代建筑物上都曾发现刻有石匠专用标志，如新月车轮、葡萄叶以及类似的简单图案。中国自有作坊店铺以来，就伴有招牌、幌子等标志。在唐代制造的纸张内已有暗纹标志。到宋代，商标的使用已相当普遍，如当时济南专造细针的刘家针铺，就在商品包装上印有兔子的图形和“认门前白兔儿为记”字样的商标。

随着社会经济、政治、科技、文化的飞跃发展，人们发现标志已经无处不在，无时不在，公共标志、国际化标志开始在世界上普及，企业标志更是多如牛毛，甚至于搞一个活动都会用到标志。经过精心设计从而具有高度实用性和艺术性的标志，已被广泛应用于社会中的一切领域，对人类社会的发展与进步发挥着巨大作用和影响。在世界范围内，标志的直观、形象、不受语言文字障碍等特性，有利于国际间的交流与合作，因此国际化标志得以迅速推广和发展，成为视觉传送最有效的手段之一，成为人类共通的一种直观联系工具。

标志作为企业 CIS 战略的主要部分，在企业形象传递过程中应用最广泛、出现频率最高，也最关键。标志是企业日常经营活动、广告宣传、文化建设、对外交流中必不可少的元素，其价值随着企业的成长而不断增长。标志是企业精神的象征，随着信息时代的到来，商业全球化趋势的日渐加强，在这个大数据时代对企业产生了举足轻重的影响，其设计质量已经被越来越多的企业所看重。有的大型企业已经意识到花重金去设计一个好标志是非常值得的，因为标志折射出的是企业的抽象视觉形象。

6.1.2 标志与商标

根据世界贸易组织《与贸易有关的知识产权协议》（TRIPs）第十五条的规定，商标有如下定义：“任何能够将一个企业的商品和服务与另一个企业的商品和服务区别开来的标志或标志组合，均应能够构成商标。”由此可见，商标是区别商品或服务来源的标记，如使用在人用药品上的“同仁堂”商标、使用在民航服务中的“凤凰”商标等。商标与标志一样，也是一种标记，但又与标记不同，只有符合一定条件的标记才能成为商标。从世界各国关于商标的规定来看，商标应具备以下三个条件：第一，商标必须与特定的商品或服务相联系；第二，商标必须具有可视性，具体包括文字、图形、字母、数字、三维标志和颜色组合，以及上述要素的组合；第三，商标应当有显著特征。只有具备这些要素的标志才能将一个企业的商品或服务区别于其他企业的商品或服务。因此，对“商标”的完整法律定义应该是如下这一表述：商品的生产（包括制造、加工、拣选）者和经营者在商品或商品的包装、容器上使用的，具有显著特征的文字（包括字母、数字）、图形、线条、三维标志、颜色组合及上述要素的组合，用以区别自己的商品、服务与他人的商品、服务的可视性标志。

▲ 图 6-1

▲ 图 6-2

商标是企业为了区别商品的不同制造商、同种商品的不同类型、牌号，为某种商务、贸易、商业、交通和服务等行业活动而制造的标志，并经过政府有关部门的审核，获准登记注册而来。商标实行法律管理，企业商标拥有商标专用权，该名称、标志均受法律保护，其他任何企业不得仿效或使用。因此，商标是一种法律术语，也就是某制造商的企业标志、某个产品的品牌标志或某个商务行业的标志，企业的商标在世界上大多数国家都可以进行注册并受到各国法律的保护。商标可以进一步划分为企业商标、品牌商标和商务行业的商标三大类。标志有三大类，即政府机构、企业、社团、活动等的标徽、商标与公共标志。商标是标志中的一类。

标志和商标具有相同属性，即都是用于区分的标记或记号，但它们无论是内涵还是外延都有很大不同。

标志与商标的内涵不同。标志可以是一个商标，商标也可以作为标志，但是标志未必就是商标，商标也未必就成为标志。特别对于一些大型企业，有不同的商标，因此往往有企业统一的标志，这个标志通常就不是商标。

标志与商标的外延不同，标志的范围比商标大。一是权利的取得不同，标志作为美术作品不用注册登记，创作完成即自动获得著作权，而商标必须在国家相应机关注册才能取得商标权；二是权利归属不同，标志的设计者和所有人很可能不是同一个人，普通公司都要委托设计者来设计标志，那么标志作为委托作品，其著作权的归属有两种情况，约定归委托人所有，如果没有约定就归设计者所有，而商标只属于商标权人所有，这是知识产权范畴；三是受保护的期限不同，标志作为美术作品，受保护的期限一般是 50 年，而商标可以无限期续展，受保护的时间是无限的；四是保护的法律不同，标志受《中华人民共和国著作权法》保护，商标受《中华人民共和国商标法》保护。标志可以注册为商标，那么这个商标标志可同时受《中华人民共和国著作权法》和《中华人民共和国商标法》保护，这意味着标志和商标的受保护范围是不同的，标志的保护范围不如商标广。如果被侵权，二者受保护的力度也不同，对商标的保护力度比标志大。这里还将引发一个其他问题，如果标志的著作权属于设计者，那么如果标志被侵权，实际损害了标志所有人的利益时，只有设计者才有权起诉；而商标所有权人可以直接以自己的名义起诉侵权者。

6.1.3 标志的衍变

标志的设计随着人类文明不断进步，科学技术水平不断提高，其造型不断趋于抽象化和简约感，色彩也更具有象征性，表现手法更具有时代感，更富有科技感，创作思维展示更加视觉化。笔者通过查阅世界知名企业的标志衍变过程，发现标志设计逐渐趋向简洁、抽象的模式，同时强调理性化、功能化，反对装饰，设计形态由具象转向抽象，造型要素由繁杂趋向单纯，表现形式由绘画性转向多样性。下面先来看一些世界知名企业的标志衍变过程。

▲ 图6-3

▲ 图6-4

▲ 图 6–5

▲ 图 6–6

1．颜色的变化

早期的标志颜色大多数比较单一，而且以简单的黑、白、灰三色为主。黑色会让人感觉压抑、严肃，灰色则会让人感觉保守、缺乏激情，在某些标志设计中将黑色作为主色调，会显得比较严肃、沉重，比如应用于有关儿童（幼儿）的标志设计时采用黑色是不适宜的；而将灰色作为主色调，会凸显悲伤感，将这种能够产生不良情绪的颜色应用于企业标志设计中，必定会引起消费者的反感，不利于企业的经济发展与形象树立。随着人们对标志色彩愈加重视，设计师开始寻求多样化、动感的标志颜色，热情的红色、生机的绿色、乐观的黄色、神秘的紫色、温暖的橙色等越来越多地应用于标志设计中，形成了独具特色的色彩美， 而且不同颜色之间的合理搭配，营造了不同层次及立体感，彰显了企业商品的文化内涵，比如，可口可乐的标志将红色、暗红色、白色结合，使标志更具时代气息，更加灵动，而且多了透视效果，提升了标志的整体美感。

2．造型的变化

早期的标志设计造型非常简单，一般都是将企业名称首字母组合起来或将字母与图案组合起来，比较单调，不能给人耳目一新的感觉，而且独创性较差，容易造成相似率过高的现象，不利于企业的品牌推广。后来，随着新时代媒体的产生和发展，设计师更加注重标志的内涵表现，旨在提高标志的独创性和差异性，使标志造型更具物象，于是出现了比较复杂的标志造型，具有视幻性、花饰、拼图性等的多种多样的标志造型样式逐渐盛行。比如，随着具象图案的复兴、流行，设计师们开始将复杂图案运用于标志设计中，并利用古代书法与现代衬线体与之进行融合，更富有激情、更独特，阿拉伯式花饰标志设计就是其中的典型代表。现在，随着新媒体时代的发展，人们的精神追求、审美观念等都产生了巨大的变化，且信息化、数字化、网络化已经渗透到各行各业，标志设计从具象造型中逐渐脱离开来，转向更简单与更抽象的造型设计中，使标志意境更为宽泛，助推企业可持续发展。新时期的标志更独特，转向更具动感的造型设计中，且设计理念不断提升，能更好地融入企业文化，使标志设计更具内涵。

▲ 图 6–7

3. 创作思维的变化

标志作为品牌效应的重要组成部分，已成为商品流通的一种手段。标志设计的视角也在逐渐转变，不局限于最初的用于区分制造者功能，而是大都以品牌形成、促进销售作为设计视角，比如苹果、微软、耐克等标志设计都是以增加品牌效应为基础的。由此可以看出，人们的设计观念发生了很大的改变，由仅为标记和美观层面向体现企业内涵层面过渡，由为销售商品强化形象层面向推销企业理念层面过渡。现如今，时尚、个性已成为标志设计的独特风格，而为了满足人们的个性需求，设计师的设计风格也发生了变化，促进了标志设计向新潮、前卫、时尚的风格发展。

4. 设计手法的变化

随着新技术、新理念的涌现，标志设计手法也发生了新的变化，表现形式由传统的绘画性向多样性转变。比如视幻艺术在标志设计中穿插使用就是很明显的例子，以绘画形式为基础，加入光效应元素来表达主题，能够使人们的视觉神经与图画产生光效应，增强了标志的动感、质感，也更加符合当代人们的审美观。装饰元素的作用主要是通过重构、混合等方法，缩短装饰与生活的界限，增加消费者对商品的亲切感，而且图案的融入能够有效增强企业和商品的生命力，体现企业的经营理念。再如三维造型的应用，使标志更加立体化，通过立体造型能传达更强的立体信息，更加细致地区分不同层次的立体造型。标志设计的对象不再只是死板的简约造型，更具艺术性和表现性的形象层出不穷。

6.1.4 标志的分类

1. 按功能分类

（1）商业类标志：以产品的生产或经营为主要目的。这类标志通常就是商标，是制造商或经销商加在产品上的标志。商标附属于产品，用来区别一个企业出售的产品和与其竞争的企业出售的同类产品。

（2）非商业类标志：不以盈利为目的，具有一定的团体性和专业性，可归纳为以下四种。

第一种是公约类标志，指国际、国家、地区之间公共约定的专业或行业标志，具有较强的专业性、公共性、权威性、制约性和规范的管理性，如红十字标志、绿色食品标志等。

第二种是机构、组织类标志，指代表机构或团体形象的标志，如社会团体、各类机构等。

第三种是政治类标志，指代表国家、党派等形象的标志，带有强烈的政治性、权利性和法律制约性。

第四种是个体或家族类标志，指以个体和家族为使用主体的形象，代表了个体和家族的权利，也具有法律功能，如族徽、名家字画、名章等。

▲ 图 6-8

（3）公共类标志：在公共场所具有指示性、引导性、制约性的标志，常见的有道路交通标志和公共信息标志。

道路交通标志具有法律效力，具有制约性、规范性的特点。

公共信息标志是在公共场所出现的户内及户外指示标志，如公共厕所、应急通道标志。

▲ 图 6-9

2. 按形式分类

（1）文字标志：仅由文字构成的标志，包括汉字标志、外文（拼音）标志、数字标志、组合文字标志四种。其特点是用文字识别，语言引导准确、简明。有的文字商标使用人名签字和企业名称缩写。这种商标能使人对商品的生产者或经营者加深印象，从而有助于企业树立良好形象。

汉字标志容易发挥汉字用词的意境，能表达一定的设计含义与理念，使标志受众者或商品购买者产生联想，唤醒其亲近之感。如 2008 年北京奥运会标志是一个具有中国特色的“京”字。

外文（拼音）标志与汉字标志用法类似。

▲ 图 6-10

数字标志的特点是不落俗套，别具一格，逐渐被人们所认识，可以收到较好的效果。如周年庆典标志，常以数字为主体设计而成。

组合文字标志是一种比较常见的设计方式，因为单纯的文字标志设计会受到文化、民族、地域的限制。比如汉字标志在国外会受到认读不便的限制，不利于企业走向国际化的发展要求；同样，外文标志在中国的生存和发展也会受到一定程度的制约。除此以外，像我国这样一个地域较广、多民族的国家，民族之间的差异和地域之间的差异也是客观存在的，那么，采用组合文字的方式设计标志就成为企业解决这一问题的第一选择，如海尔、可口可乐等。

（2）图形标志：仅由图形构成的标志。图形标志丰富多彩，千变万化，可采用各种动物、植物、几何图形等构成。图形标志的特点是比较直观，艺术性强，并富有感染力；还有一大特点，就是不受语言的限制，不论哪国人，讲何种语言，一般都可以看懂，有的一看即可呼出名称，有的即使不能直呼名称，也可以留下较深的印象。常见的图形标志有三种。

第一种是具象图形标志，以具体生动的形象特征来诠释标志所承载的某种含义和理念。具象图形标志是对自然、生活中的具体物象进行的一种模仿性表达；具象图形设计主要取材于生活和大自然中的人物、动物、植物等，其图形特征鲜明、生动，因贴近生活而受到人们喜爱。

第二种是抽象图形标志，由简单抽象的图形符号、文字等构成，较多地以理性、有规划的几何图形或符号为表现形式。在图形标志的表现形式中，具象一向是很容易被接受的表现形式，也是人们在日常生活中司空见惯的，但它却无法表达某些抽象的意境，特别是在标志设计方面很难全面地表达主旨，这时就应该借助抽象的表现形式。抽象图形标志单纯地表现对象的感觉和意念，具有强烈的现代感和视觉冲击力，具有深刻的内涵和神秘的意境，造型简洁，耐人寻味，能产生一种理性的秩序感，给人们以良好的印象和深刻的记忆。抽象图形标志因其抽象性，对人们来说自然比看惯了的具象图形易于产生吸引力，但要把握抽象的分寸，过分抽象也难以使人理解。

第三种是象征图形标志，基于某些简洁的图形进行艺术处理，表现相关含义，具有较好的艺术象征性。

▲ 图 6-11

6.2 标志设计的形式

6.2.1 设计原则

在设计企业标志时应遵循以下原则。

1. 独特性原则

独特性是标志设计的基本要求，要能区别于已有的标志，避免与已经注册、已经使用的标志在名称和图形上雷同。标志的独特性就是要求在设计上具备自身独特的个性，使标志做得独特别致、简明突出，追求与众不同的视觉感受，给人留下深刻的印象。个性特色越鲜明的标志，视觉表现的感染力就越强。只有富有创造性、具备自身特色的标志才有生命力。

2. 注目性原则

注目性是标志设计所应达到的视觉效果。要达到引人注目的效果，在标志设计中就要注重对比，强调视觉形象的鲜明与生动。特别是公共性标志设计，不仅要求在常规环境中具有较强的视觉冲击力，而且要求在各种不同的环境条件中保持较强的视觉冲击力。商标设计也要求在各种不同的应用中保持良好的商标视觉形象，使商标无论是在商品的包装上，还是在各类媒体的宣传中，均可起到突出品牌的积极作用。优秀的标志应该吸引人，给人以较强烈的视觉冲击力。因为只有引起人的注意，才能使标志所要传达的信息对人产生影响力。

3. 通俗性原则

通俗性是标志易于识别、记忆和传播的重要因素，有助于形象立意深刻、简明易懂、以少胜多、雅俗并举。通俗性强的标志一定是喜闻乐见的，具有讲得出、听得进、看得懂、记得住、传得开的特点，公众愿意在市场上助力其流通和传播。

4. 通用性原则

通用性是指标志应具有较为广泛的适应性。标志对通用性的要求，是由标志的功能，以及需要在不同的载体和环境中展示、宣传标志的特点所决定的。

▲ 图 6-12

（1）从标志的识别性角度，要求标志能通用于放大或缩小情况，通用于不同背景和环境中的展示，通用于不同媒体和变化中的效果。也就是说，一个成功的标志无论是被放大还是被缩小，无论是被近距离观看还是被远距离观看，无论是在繁杂的环境中还是在空旷的空间里，无论是在静态时还是在动态时，都应保证能使受众迅速正确地识别。

（2）从标志在产品造型、包装装潢方面的通用角度，要求标志的造型不仅要美观，而且要能与特定产品的性质及包装装潢的特点相协调。标志不仅需适用于各种制版印刷，而且需适用于不同材料载体的复制工艺特点，如使标志适用于金属材料的刻、塑、铸、煅等复制工艺，适用于不干胶、霓虹灯等复制工艺，适用于快节奏的电视屏幕复制展示等。

5. 信息性原则

标志的信息传递有多种内容和形式。其内容信息有精神上的，也有物质上的；有实的，也有虚的；有企业的，也有产品的；有原料的，也有工艺的。其信息成分有单纯的，也有复杂的。标志信息传递的形式，有图形的、文字的，也有图形和文字相结合的；有直接传递的，也有间接传递的。人对信息的感知，有具象的，也有抽象的；有明确的，也有含蓄的。一般而言，标志信息的处理与调节，应尽量追求以简练的造型语言表达出既内涵丰富、有明确侧重，又容易被受众理解的兼容性信息。优秀的标志都具有形象简洁、个性突出、信息兼容的知觉特点。

6. 文化性原则

文化性是标志本身的固有属性。标志的文化性是指通过标志显现民族传统、时代特色、社会风尚、企业或团体理念等精神信息。在具体的标志形象中所显现出的这些文化属性，又是标志设计者自觉或不自觉地以自己对事物的理解和构思，自然而然地融于标志的内容与形式之中的。因此，也可以将标志中的文化性看成具体标志的设计风格或设计品位的特征。文化性强、设计品位高的标志，必须是联想丰富、耐人寻味的不同凡响之作。

7. 艺术性原则

艺术性是标志设计能否给人以美的享受的关键。标志的艺术性是通过巧妙的构思和技法，将标志的寓意与优美的形式有机结合时体现出来的。艺术性强的标志，具有定位准确、构思不落俗套、造型新颖大方、节奏清晰明快、统一中有变化、富有装饰性等特点。

在进行具体的标志设计时，除了要求具有强烈的个性特征以外，对于标志的其他要求，则应以现有同类标志的现状为背景，以具体标志所要传达的主要信息为侧重点进行灵活调节，不必苛求面面俱到地满足各项具体要求。

8. 时代性原则

时代性是标志在企业形象树立中的核心。标志是企业形象的保证，也是识别企业产品质量和服务的依据，它代表一种信誉，这种信誉是企业用几年、几十年甚至上百年才培植出来的。标志的时代性是指顺应时代需要，用发展的眼光弃旧启新，对标志进行升级更新，甚至以全新的面貌出现。这种重新设计是一种方式，在经济上可能要付出较大的代价，并且只有通过广告媒介反复宣传，才能重新树立形象；另一种方式是信誉度较高的企业，在原标志的基础上，通过一个长期的策略，用渐变的手法，随着时间的推移逐步改造和完善，使标志既具有连续性，易于识别，又富有时代感，让人在不知不觉中接受新标志。这一演进的规律是由具象到抽象、由复杂到简洁，使其具备现代化、国际化的特征。

6.2.2 设计依据

优秀的企业标志能给企业的形象增添光彩，不仅有利于企业树立良好的形象，而且有利于促进企业的发展。我们知道，企业标志的使用具有连续性，不是用几年就淘汰的。标志一旦确定并对外公布后，会连续使用很多年，中间一般不能随意变动，所以，在设计之初，无论是设计者还是企业都要慎重推敲，以设计优秀的企业标志为基本目标，充分考虑到企业在以后的发展中有可能成为名牌企业，从而设计出符合企业性质和特点、实用功能和审美功能完美统一的企业标志。

1. 以MI为核心

一个成功的企业标志，要在表达企业理念的基础上，兼具美好的视觉形象以及易于传播的特性。如联想集团的标志就充分体现了它的企业精神，很好地诠释了“联想”的含义。

联想在走向国际化道路时，发现原来的Legend这个名字几乎在欧洲所有国家都被注册了，注册范围涵盖计算机、食品、汽车等各个领域。面对这一状况，联想集团发明创造了一个新词

Lenovo 为集团的名称，并设计了新的标志。联想集团总裁杨元庆在解读这个全新的字母组合时表示，novo 是一个拉丁词根，代表“新意”，Le 取自原先的 Legend，继承“传奇”之意，整个单词寓意为“创新的联想”，即打江山时需要缔造“传奇”，想基业长青则要不断“创新”，从 Legend 到 Lenovo，在品牌标志更迭的过程中，体现了联想集团作为一个高科技企业，不断向高新技术的尖端冲击，并勇于创新的企业宗旨。这也是联想集团多年来沉淀的企业精神。

▲ 图 6–13

2. 富有人情味

富有人情味就是 6.2.1 节中通俗性原则、艺术性原则、文化性原则的总和。现代标志设计最大的特点就是越来越简单化、线条化。工业设计没有了多余的装饰，建筑设计中已经很少见到雕梁画栋，这是一种时尚与流行，将任何装饰都视为矫情、做作或俗气。这种对美的认识，在 20 世纪 90 年代开始发生动摇，因为简单化、线条化的设计加上快节奏的生活，已经让人们失去了新鲜感而感觉到冰冷和牵强。于是，设计者极力去寻找温情，尝试具有人情味的设计，迎合大众口味，使消费者更容易接受、更容易在心灵上产生共鸣。

熊猫是中国的国宝。憨态可掬的熊猫一向深受世界各地人们的喜爱，而四川有熊猫。因此，四川旅游部门紧抓这个特点，在相关的标志设计中充分应用熊猫，直戳人们最容易产生共鸣的地方。如成都旅游标志，巧妙地以汉字“成”为熊猫造型，体现中国传统文化底蕴，同时直观地反映成都乃至四川是熊猫的故乡。而四川旅游标志，不仅用抽象的手法勾画出了熊猫的形态，还能找到“四川”二字的痕迹，同时告诉全世界“四川不仅有熊猫”，这就是人情味。

▲ 图 6–14

3. 体现民族特色

消费者对形象的理解建立在自身民族意识的基础之上，不同民族、不同地区的人们有着各自丰富的文化底蕴，是千百年来养成的习性，因此，在标志的设计上不能脱离民族特色这一重要因素。体现民族特色并不是要完全排除外来影响，尤其是一些好的设计元素，要吸收接纳，为我所用。日本人在这方面的成功很值得我们借鉴，他们往往在吸收了外来文化之后，融会贯通，使自己的民族特点凸显出来。当然，那些民族风俗和信仰习惯，特别是禁忌，必须在设计中特别加以注意，不要出现易引起误会的情况。

“黔系列”品牌标志评选中的一个作品，以篆书“黔”字的字形为基础，融合了独具贵州地方特色的蜡染、牛角杯、吊脚楼、黔茶元素，综合体现贵州独特的民族文化内涵。标志既丰富多元，又厚重端庄，色彩搭配经典脱俗。两只牛角杯相对而列，不仅代表着贵州源远流长的酒文化，更体现了贵州丰富多彩的少数民族文化传统习俗。红底篆体的“茶”字以印记形式独占一角，凸显了贵州特色鲜明、魅力独特的民族品牌文化。

第十届全国少数民族传统体育运动会会徽将数字“10”与飞奔的骏马形象相结合，突出了本届运动会的届次和举办地特色。

一见极医堂标志，自然想到我国古代“药王”孙思邈“博极医源，精勤不倦”的名句，想到中医是中华民族的瑰宝。

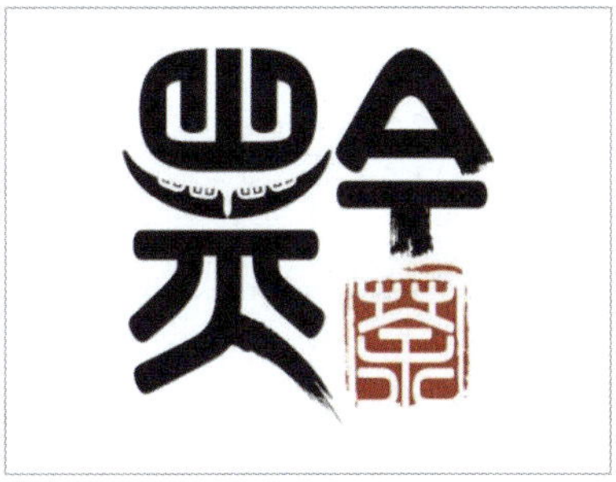
▲ 图 6–15

▲ 图 6–16

▲ 图 6–17

4. 顺应时代潮流

人们目前所处的环境，使人们更能接受的不是面面俱到、烦琐细碎的形象符号。生活的快节奏使人们更容易钟情于简洁、抽象、明确、略具动感的形象符号，这就是这个时代的潮流。这一点从百事可乐标志的变迁中便可窥见一斑。当看到满街阔腿裤、小白鞋时，还记得前些年的紧身衣、高跟鞋吗？这就是潮流的循环性。在抽象而简洁的符号形象大行其道的今天，一个略具装饰性，并具有一定具象意味的标志，已经是一个新的趋势、新的时尚。

▲ 图 6–18

5. 遵守法律法规

企业标志或商标是社会的，并不仅仅是自己内部的事，它常常伴随着商业活动出现在公众活动中，同时企业希望其形象及品牌被广泛认可、认知。由此可以看出，如果抄袭别人的设计，对本企业或其他企业都是不公平的，也是会遭人耻笑的，最终便是自讨苦吃，得不偿失。因此，在设计调研阶段就必须做到心中有数，参照《中华人民共和国商标法》中的相关法律条款来规范此类行为；在设计过程中要对设计方案进行必要的检索，避免雷同；一旦设计成型并确定使用设计的标志，首要的问题就是及时通过有效途径进行注册，使之成为受法律保护的品牌标志，并在条件成熟时公之于众。

6.2.3 设计构思和表现形式

1. 设计构思

构思的过程是一个展开思路的过程，也是一个对感受和概念进行提炼和凝固的过程。标志设计也是如此。但标志的设计构思不仅与企业和商品相联系，而且具有明确的商业目的，这与一般的艺术创作构思大不一样。标志设计的构思中，首当其冲的是构思原点，也就是设计应该从哪里出发和展开。在设计一个标志之前，设计者要花很多时间去了解企业背景和企业文化，花一定的时间与国内外同类知名企业进行比较，对比优劣，找到内在差异及其竞争性，当获得大量的设计素材以后，结合企业标志设计的意图、要求，确定设计方向，从而获取各种有利的设计资源与题材，进行独特性和创新性设计。

一个优秀的企业标志必须有一个优秀的设计创意和明确的主题，而优秀的设计创意和明确的主题必定源于对企业背景、企业文化、设计主题、设计意图等深层次的理解与挖掘，只有把握好这些关键要素，开拓思维，打破传统观念，才能找到合适的定位点。一旦设计的原点、主题确定，造型要素和表现形式就自然而然地展开了。不重视主题的选择或带有随意性和主观性的做法都会使设计流于形式，即使标志图形本身非常美，也只是装饰而已，既不符合企业实际，也不会有长久的生命力。因此，进行标志设计时必须有超前意识，使标志能经得起时间的考验，否则很快就会落后于时代的发展。

2. 表现形式

一个优秀的企业标志除了要有优秀的设计创意和明确的主题外，还要使各设计题材或造型要素符合企业个性。标志的设计题材和造型要素多种多样，分类方法也不尽相同。限于篇幅，下面按类别对造型要素进行简单介绍，说明标志的表现形式。

（1）语音类：表示语言因素及其拼合的语音的视觉化符号，对于拼音文字来说，就是大小写字母或其拼合；对于汉字来说，就是单字或词组甚至句子。语音类标志分为连字型和组字型两种。

连字型标志就是利用一个有完整意思的词语或句子进行标志设计，如联想、奔驰等。

组字型标志就是利用一个或多个字母（汉字中多为单字或笔画）构形，它不构成词语，仅代表词语，如 BYD（比亚迪）、百度、华为、腾讯等。

以名称全称为出发点进行设计是近几年来在国际上较为流行的做法，即所谓的名称标志。它的优点是可以直接传达企业的信息，不需要人们去猜，去联想。在企业名称字体的设计中，常采用对比手法，使其中某些字或字母具有独特的差异性，以增强标志图形的视觉冲击力。往往特异部分也是企业信息的主要内容所在。如掌中勺标志中的“中”和“勺”是变体字，突出厨具特点，使读者瞬间就能读懂标志的含义，标志的设计重点一目了然。中国梦标志是一个典型的中国文字创意组字，外观艺术造型图案是“中国梦”三个汉字，从上到下按序排开，精巧组合，在艺术设计与整体造型的布局上，尽量凸显出中华民族的精神智慧和文化特色。

以名称的字首文字或字母组合为出发点进行设计是指主要对企业、组织、产品、品牌名称的中文、英文、拼音的字首文字组合或名称缩写文字进行设计，继承了全名称信息量大、易读的特点，也赋予了标志艺术性，简化了设计。无论是中文、英文还是拼音，其设计特点在于取字首形态，形成强烈、单纯的视觉冲击力，强化字首特征，增强标志的可视性。如品牌Teae-Knho的标志设计中，T的负空间运动，使得该标志设计有一种奇幻的效果，有意用颜色将K分成两部分，考验受众的空间想象力。

▲ 图6-19

▲ 图6-20

▲ 图6-21

（2）图形类：借助几何图案和象形图案来表现的标志类型。图形分为两种。

抽象符号：以一定的形象为基础进行抽象，暗示某些特定的含义。

具象符号：图画的符号化，是与图画较为接近的形式。

图形类标志常以名称的含义为出发点进行设计，包括以名称所代表的图形为定位（人物、动物、植物、建筑等具体实物）、以名称的图文配合为定位、以代表对象的外部特征为定位、以代表对象的内部特征为定位、以代表对象发挥的效能为定位等。这种设计很直观，运用图形直接表达出设计含义。

▲ 图6-22

▲ 图6-23

▲ 图6-24

（3）音形结合类：将语音和图形相结合的符号。图形要素可以是抽象的，也可以是具象的；语音要素可以是连字的，也可以是组字的。该类标志以名称或其字首文字与图案组合为出发点进行设计，是文字标志与图形结合的产物，兼顾文字说明和图案表现的优点，设计上常采用具象和抽象相结合的方式，两种视觉形式相辅相成，直接表现设计本意。一般将组字和抽象图形相结合的情况较为多见。此类设计成功案例很多，如剑南春、中国联通。

中国联通的标志是由中国古代吉祥图形盘长纹样演变而来的。回环贯通的线条，象征着中国联通作为现代电信企业的井然有序、迅达畅通以及联通事业的无以穷尽，日久天长。标志造型有两个上下相连的中国红心，形象地展示了中国联通的通信、通心服务宗旨，将永远为用户着想，与用户心连心。所用的中国红，为象征快乐与好运的红色，增加了企业形象的亲和力，并给人强烈的视觉冲击感，与活力、创新、时尚的企业定位相吻合；所用的水墨黑，为极具包容与凝聚力的颜色，是高贵与稳重的象征。红色和黑色搭配具有稳定、和谐与有张力的视觉美感。

▲ 图 6–25

▲ 图 6–26

▲ 图 6–27

（4）象征类：利用设计要素的表现形式，以体现基本设计理念和企业 MI 为基本点，通过所设计的符号特性、形态造型和其他应用要素的整体视觉效果，增强标志设计造型的诉求强度。

象征类造型通常是介于抽象和具象之间的符号。抽象符号如果和具象符号配合，容易使人理解，因为具象符号的知觉性强，不易使人产生误解，适当地进行抽象后，会显得简洁而又生动活泼，感染力较强。可以说，象征类符号是人们现在非常喜爱的标志类型。常见的象征类设计题材有下面几种选择。

第一种以企业经营的产品和服务内容为题材，如产品所具有的外形特征、独特性能、服务范围、行业特征等，在构思中直接、明确地传递信息，抓住对象的第一特征予以表现。行业特点较强、其形态具有广泛认知度的企业可使用这种方法进行设计。这种方法具有形象直观、易认易记的优势，同时很容易切入主题。

第二种以企业理念为出发点进行设计。随着商业信息传递与科技文化交流速度加快，面对现在复杂多变的竞争环境，如何使企业标志的表象与企业经营内容、企业实态相一致，如何获得社会大众的一致认同，将企业独特的经营理念和企业精神、企业文化采用抽象化的图形或符号具体地表达出来就显得尤为重要。一般可运用象征、联想、借喻的手法进行构思，从而体现表现精神内涵的东西。

▲ 图6-28

第三种以企业、企业所在地或组织、企业品牌等独特的历史背景、优良传统、典故或杜撰的美好神话为出发点进行设计，甚至以经营内容与企业经营产品的外观造型为出发点进行设计，以企业、组织的独特建筑外观、所处环境为出发点进行设计，可以增强企业或产品的历史感、文化感和可联想性。通过对历史、典故的延伸，强调民族和文化的特征，叙述特定历史条件下的人与事，突出人文概念的形象。

第四种以地域文化特色、民族特征或产品的独特生产地为出发点进行设计，文化的差异塑造了地域历史发展和社会性质的明显不同，不同的社会背景下所产生的图形符号均有很强的特点，以此为设计的突破口，必将深深地为企业打上地方特色的烙印。

设计题材与造型要素及其表现形式之间的从属关系、分类交错复杂，在实际的设计过程中不必搞得一清二楚，很可能同时使用几种形式。就大多数情况而言，都倾向于采用组字与象形形式，或独用，或并用，或结合，尤其以音形结合的设计为多见。

6.2.4 标志释义

标志释义就是对标志意义的文字性诠释。

标志往往以简洁的图形包裹丰富的内涵，从图形表面常常看不到太多的层次。以文字的方式对标志进行诠释，容易使人从内心产生共鸣，从而形成准确的理解，并以此帮助各方对标志形成记忆。

标志释义的写作可以分为以下几个部分。

（1）构成要素：包括造型要素的来源说明、特点等。例如，某标志是以代表某意义的英文单词的首字母为基础来造型的，这样就说清楚了该标志造型要素的来源。

（2）图形意义：标志虽然是经过提炼的简洁图形，但是对从何而来、如何提炼、表达了什么内容，应该特别加以说明，以表明这个造型的意义准确、巧妙及不同凡响。

（3）色彩意义：色彩是表现图形个性的另外一个方面，同样的标志，如果搭配不同的色彩，将显现出不同的气质。而为某个标志专门搭配的色彩，是用于传达某种特殊意义的，所以也要进行文字诠释，使人们得以了解设计的初衷。

设计说明：

广州图书馆标志以汉字“广”与朝阳相结合而来，将其巧妙变形，艺术处理成翻卷的书籍造型，鲜明地表现了广州图书馆的主题与特色内涵，翻卷的书籍犹如向公众展示着知识、智慧和文化；激昂向上的造型与朝阳元素寓意着书本和知识带给人积极向上的朝气与活力。

作品以红色为主，红色代表着对知识的渴望，寓意书本和知识带给人阳光活力和朝气蓬勃的精神能量，充分体现了图书馆的文化内涵。

▲ 图 6-29

6.3 标志的设计方法

6.3.1 标志的构成元素

标志是由不同形态的文字符号和图案搭配不同色彩而成的。标志在形态构成上均归于点、线、面、体。因此，点、线、面、体、色彩（肌理）是标志设计的五个基本元素。

1. 点

点是构成标志的最小形象元素，有时一个字母、一个色块就可以理解为一个点。单个点给人静止而稳重的感觉，多个点的组合就构成了线或面。点的大小、形态、位置不同，所产生的视觉效果也不同，如点的大小可以营造距离感，点的颜色可以营造轻重感，点的位置可以营造飘忽感等。利用点的这些特性，就可以恰如其分地表现标志的设计理念。

新视界标志中的红色逗号没有添加过多的其他符号或图案进行装饰，“还有后续”“并非起点”“架起桥梁”等设计理念跃然于纸，构图轻盈，美观大方。

▲ 图6–30

▲ 图6–31

▲ 图6–32

2. 线

线具有位置、长度、宽度等属性，也有方向、形状等属性。直线简明醒目，曲线幽雅，抛物线具有速度感；水平线给人平稳和安宁的感觉，垂直线则给人庄重、稳定的感觉，斜线活泼且有动感。正确运用直线、曲线及线型的虚与实、粗与细、疏与密，就可以设计出或刚或柔、或雅或俗、或动或静的作品来。

▲ 图6–33

▲ 图6–34

▲ 图6–35

3. 面

点的放大、密集或线的重复构成面。面具有明显长度和宽度，由于占的面积大，视觉效果比点、线更强烈。面是形态结构中最富有变化性的视觉要素，其表现包括了各种色彩、肌理等方面的变化，主要以图形、文字和符号为主。运用好以文字组成虚面、以图形构成面的开放和闭合、面的边缘变化，对标志的含义都会产生很大的影响，促生诸多变化。

面的构成包括几何形、有机形、自由形。几何形是较为规律的直线或曲线构成，如圆形、三角形、星形等，构图中规中矩，显稳重成熟，有大方得体之感；有机形则遵循逻辑关系，遵循自然法则，合乎正常的思维方式和习惯，使人们容易想得到，容易读得懂；自由形不按常理出牌，追求的是自由与打破传统，甚至偶然的效果（当然，线结构也是如此）。如李宁标志与耐克标志，外观上两者的设计形状差不多，但李宁标志能够找到 L 的源头，人们自然而然联想到 Lining，而耐克标志的类 L 似乎无根可查，只能自由想象；再如，NBA 的标志是一个具象的面结构。

▲ 图 6-36

▲ 图 6-37

▲ 图 6-38

4. 体

体是视觉的空间感，是超越二维效果的表现形式，是在二维空间通过技术手段（如比例、肌理、色彩、质感、动感、光效等因素）建立的立体可见效果。

▲ 图 6-39

▲ 图 6-40

▲ 图 6-41

5. 色彩（肌理）

对于任何设计，无色彩的形态无论如何是不能准确表达设计者意境的（除了有意而为之），同样，色彩需要千变万化的形态组合表现，离开了形态的色彩是单一的。色彩通过不同形态对人的心理产生更直接、更感性的识别性能，尤其是现代商业设计对色彩的应用更上升至“色彩行销”的策略层面，成为商品促销、品牌塑造的重要手段。

人们观察彩色实体时，由于视觉的原因，会产生不同的色彩感觉，包括明暗适应性、视觉残像、补色现象、视错觉等。只有掌握好色彩感觉，找出色彩之间的均衡关系，正确应用色彩，强调主题，明确主从，把握渐变节奏，并能进行合理的装饰，才能有的放矢地设计出优秀的标志来。兰州石化职业技术学院建校 60 周年校庆标志征集活动中的某作品，造型取材于该校标志，所用色彩是单色的中国红或海水蓝，与该校 VI 标准色一致。

▲ 图6-42

6.3.2 标志的设计技法

人类历史上最古老也是最普遍的信息传递方法，就是借助视觉图像的设计，以图形、文字、色彩、符号等为基础元素来进行艺术表现，并不断传递下去，这就是视觉传达。标志设计的过程就是视觉传达的过程，就是用以视觉为认知的表现形式来阐述信息的过程。视觉语言的关键是造型要素的应用，这是一种独特的语言形式，是视觉传达的有效载体，它通过有形的、有效的图形、文字、色彩、肌理等视觉形象表现出来。而寻找、组织这些视觉形象的过程就是运用设计语言进行信息沟通与传达设计的过程。

在标志设计语言中，难点是如何准确地将含义通过造型要素转化为视觉形象，而不是简单地像什么或表示什么，即要有创意，要用形象化的艺术语言表述出来，并且容易让人理解。将企业的信息通过概括、提炼、抽象，以造型要素为手段转换成图形、文字、符号，寻找最佳的表达方式，创造个性鲜明、避免歧义、符合主题的标志，就成了整个标志设计和传播的关键。

为了能够比较准确地说明标志设计技法，下面按前面所讲的造型要素的基本类型——图形要素和文字要素分别阐述。

1. 图形要素的设计技法

（1）表象手法：具有与企业名称、品牌、属性等有直接关联的表现形式，其标志不仅与企业直接关联，而且形象具有典型特征，符合人们的生活经验和思维习惯。这种手法直接、明确、一目了然，易于迅速理解和记忆。如幼儿园或小学的标志以卡通形象或幼苗居多，而且色彩醒目；银行业标志以钱币的形象居多，而且色彩单一；房地产业标志以建筑的形象居多。

案例：用 Illustrator 绘制大风车幼儿园标志

Step 01 打开软件，在 90mm、100mm 处作水平参考线；在 200mm、210mm 处作垂直参考线。

▲ 图6-43

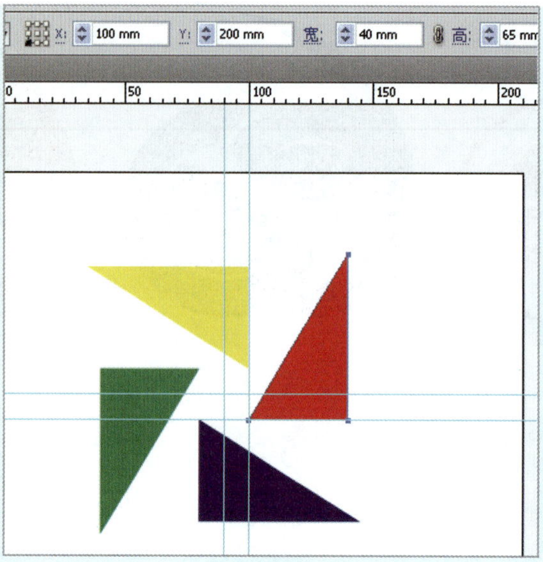

▲ 图 6-44

Step 02 作宽为 40mm、高为 65mm 的直角三角形，填充红色（C0 M100 Y100 K0），无描边。

Step 03 开启工具箱中的旋转工具（R），选中三角形，在按住 Alt 键的同时，在参考线交叉点 (90, 210) 处双击，打开“旋转”对话框，单击“复制”按钮。

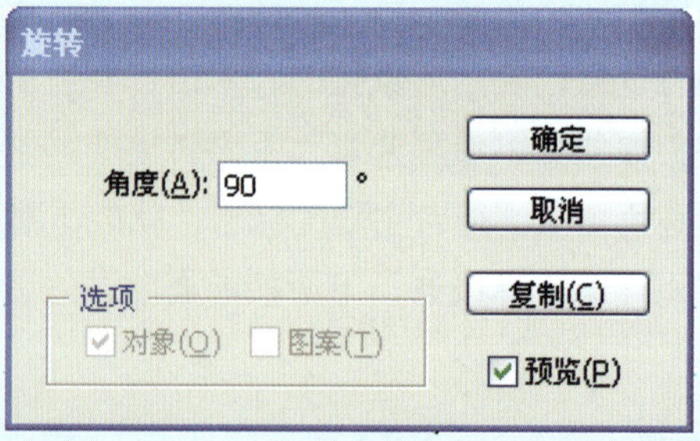

▲ 图 6-45

Step 04 重复两次旋转和复制操作。将复制得到的三个三角形分别填充为黄色（C0 M0 Y100）、绿色（C100 M0 Y100）、蓝色（C100 M100 Y0），编组（Ctrl+G），旋转 30º。

Step 05 添加“大风车”三个字，可变形为少儿体，在此不再细述。

（2）象征手法：以比喻、形容等表现方式，利用与企业标志关联的图形、文字、符号、色彩等反映标志的抽象内涵。象征性标志往往采用已为社会所认同的关联物象作为有效代表物，如用镰刀、斧头象征工农联盟，用幼苗象征少年儿童的茁壮成长，用鸽子象征和平，用雄狮象征霸气及英勇，用日、月象征光明、永恒，用白色象征纯洁，用绿色象征生命等。这种手法含义深邃，适应人们心理，为人们喜闻乐见。

孔子学院标志是一个变体的“汉”字，融合昂首高飞的和平鸽和地球两种图案，象征以汉文化为桥梁，托起全球共同和平、崛起的美好理想。

▲ 图6-46

▲ 图6-47

（3）寓意手法：采用与标志含义相近似或有寓意的形象，以影射、暗示、示意的方式表现标志的内容和特点。一个完美的标志设计，有时候表现的不只是设计本身，还有更多深层的含义，即所运用的造型要素中蕴藏的寓意。这或许就是人们经常挂在嘴边的意境，如看到“松竹梅”图案会联想到岁寒三友的忠诚友爱；再如用“伞”的形象暗示保护，用“箭头”的形象示意方向等。

▲ 图6-48

（4）模拟手法：用特性相近事物的形象模仿或比拟标志的特征或含义，比如用仙鹤展翅的形象比拟飞行顺利，采用奔跑的人物形象比拟特快专递。

深圳航空公司采用“民族之鹏”新标志，鹏，其翼若垂天之云，神鸟也，图案和谐融汇，红金吉祥映衬，挺拔傲立，充满生机，呈高瞻远瞩之气概，代表“沉稳，诚信，进取”的理念。

EMS 快递采用横线镂空标志，比拟“像风一样”飞过，人们不自觉地会联想到特快专递。

▲ 图6-49

▲ 图6-50

▲ 图6-51

▲ 图6-52

▲ 图6-53

▲ 图6-54

（5）抽象手法：采用并无明确含义的抽象图形或符号，通过排列组合等方式带来不同的视觉和心理感受，给人一种强烈的现代感和视觉冲击力，引起人们的注意并令人难以忘怀。采用这种表现手法的标志在现代有很多，如体育用品中就有很多这种标志，如前面列举过的耐克、李宁品牌的标志。这种标志在初期往往配有少量小字，后期随着广告投入的增加和品牌效应的提高，一旦人们认同了这个标志，即使去掉小字也能辨别它。

案例：绘制 pentapolis 标志

在现有的平面设计软件中，要绘制 pentapolis 标志，单纯用某一个软件效率不高，精确度不够，填充色彩有困难。因此，先用 AutoCAD 精确绘制曲线图案，然后导入 CorelDRAW 中填充颜色、编辑文字。

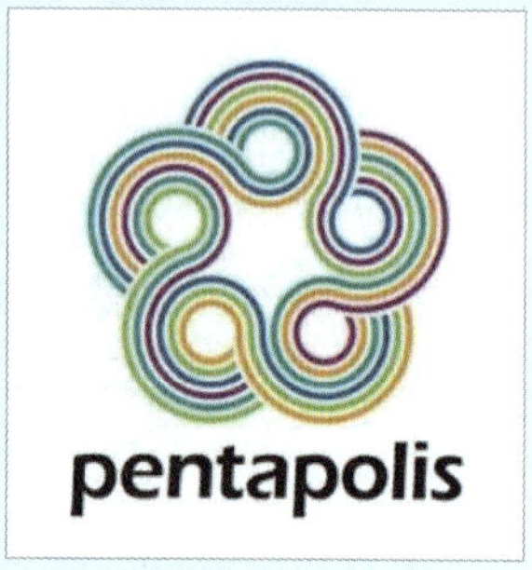

▲ 图 6-55

Step 01 开启 AutoCAD，调用多边形命令，边数为 5，选择“边”参数，以任意点为中心绘制一个边长为 11mm 的正五边形。

Step 02 调用圆命令，以正五边形的某个顶点为圆心，绘制半径为 3mm 的圆形；用偏移命令将圆形向外偏移 1mm，共得到六个圆形。

Step 03 调用复制命令，以圆心为基点，同时复制偏移得到的六个圆形，放到正五边形的其余四个顶点上；删除正五边形。

Step 04 调用修剪命令修剪图案，并将文件保存到合适文件夹中，文件名为“penta.dwg”。

▲ 图 6-56

▲ 图 6-57

Step 05 开启 CorelDRAW，新建文件“penta.cdr”，导入“penta.dwg”。

Step 06 调用工具箱中的轮廓笔（F12），设置线宽为 3.5mm。特别强调要勾选“随对象缩放”参数，否则在图形缩放时轮廓一直保持 3.5mm，影响图形质量。

Step 07 对轮廓线进行颜色填充。

Step 08 输入 pentapolis 文字，完成操作。

2. 文字要素的设计技法

（1）连体法：结合字体特征将企业名字“串联”组成标志。这种表现形式能够产生一种非常好的商业味道，而且漂亮、简单、具有冲击力，有些还显得非常有趣。

最简单的连接方式是用一条线连接，最常见的方式是按笔画连接，其他常见的方式有笔画共享、互扣等。

▲ 图6-58

（2）衬托法：用色块、图案衬托文字，或将文字镶嵌于色块或图案中。

在麦当劳标志中，黄色的缩写文字 M 叠加在红色色块中，用红色衬托黄色；而全称 McDonald's 用白色镶嵌于红、黄色之中，红、黄、白色搭配使标志更加醒目，让人过目难忘。

劳斯莱斯标志用深蓝色作为背景色，所有文字和倒圆角矩形均采用白色，这种表现形式衬托出了双 R 的中规中矩，使标志高雅、大气、不落俗套，沉稳中略显高贵。

在汉字标志中还有一种不得不讲的衬托法，那就是印章法，这是汉文化特有的一种表现形式，如名章、题跋等。采用印章的设计思路和方法，被越来越多的设计师所喜爱。

▲ 图6-59

▲ 图6-60

▲ 图6-61

（3）缺隐法：根据字体特点，利用视错觉合理地简化字体或隐藏部分笔画。有些字体中的某一条线本来就很细小，可以勇敢地将这条细线切掉，然后把这两个字母连在一起。

比如对 I、M 两个字母进行设计，把 M 处理为大写，把 I 处理为小写，隐去 M 的一部分，用 i 来替代，为防止死板，将其倾斜，就产生出了很好的效果。

野山谷标志为追求设计的新意，将三个汉字均取掉了一个角，缺少的笔画恰巧使标志结构变得轻盈起来。

再来看对 S、A 两个字母的设计，有意将 A 字母左边的线段隐去，根据人们的经验和习惯及视错觉，还是能够快速地正确认读出来，感觉到它的存在的。

▲ 图 6-62

▲ 图 6-63

▲ 图 6-64

（4）修饰法：根据企业 BI 及名称含义、文字字体特征等情况，对文字进行修饰，包括笔画修饰、图形修饰、色彩修饰。

“感恩回馈”标志用到了笔画修饰和图形修饰两种技法：将文字的笔画加以衍变，对“感”“恩”二字的“心”字底进行了处理，运用波浪或卷曲的线条来表现柔美，与添加的翅膀图形相呼应，使文字成为一只飞翔的小鸟，寓意明确。

“二胡独奏”标志中的“胡”字，对其笔画进行变形，形象地勾画出了一把二胡。

“豫”标志以“豫”字为基本型，把中国书法、戏曲脸谱元素融入字体设计中，色彩运用中国红，体现了浓浓的文化气息，整体大气稳重。

EDGE BOARD 标志巧妙地把首字母 E 进行镜像倾斜对置，恰好构成立体的 B 字母，创意新颖，设计独特。

▲ 图 6-65

▲ 图 6-66

▲ 图 6-67

▲ 图 6-68

▲ 图 6-69

3. 色彩要素的运用

标志的色彩要素具有多样性，若在由点、线、面构成的标志形态上运用不同的色彩加以表现，会产生不同的视觉效果。由于人们对颜色的反应比对形状的反应更为敏锐和直接，因此运用色彩更能激起人们的情感。所以说，色彩是标志的重要组成部分，它不是一般意义上的美化和修饰，而是能够帮助公众在最短的时间内理解标志含义，欣赏其美感并留下深刻印象。标志设计中，色彩要素的运用一般多侧重于色块、线条的组合，强调形式美和识别性，多用原色和纯色，少用间色和灰色。

（1）基色要相对稳定。无论是标志的主色还是背景色，或者是标准色、辅助色，色调一旦确定之后，就不能随便改动，要统一管理，统一使用。

（2）强调色彩的形式感。比如注重色块、线条的组合，均属于强调色彩的形式感。这是基于标志图案的基本特点考虑的。要保证标志图案概括简练、视认度高、冲击力强，如果没有一定面积比例的色块强化标志形态要素，就达不到标志图案的基本要求。但任何艺术形式只有恰当应用对比关系，整体效果既统一协调，又有一定对比变化，才能有良好的艺术效果。因此，强调色彩的形式美感，就必须用形态要素和色彩要素的对比变化，使色之深浅、线之粗细相结合，达到一个新水平。

（3）强调色彩的记忆感和情感规律。设计中所用的色彩，因人们长期生活经验的积累，习惯性地将某种颜色与特定内容相联系，这就是所谓的色彩联想。例如：看到红色联想到火光、太阳，从而感到温暖；看到绿色联想到植物发芽生长，感觉到生命的力量；看到黑色联想到黑夜，从而感到神秘、悲哀等。标志设计中，色彩要素的应用是有规律可循的，不是盲目的，也不是凭借个人的情感因素决定的，有科学研究为依据。例如：黄色代表富丽、明快；橙红色使人感到温暖、热烈；蓝色、紫色、绿色使人感到凉爽、沉静；茶色、熟褐色令人联想到浓郁的香味。

（4）合理使用色彩的对比关系。和其他平面设计一样，标志设计中色彩的对比运用也很重要，合理地加入色彩对比能产生强烈的视觉效果，而色彩调和则构成图案的空间层次。如麦当劳标志的用色就很能说明这一点，该标志在色彩的明度和纯度上进行差异化使用，造成强烈的视觉冲击力，用色简洁，个性鲜明，易对消费者产生吸引力。

▲ 图6-70

（5）重视色彩的注目性。表6-1和表6-2分别列出了注目程度高和注目程度低的配色情况，设计时可以参照使用。

表6-1 注目程度高的配色

顺序	1	2	3	4	5	6	7	8	9	10
底色	黑	黄	黑	紫	紫	蓝	绿	白	黄	黄
图形色	黄	黑	白	黄	白	白	白	黑	绿	红

表 6-2 注目程度低的配色

顺序	1	2	3	4	5	6	7	8	9	10
底色	黄	白	红	红	黑	紫	灰	红	绿	黑
图形色	白	黄	绿	蓝	紫	黑	黑	紫	红	蓝

6.3.3 标志的变形设计

为了在广告宣传、设计装饰或一些特殊场合强化标志的认同感，经常采用必要的标志变形处理，即对标志进行夸张、变异或重复组合等操作。变形标志以不损害原标志的设计理念和形象特点为原则，抓住原标志的造型或主题特征进行延伸变化。其内容包括反白、空心、线条化、其他变形等技术手段，其中反白是最常见的。

1. 反白

所谓反白是指标志或标志主要部分的图形和文字不填入任何颜色，在相对较深的色块上通过对比的表现方式，使图形和文字更清楚地显现出来的一种效果。反白标志常用于底色较重的场合，因为一般的标志是在无背景色的情况下设计的，但有时候在应用标志时不得不用到背景色，这时就得用反白手法进行处理了，如欧圣地板标志中的后三种就是在有背景色的情况下使用的反白效果。所以完整的标志设计应该包括反白效果。

▲ 图 6–71

需要注意的是，反白并不一定是将黑色（彩色）变成白色，有可能是将彩色变成灰色甚至黑色；也不一定是对标志的所有图形和文字做反白，有可能只对其主要部分进行处理；背景色是不唯一的，可能是黑色、灰色或其他颜色。

2. 空心

空心是指将标志图形和文字区域镂空，只保留轮廓边缘线的一种效果，常用于需要透明的场合，如会展、霓虹灯造型等。

为标志做反白效果和空心效果，无论用什么软件都比较简单，留给读者自行研习。

3. 线条化

线条化是用线的属性——粗细、方向、曲直、线型、质感等来展现标志的一种效果。线的粗细表示强调程度；线的方向代表稳定性；线的曲直是最基本的形态，能反映柔美性；线型则代表是否连贯；线的质感能体现出雅趣；线的组合能造成视错觉。

▲ 图 6-72

4. 其他变形

根据标志使用场合和环境的不同（如广告、印刷品、包装纸、服饰纹样等作为底纹、装饰纹等），标志的变形设计也各不相同。常用的变形手法有基本要素重组、局部造型夸张或强调、选取局部造型、以特点延展、直接变化外形、立体化等。

▲ 图 6-73

需要注意的是，在标志的变形设计中不要为了变形而变形，使造型牵强附会，不知所云；要注意与标准形的配合，不要跑题；变形乃辅助造型，在使用中不能冲击标准标志的地位；要考虑使用场合，设计出符合实际的辅助造型。

6.4 标志的制图方法

企业标志是企业形象的核心要素，几乎应用于所有 VIS 中，大至几十米的户外广告，小至几厘米的名片，甚至还有更小的应用媒介。由于使用标志的对象、结构、场合及环境等比较复杂，所以对标志的制作要求就比较高，要求能保证精确地缩放、准确地复制。为了确保标志在不同应用范围中的准确性和一贯性，就需要合理、便捷的制图标准，让制作者有章可循，使用者依图复制，受众者正确甄别，以达到标志设计制作的统一性和标准化。

不同的企业标志在制图方式上有所区别，下面介绍几种常见的标志制图方法。

6.4.1 定位绘制法

顾名思义，定位绘制法就是以确定位置（点）、距离及长度、角度、弧度等为基本出发点，借助画网格、定坐标等手段来绘制标志的方法。

1. 网格法

网格法就是利用软件自带的网格工具、表格工具或手绘网格进行精确绘图的一种方法。现在几乎所有的软件都具有网格绘制功能。网格制图的底线均由相同尺寸的方格组成，可根据标志主体在方格区域内的显现方式来明确标志各个组成元素间的相互关系。

案例：用网格法仿做中国联通标志

中国联通标识由中国古代吉祥图形“盘长”纹样演变而来。回环贯通的线条，象征着中国联通作为现代电信企业的井然有序、迅达畅通，以及联通事业的无以穷尽，日久天长；两个上下相连的“心”，形象地展示了中国联通的通信、通心的服务宗旨，将永远为用户着想，与用户心连着心。

解析：“盘长”迂回构成，宽度相等；迂回拐角的圆或圆弧半径相等；“心”“心”之间直线相连，直线之间或平行或垂直。

由于直线之间是相互平行或垂直的，所以，用网格法绘制成为可能。使用 CorelDRAW 绘制该案例，其他软件的绘制方法类似，读者可作为章节练习。

作法：

Step 01 开启 CDR，新建“中国联通标志 .cdr”文件。

Step 02 绘制网络（方法很多）。不妨调用“图纸”工具，设置行数和列数都为 9，绘制正方形网格；设置长宽为 90mm，填充轮廓线为 20% 黑，锁定网格。

Step 03 绘制矩形。绘制长为 10mm、高为 60mm 的矩形。将矩形中心对齐网络中心，然后向左右相距 10mm 各复制一个矩形；全选矩形并复制，按中心点旋转 90o，得到矩形组。

Step 04 修剪矩形组。绘制一个高为 2mm、长为 70mm 的矩形，分别对齐水平中间矩形的上下边，并分别修剪左右两个垂直矩形；绘制一个高为 70mm、宽为 2mm 的矩形，分别对齐垂直中间矩形的左右边，并分别修剪上下两个水平矩形。

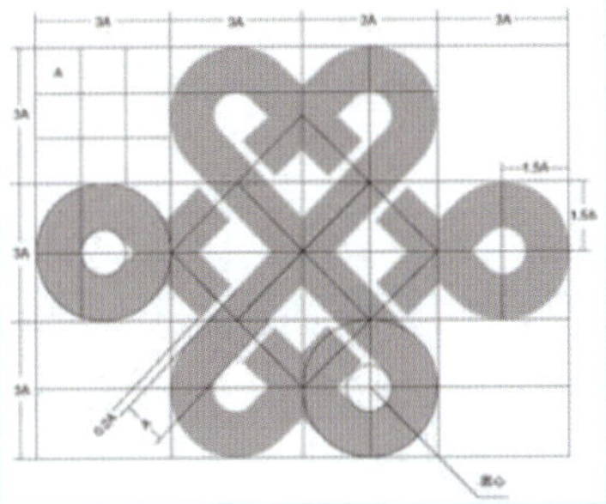

▲ 图 6-74

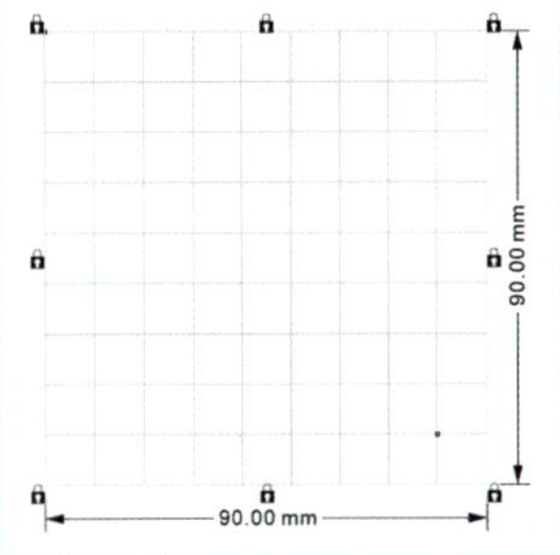

▲ 图 6-75

Step 05 绘制同心圆。在第 2 行第 4 列网格中心分别绘制半径是 5mm 和 10mm 的同心圆。并复制同心圆分别到第 2 行第 8 列中心点、第 4 行第 2 列中心点、第 8 行第 2 列中心点、第 8 行第 6 列中心点、第 6 行第 8 列中心点。

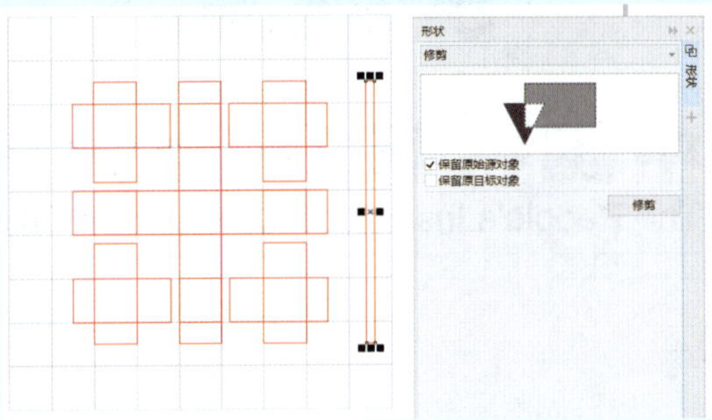

▲ 图 6-76

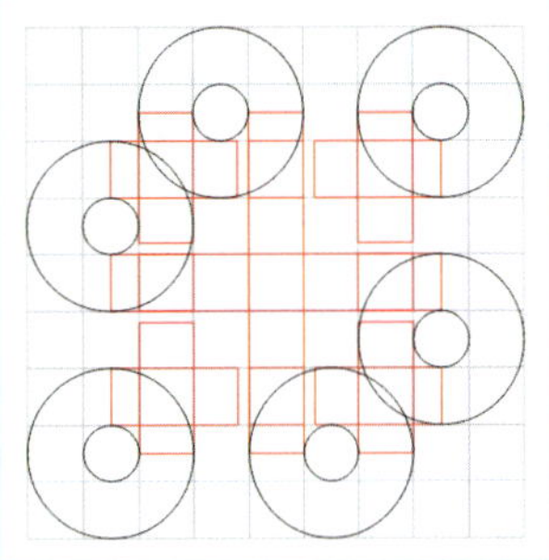

▲ 图 6-77

Step 06 整形。用“虚拟段删除”工具进行整形。

Step 07 完形。解锁网络，并移动或删除。调用“智能填充”工具，对“整形”图填充“中国红”；群组并取消轮廓色填充；旋转 -45°，完成绘制。

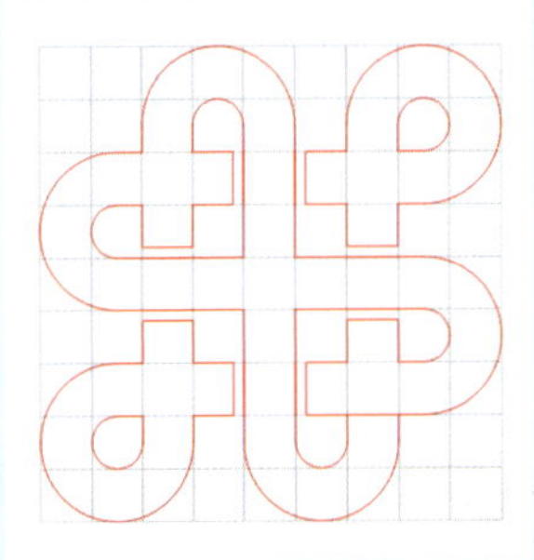

▲ 图 6-78

▲ 图 6-79

2. 坐标法

坐标法是指依据绘图软件自带的水平和垂直两个方向的坐标或者设计者自行定义的坐标来确定造型要素关键点位置及边缘关系点位置，从而完成标志绘制的方法。此方法有时候与网格法结合使用。如在绘制国旗时，确定五颗星的中心位置时就用到了坐标法。

以左上角为坐标原点，水平方向向右为正方向，垂直方向向下为正方向，每格为 1 个单位，故而，五颗星的中心坐标分别为 (5, 5)、(10, 2)、(12, 4)、(12, 7)、(10, 9)。

坐标法包括直角坐标法和极坐标法，特别适合特异造型的绘制，如文字标志各字之间、综合标志造型要素之间的精确定位与排列。

在绘制奥运五环时，绘制五个圆环很简单，只要记住内外环半径是 1∶1.2 的比例关系，再记住五环的色彩就好了。接下来的问题是如何排列这五个圆环，这就要通过坐标来定位。如果规定蓝环中心点为 (0,0)，水平向右、垂直向下为正向，以内圆半径为 1 个单位，那么，黑、红、黄、绿圆环中心坐标分别为 (2.6,0)、(5.2,0)、(1.3,1.1)、(3.9,1.1)。

坐标法在规尺法中用得也比较多。

▲ 图 6-80

▲ 图 6-81

3. 规尺法（圆弧角度标注法）

在没有计算机绘图软件之前，规尺法就是指用圆规和直尺来作图的方法。而自从有了计算机后，规尺法的概念扩展到计算机绘图，所有规尺能完成的作图都可以用计算机绘图软件实现，而且比手工规尺作图更精确，更有效，速度更快。利用计算机绘图软件，以规尺法绘制标志时，常常基于网格法或坐标法，对关键点进行定位，然后用圆形或椭圆形、矩形、直线、弧线、角度等手段进行图形、文字、符号的造形、变形处理，尤其是圆弧、斜线应用较多。为了方便复制，用图示法进行标注，标明图形的关键点位置、弧度和角度等。

▲ 图 6-82

6.4.2 手绘法

手绘法是指用手工的形式完成标志绘制的方法。手绘是相对于计算机绘图软件来说的，不借助计算机而完成的设计就是手绘。手绘带有一定的偶然性和随意性，其构图更加开放，不像计算机绘图那样准确、理性，但强调艺术性和奇特性。

手绘法形式多样，方法因人而异，设计风格各具特色，造型元素有很大的不确定性。如耐克的“勾”、北京奥运会的“京”、Kappa 的“背靠背”等，这些标志用计算机绘图软件进行绘制时远不如手绘那么得心应手。金地集团标志的图形部分就是用手绘法完成的。

通常，手绘标志成稿后，造型元素通过计算机处理，转换成矢量图后再应用于 VIS。

▲ 图 6-83

▲ 图 6-84

▲ 图 6-85

6.4.3 拼接法

拼接法是指用若干个造型元素拼接出标志的方法。拼接法分为两类，一类是规则拼接法，另一类是不规则拼接法。

1. 规则拼接法

规则拼接是指标志是由造型元素按一定的规律进行拼接而成的。

（1）字母拼接。谷歌的 G 字母标志，就是由四块不同形状的色块依 G 字母轮廓拼接而成的。健力宝标志，是同色的不同形状拼接成的健力宝拼音首字母 J。

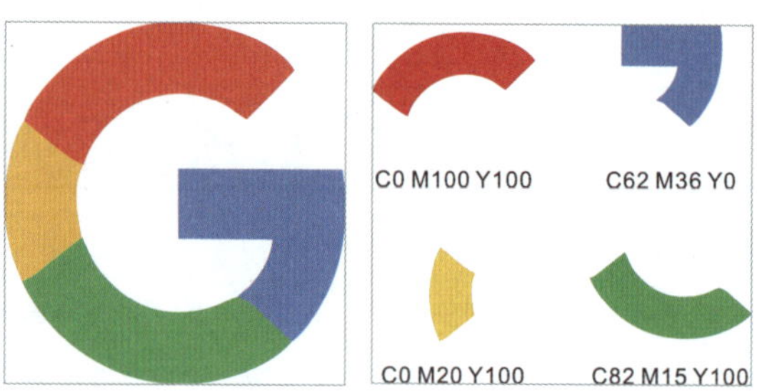

▲ 图 6-86

▲ 图 6-87

（2）几何图形拼接。这是一种比较常见的方法，如将造型元素通过一定的技术手段拼接成圆形、正方形、菱形等。

▲ 图 6-88

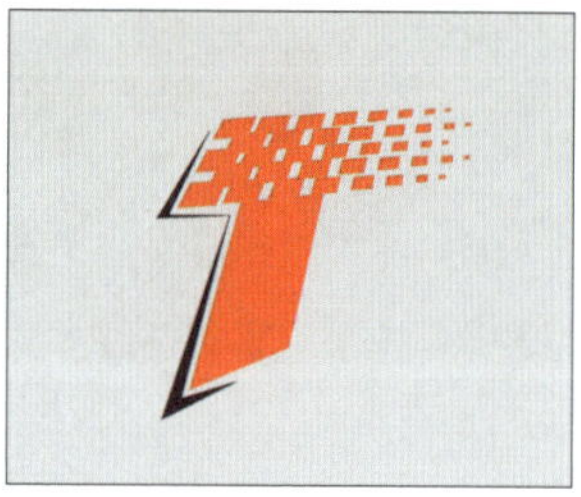

▲ 图 6-89

案例：绘制谷歌浏览器标志

标志由两个部分构成：内圆和外圆。组成外圆的是红、黄、蓝三部分，这三部分是全等的几何图形，显然是其中之一绕内圆圆心旋转所得。

▲ 图 6-90

Photoshop、Illustrator、Auto CAD、CorelDRAW 均可以将此标志绘制出来，当然最精确、最快捷的绘制方法还是用 Auto CAD。但此处以 CorelDRAW 为例进行讲解。

Step 01 新建文件“Chrome.cdr”，页宽、页高均设置为 150mm。

Step 02 作半径分别为 100mm、50mm、38mm 的同心正圆形，按序排列；同时选择半径为 100mm、50mm 的两个圆形，执行“修剪”操作，对修剪后的圆环填充红色（C0 M100 Y100）；同时选择半径为 50mm、38mm 的两个圆形，执行“修剪”操作，对修剪后的圆环填充白色（C0 M0 Y0）；将小圆形填充为蓝色（C100 M89 Y21）。

Step 03 打开矩形工具，在白色圆环的上象限点作宽和高大于 50mm 的矩形；选择矩形和红色圆环，执行“修剪”操作；删除矩形；双击修剪后的红色部分，在旋转编辑状态下将旋转中心拖动至小圆形的圆心处，旋转 -120°。

Step 04 打开矩形工具，在白色圆环的上象限点作宽和高大于 50mm 的矩形；选择矩形和红色区域部分，执行“相交”操作；删除矩形。

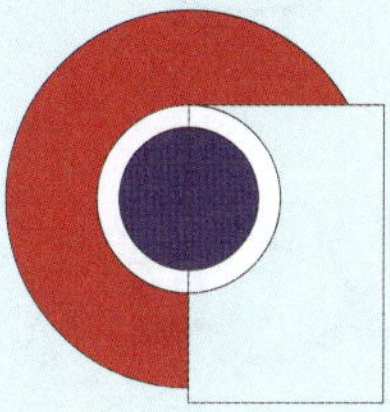

▲ 图6-91

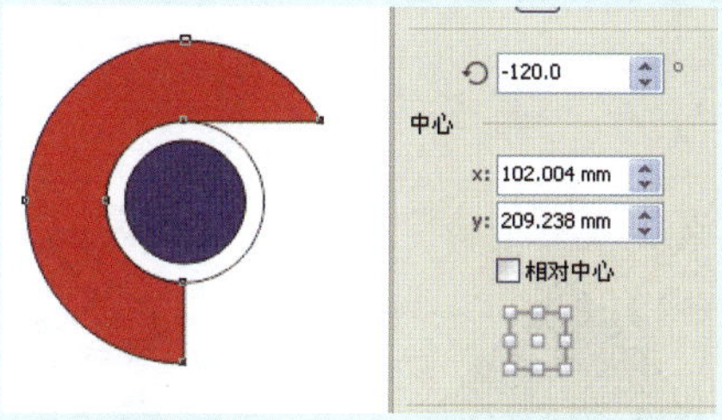

▲ 图6-92

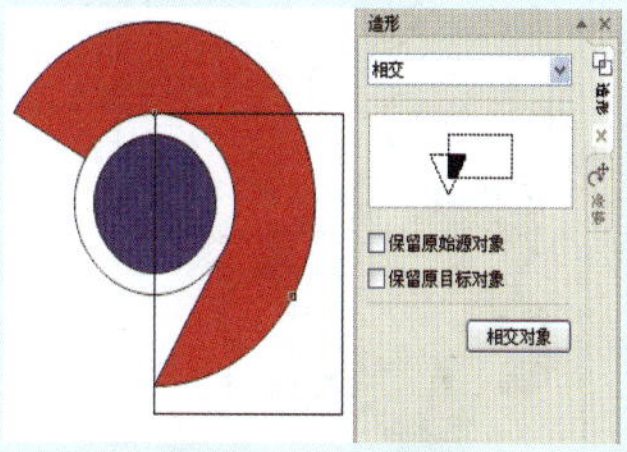

▲ 图6-93

Step 05 选择并双击红色区域（相交部分），在旋转编辑状态下将旋转中心拖动至小圆形的圆心处。在“变换”对话框中，将旋转角设置为 120°，副本为 1，单击“应用”按钮后再单击一次“应用”按钮。

Step 06 将旋转后的图形按要求分别填充相应的颜色。全选图形，取消轮廓宽度。完成绘制。

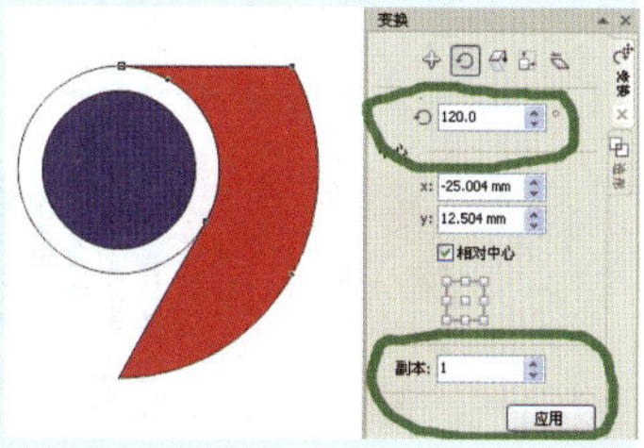

▲ 图6-94

（3）图文综合拼接。图文综合拼接是指造型元素是规则的图形、文字及符号，是字母拼接和几何图形拼接的综合应用。

规则绘图方法被设计师广泛应用于标志设计中，尤其是随着计算机绘图软件功能的不断强大，在技术上能够有效地保证绘制的质量与创意的实现，正所谓“只有想不到，没有做不到”。谷歌浏览器标志制作中就应用到了旋转拼接，拼接出的图形天衣无缝，精准无误。无论是对造型元素进行旋转拼接、并排拼接，还是放大或缩小后进行旋转、并排拼接，都是对图形元素的精确复制或拼接。尽管是规则拼接，但因其图形创意因人而异，素材千差万别，构图形形色色，而方法又多如牛毛，不胜枚举，难以归纳。

限于篇幅，此处不能一一介绍。以下列出一些设计作品，供读者研习。

▲ 图 6–95

2. 不规则拼接法

可以把规则拼接法以外的所有拼接都归到不规则拼接法内。其实，有时规则拼接法与不规则拼接法根本分不清楚。高水平的设计师，由于经验的积累和艺术素养的沉淀，在标志设计与制作过程中，总会不自觉地应用到一些规律性的法则。这些近似于规律性的绘制都可归到规则拼接法中去，也就是说，不规则拼接法是指不受规则图形和文字符号制约，也无规律可循的拼接法。比如，拼接造型元素时，元素之间无相同之处，排列也不依照某一条直线、某个圆形及圆弧等图形，排列的结果也看不出有任何规律可言。

▲ 图 6-96

作业

1．简要叙述标志的设计方法。
2．为你所在院系分别做以下标志设计：字母标志、图形标志、图文综合标志。
3．调研并设计一套企业 VI 基础系统。

第7章 CIS设计案例赏析

教学内容：本章通过三个案例，使读者在鉴赏作品的同时，了解一套完整的CIS设计过程，包括形象设计内容、表现形式及设计理念。

教学目标：了解企业MI、BI。

了解VI基础系统和应用系统的内容与表现形式。

教学时数：6学时。

7.1 顺丰快递形象设计赏析

7.1.1 顺丰快递公司概述

1. 公司介绍

1993 年，顺丰诞生于广东省佛山市顺德区，是一家主要经营国际、国内快递业务的港资快递企业。2016 年 12 月 12 日，顺丰速运（集团）有限公司（简称“顺丰速运”）取得证监会批文，获准登陆 A 股市场。2017 年 2 月 24 日，顺丰速运正式更名为顺丰控股（集团）股份有限公司（简称“顺丰控股”），股票代码为 002352。

顺丰是国内领先的快递物流综合服务商，立志于为客户提供一体化的综合物流解决方案。顺丰不仅提供配送端的高质量物流服务，还延伸至价值链前端的产、供、销、配等环节，从客户需求出发，利用大数据分析技术和云计算技术，为客户提供仓储管理、销售预测、大数据分析、金融管理等一体化的综合物流服务。

顺丰同时还是一家具有网络规模优势的智能物流运营商，拥有通达国内外的庞大物流网络，是一家具有“天网 + 地网 + 信息网”且三网合一、可覆盖国内外的综合物流服务运营商。

顺丰作为一家主要经营国际、国内快递业务的港资快递企业，为广大客户提供快速、准确、安全、经济、优质的专业快递服务。

2. 发展历程

顺丰初期的业务为顺德与香港之间的国内即日速递业务，随着客户需求的增加，顺丰的服务网络延伸至中山、番禺、江门和佛山等地。1996 年，随着客户数量的不断增长和国内经济的蓬勃发展，顺丰将网点进一步扩大到广东省以外的城市。至 2006 年年初，顺丰的速递服务网络已经覆盖国内 20 多个省及直辖市，101 个地级市，包括我国香港、澳门及台湾，成为中国速递行业中民族品牌的佼佼者之一。

1993—1997 年，依托珠三角城市群，艰难地创业起步。

1998—2001 年，开始走出华南，走向全国，迎来高速成长。

2002—2007 年，管理优化期，成立总部，全面提升管理能力，规范网络，让客户感受到更优质的服务。

2008—2012 年，竞争领先期，建立自有航空公司，逐步开拓国际市场，强化快递竞争优势。

2012 年—今，战略转型期，优化组织职责分工，围绕客户经营转型，提供一体化供应链解决方案，巩固 B2B 快递领先地位，开始发力电商快递，向更高的目标前进。

7.1.2 MI部分

1. 企业愿景

顺丰要成为最值得信赖的，基于物流的商业伙伴。

（1）因为顺丰最值得信赖，所以在乎每一个托付，全心送达每一个期待。

您需要迅捷安心的快递服务，所以托付给顺丰。

您需要高效可靠的物流服务，所以托付给顺丰。

（2）基于物流，提供综合性服务。

物流，是线上与线下融合的桥梁，是品牌和消费者的接触点，是用户体验的关键环节，是大数据和物联网的具体实践，是智慧物流与创新精神的结晶。顺丰基于对行业客户的深入理解和把握，在为不同行业的客户提供定制化的一站式解决方案的同时，成为行业客户生态管理的服务者：为消费者精选供应商和商品，为中小企业提供灵活的融资渠道，帮助商家改善品牌体验，对商业社会的高效运作有所担当。

▲ 图 7–1

2. 品牌口号

承诺，为每一份托付。

顺丰存在的意义是成就客户。顺丰致力于将客户的问题视为自己的问题，成为客户的大脑，规划并提供专业、完善的综合性解决方案；成为客户的手脚，高效地完成价值链中的每一次交付。因为顺丰，企业可以专注自己所长，商品可以在产业链中顺畅流通，及时送至每一个消费者手中，使资金灵活运用；因为顺丰，人们可以更便利地生活，不管在城市还是在农村，均以快速、新鲜和品质传递人们的托付。

3. 品牌宣言

在顺丰，我们每天传递、交付数百万计的物品。

顺丰深深了解每件物品背后所蕴含的意义，它们是智慧的结晶，是辛苦的汗水，是勤劳的收获，是给家人的惊喜，是对自己的犒赏。每件物品背后都有一个托付、一个期待。顺丰了解它们的分量，因此全力以赴提升运营效率，准时将物品配送至指定地点。

顺丰在乎每一份托付，全心交付每一个期待，只为成就客户。基于对行业客户的深入理解和把握，为不同的行业客户提供定制化的一站式解决方案的同时，更成为行业客户生态管理的服务者。

顺丰了解供应链需求及行业客户的痛点，因此打通行业的痛点环节，以无缝的物流网络提供同城的、跨地区的甚至跨国界的物流服务；在提供高效的物流服务的同时，实现最优化的成本效益。

4. 企业使命

顺丰以“做中国最好的速运网络公司”为目标，以“为客户创造价值　公司与客户共同发展”为宗旨，坚持以人为本、德才兼备、品德为先，以“成就客户，推动经济，发展民族速递业”为己任，恪守“客户满意、员工满意、社会满意”的三满意企业使命，坚持学习创新，提升管理水平，积极开拓市场，提高科技含量，尽力用最好的服务，做到最好最强。顺丰积极探索客户需求，不断推出新的服务项目，帮助客户更快、更好地对市场做出反应，推出新的产品和调整策略，缩短贸易周期，降低经营成本，促进客户竞争力的提高，为客户的产品提供快速、安全的流通渠道。

5. 经营理念

顺丰全部采用自建、自营的方式建立自己的速运网络，特别是 2002 年集团总部成立以来，更致力于加强公司的基础建设：统一全国各个网点的经营理念，大力推行工作流程的标准化，提高设备和系统的科技含量，提升员工的业务技能和素质，努力为客户提供更优质的服务，不遗余力地塑造顺丰这一民族速运品牌。顺丰不仅为国家发展贡献了税收，也解决了社会的就业压力，为国民经济的持续健康发展做出了应有的积极贡献。

▲ 图 7-2

（1）积极主动地迅速扩展业务：成立初期提供顺德与香港之间的国内即日速递业务。随着公司的业务不断发展并迈向国际，顺丰现成为中国速递行业民族品牌的佼佼者之一。其积极、有序地发展陆上及航空速递网络，专注于人才队伍的建设，并将其视为企业中长期发展规划的首要任务。

（2）持续完善和创新服务：积极探索客户需求，为客户提供快速安全的流通渠道；不断推出新的服务项目，帮助客户更快更好地根据市场的变化做出反应；缩短客户的贸易周期，降低经营成本，提高客户的市场竞争力。除了在公司内部培养一批中流砥柱以外，还不断从其他行业吸收专业人员以满足业务高速发展以及服务不断完善的需要。

（3）营造迅捷和亲切的体验：以客户需求为核心，建设能快速反应的服务团队，谨守服务承诺；提供灵活组合的服务计划，为客户设计多种免费增值服务及创新体验，全天候不间断地提供亲切和即时的领先服务。

6. 核心价值观

成就客户：客户为先，创造极致的服务体验；随需而变，成就卓越的客户价值。

创新包容：以创新之心，探求求知之路；以包容之道，佑护创新前行。

平等尊重：平等相待，视对方为另一个自己；彼此尊重，用倾听和理解接纳他人。

开放共赢：拥抱变化，在开放中寻发展；求同存异，在合作中赢未来。

核心价值观是顺丰人的行为指引。

▲ 图 7-3

7. 诚信基本准则

不作假、不欺瞒；不损人利己，不以公谋私；不损害客户及公司利益；不轻言毁诺，不失信于人。

诚信基本准则是顺丰人的道德基础。

7.1.3 BI部分

1．快递的定义及行业特点

快递（速递）是指文件、包裹和物品的快速递送服务。快递行业是物流业的一个分支，是新兴的高速发展的行业。

快递行业特点：长期高投入、运用高科技、劳动密集型的服务性行业；运用高科技手段整合所有运输环节，并与信息技术有机融合，以最快的时效为客户创造价值；服务的主要对象为附加值高和时效性高的产品，与产业、经济发展密不可分；快递通过高科技整合多种运输资源，通过运用手持式数据终端、全球卫星定位、全自动分拣等高科技手段，整合包括航空货运、公路运输、铁路运输等在内的多种运输方式，在不同运输方式的衔接环节保持运作调度、信息流转和操作标准的高度融合和协调一致，从而确保快件安全、快速地送至客户手中。

2．快递业对中国经济的影响

▲ 图 7-4

随着快递业不断做大做强，其对中国经济的影响日益显现，不仅体现在对 GDP（国内生产总值）的直接贡献上，还对国家经济、社会发展等做出了贡献，如有效扩大了就业，促进了社会和谐，是国民经济的重要组成部分；拉动和支持了多个行业的发展，拉动了航空货运、公路、铁路等交通运输业，包装、货代、仓储等相关产业，以及 GPRS（通用无线分组业务）、GIS（地理信息系统）等网络信息技术的发展。目前我国快递行业及相关产业实际可以解决 200 万～ 300 万人的就业问题。快递公司是劳动密集型企业，基层员工多为社会底层劳动者，这部分群体人数众多，就业困难，社会压力大，因此快递公司为维护社会稳定，构建和谐社会做出了突出的贡献。

3．顺丰服务体系

顺丰自 1993 年成立以来，一直注重基础设施建设，采用自建、自营的方式建立自己的速运网络，统一全国各个网点的经营理念，大力推行工作流程的标准化。

（1）在全国建立起多个分拣中心，均配备了半自动或全自动分拣系统，全部实现了流水线分拣。

（2）在国内大中城市（含港、澳、台地区）建立了多个独立的呼叫中心，共有座席数千余人，服务范围覆盖到全国所有业务涉及地区。呼叫中心目前实现每天 08:00—24:00 人工服务，7×24 小时自助服务模式。

（3）开通集下单、查件、查询各项服务及个人资料管理于一体的顺丰速运通 Android 版、iPhone 版、Wap 版手机客户端，配合有线网络速运通，轻松便捷地管理快递业务，体验一站式自助管理服务。

（4）开通交互式语音应答系统，客户可通过语音导航流程致电客服热线，实现人工和自助下单、快件状态查询、业务咨询、投诉建议、自助传真等服务功能，有效地为广大客户提供高质量、高效率、全方位的优质服务。

（5）开通顺丰航空服务。2003 年，顺丰成为国内首家包机夜航的民营速递公司，截至目前仍然是国内唯一一家启用全货机运输快件包裹的民营速递公司。2009 年 12 月，顺丰旗下的顺丰航空有限公司正式开航。

（6）加快国际化进程，从 2010 年开始，顺丰逐步开通了韩国、新加坡、马来西亚、日本的收派服务，国际服务网点不断开拓，国际化进程稳步推进。

▲ 图 7-5

4．快递科技应用

顺丰在信息系统建设上投入巨资，实现了对快件流转全过程、全环节的信息监控、跟踪、查询及资源调度，促进了快递网络的不断优化，确保了服务质量及客户满意度的稳步提升。

顺丰是拥有快件全生命周期管理系统的民营快递企业，是国内首家拥有在线集中式移动终端服务系统的企业，并给所有收派人员配备了高科技手持终端设备。无论从系统应用规模、监管手段、调度能力、研发能力、科技含量、处理能力等哪个方面，顺丰在国内都处于遥遥领先地位。在某些技术领域，如模糊识别技术、路由规划技术，顺丰已经达到国际标准水平。顺丰拥有先进的资源调度手段和监控技术手段，有效保障快件的安全性。

顺丰通过将电商办公、仓储、配送、呼叫、培训、金融等服务有机地注入顺丰电商产业园，同时借助顺丰速运的科技能力和强大的运营能力，提供全方位的电商产业解决方案，满足电商企业的综合运营需求。顺丰通过在全国多个城市布局，建立起全国性的电商网络体系，为企业走向全国乃至世界助力。

5．快递标准化管理

顺丰利用高科技手段细化管理标准，采用标准定价、标准操作流程，各环节均以最快的速度进行发运、中转、派送。通过手机终端及 MSG（快件签收短信通知）服务，使客户能随时监控快件的运输及派送状态。

6．快递增值服务体系

顺丰着力打造丰富的产品体系，不断推出多元化的服务产品，满足客户的不同需求。

即日到服务：在当日规定的截单时间前确认的收件，通过最快捷的运输方式，实现当日送达的门到门快递服务。陆运通全程陆路运输，远距离递送运费更节省，为客户（中国大陆）提供基于不同寄递需求的新选择。

▲ 图 7-6

特殊安全快件服务：通过特殊的营运模式、专门的包装，对托寄物价值为 2 万～ 5 万元的高价值物品快件提供更安全、更便捷的服务。快件到达目的地后暂不派送，待寄件客户通知派送后派件，是顺丰增值服务之一。

夜晚收件服务：在提供跨经济板块最快速度运输服务的基础上，为满足客户的夜晚寄件需求而提供的增值服务。

保价服务：在快递服务过程中，寄件人可对托寄物内容申明价值并缴纳相应的费用，当货物在运输过程中发生损毁或遗失时，将按托寄物的声明价值和损失比例赔偿，托寄物的声明价值高于实际价值的，按照实际价值赔偿。

代收货款服务：按照寄件客户与收件客户达成的协议要求，为寄件客户提供快捷的货物专递，同时代寄件客户向收件客户收取货款的服务。

7. 员工行为规范

员工是发展之本！顺丰充分尊重员工的权益，注重员工发展，改善员工福利，实现企业与个人双方共赢。为保障员工权益和规范员工行为，顺丰制定的《员工行为规范》明确了员工该做什么，不该做什么，有什么权利和义务及奖惩制度等。如“员工培训”一章明确了培训理念、培训形式、培训内容、培训管理等细节，指出：培训是企业提高员工素质、增强员工专业技能，从而提高企业核心竞争力的重要途径；培训是员工实现职业生涯，获得任用、提职、晋级或增加报酬的重要条件，也是实现其人生价值的重要途径；接受培训既是员工的权利，也是员工的义务。

8. 企业荣誉

中国物流与采购联合会“AAAAA”物流企业。

中国物流与采购联合会“中国物流改革开放 30 年旗帜企业”。

2009 年物流企业统计样本企业。

2010 年度广东省邮政业统计工作先进单位。

中国快递物流示范基地。

广东省深圳大运会邮政服务与邮路安保工作先进集体。

十佳电子商务物流创新企业。

深圳市重点物流企业。

深圳市知名品牌。

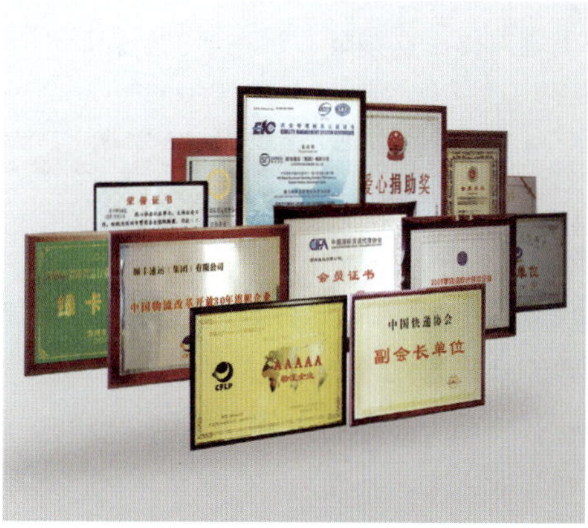

▲ 图 7–7

中国（深圳）国际物流与交通运输博览会“品牌企业奖”。

国家质量监督检验检疫总局“信用管理 AA 级企业”。

广东省经济与信息化委员会“大型骨干企业”。

9. 公益和慈善事业

顺丰始终保持高度的社会责任感，坚持规范经营，不吝回馈社会，力争成为受人尊重的企业。多年来，顺丰积极投身“扶困助学”“爱心捐助奖”活动，热心于慈善事业，投入慈善事业的资金达数千万元：向汶川地震灾区捐款捐物，支持灾后重建工作，成立广东省顺丰慈善基金会，参与了西南旱灾救助项目、青海玉树灾区援建项目、凉山州美姑县爱心班资助项目、少数民族村落水电站建设项目…… 2011 年，在民政部注册成立新的顺丰公益基金会，在更高的平台、更严的要求下，一如既往地承担社会责任，向社会倾注企业的爱心。

▲ 图 7–8

10. 可持续发展

顺丰倡导绿色环保，即绿色物流，低碳生活。为响应和推动国家可持续发展战略，倡导低碳生活态度，顺丰紧紧围绕“绿色物流　低碳生活”的环保主题，从运营、业务和公益三个维度践行环保社会责任，不断提升自身的资源利用率，降低碳排放和能源消耗，促进社会可持续发展。

对内举措：优化包装材料、进行场地节能改造、推行节电办公。

对外举措：推广自助工具、推广电子运单、开发环保产品、投身环保公益。

顺丰在关注自身发展的同时，积极承担社会责任。国家相关主管部门欲建立快递行业环保指标体系，以规范快递业碳排放标准时，顺丰积极参与及推动。国家邮政局已于 2014 年 5 月发布顺丰参与制定的《快递行业碳排放检测标准》，顺丰也率先在内部启动一系列的节能推广措施，将绿色环保融入业务运营中，促进环保体系在顺丰的落地。未来，顺丰仍将持续在行业内推行绿色环保的业务模式，与利益相关方紧密合作，合力构建和谐、可持续发展的商业环境。

7.1.4 VI部分

1. 公司名称

顺丰控股的前身是顺丰速运。“顺丰”二字家喻户晓，已融入老百姓的生活。

“顺”是顺德之顺，顺意、顺利之顺；“丰”是丰收之丰，丰满之丰，谐音“风”之丰。“顺丰”之寓意不言而喻，与 MI、BI 相呼应。

▲ 图 7–9

2. 标志释义

顺丰的标志由字母 S、F 衍生出圆点与弧线，形成充满亲和力的笑脸图案。整个标志造型饱满，流畅而富有新意，象征着顺丰以人为本的核心价值，也体现出顺丰人心系客户的服务理念。S 是 Service 的首字母，F 是 FIRST 的首字母，恰好与“顺丰”

▲ 图 7–10

拼音的首字母一致。FIRST 是顺丰核心价值观的英文简写，由诚信（Faith）、正直（Integrity）、责任（Responsibility）、服务（Service）、团队（Team）的英文首字母组合而成。

3．标准色、辅助色、标准字

顺丰标志以红色（C10 M100 Y90）、黑色（K100）为主色调。其寓意为红色充满激情，展现顺丰人创新进取，充满活力的风貌；黑色内敛冷静，蕴含顺丰人稳健务实的风格。辅助色为 20% 的灰色。

▲ 图 7-11

4．部分应用系统展示

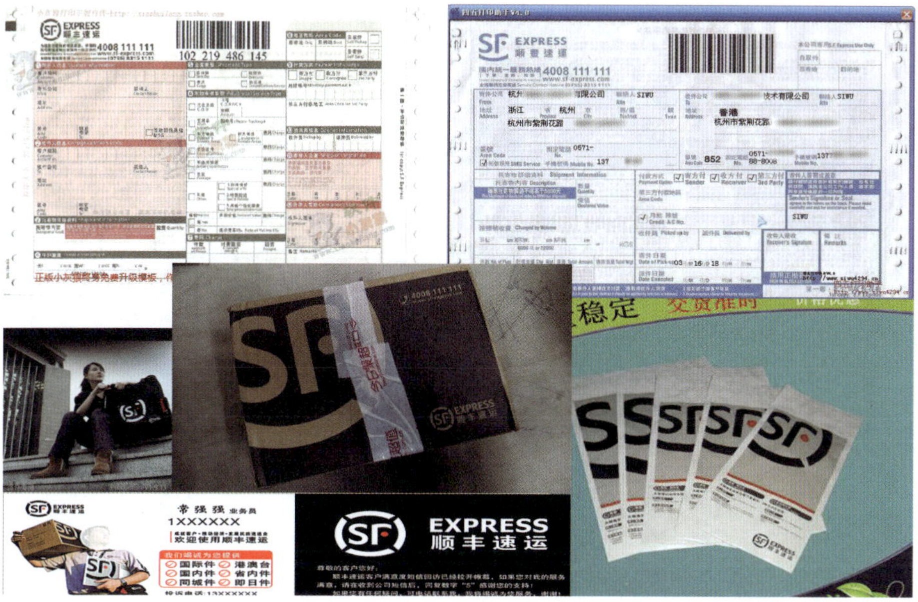

▲ 图 7-12

7.2 VIS 作品赏析

7.1 节重点分析和展示了企业 MI、BI 的导入与设计，该案例将展示企业完整的 VI 手册。

VI 手册是 CIS 的重要组成部分，企业要将所有 VI 项目编辑成册，便于查阅和管理。

封面设计要和手册各章节的设计风格基本统一、协调；为便于翻阅，要编辑目录。

▲ 图 7–13

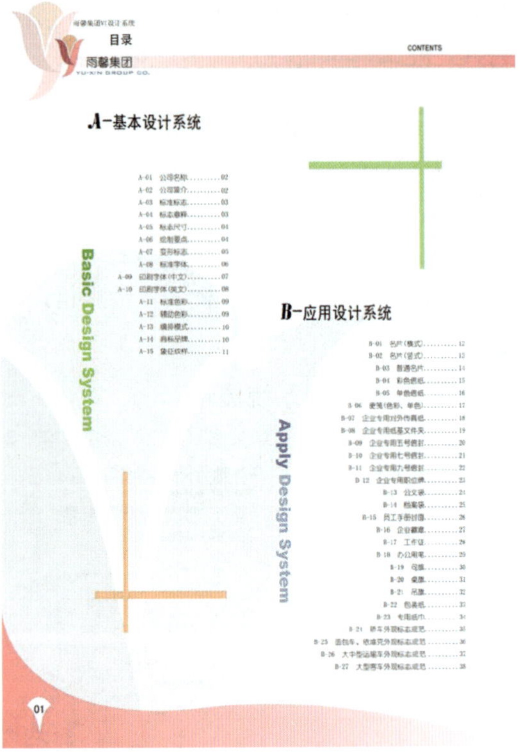

▲ 图 7–14

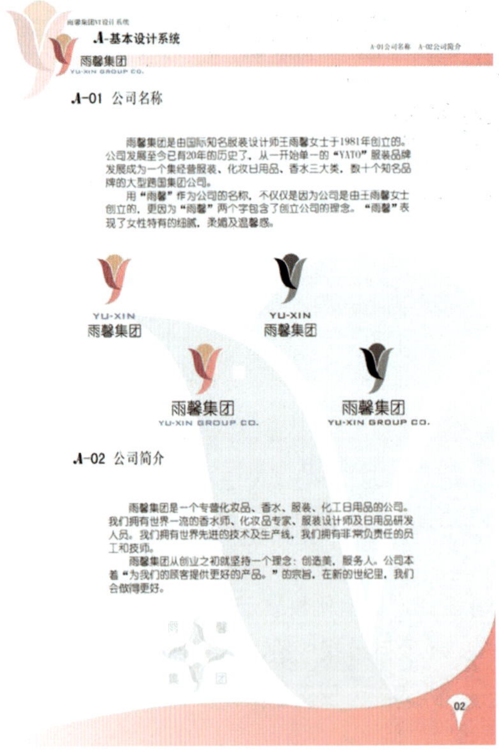

▲ 图 7–15

▲ 图 7–16

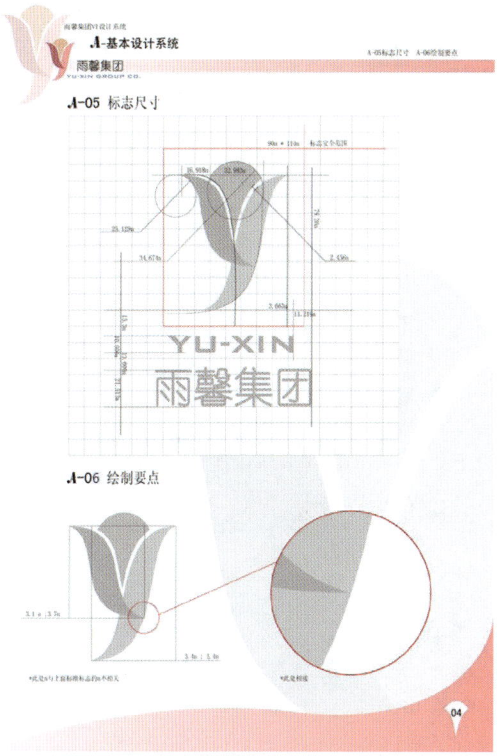

▲ 图 7-17

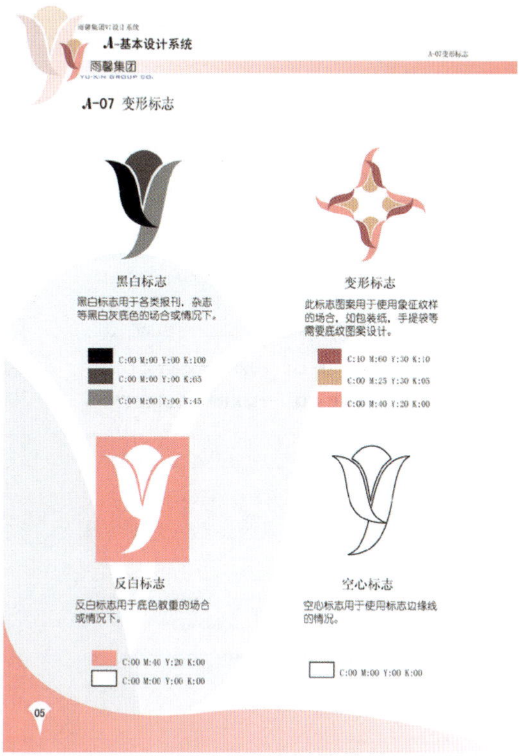

▲ 图 7-18

▲ 图 7-19

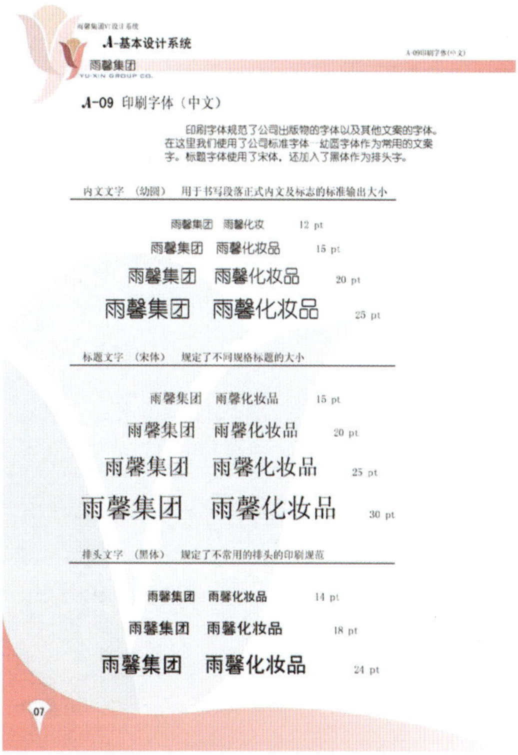

▲ 图 7-20

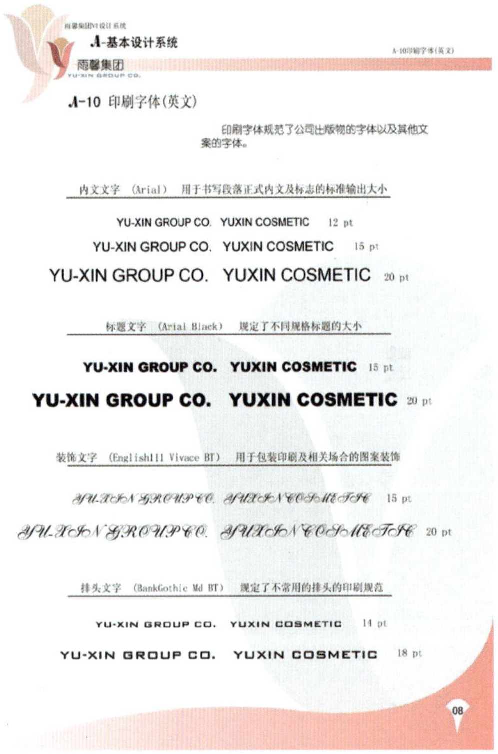

▲ 图 7-21

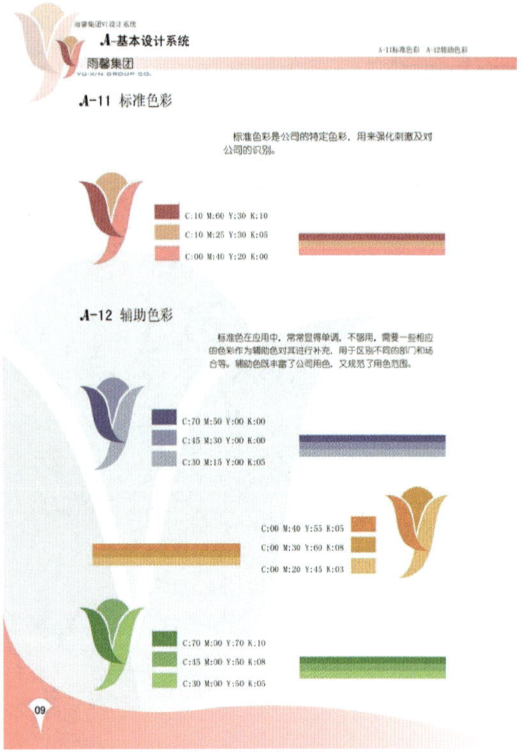

▲ 图 7-22

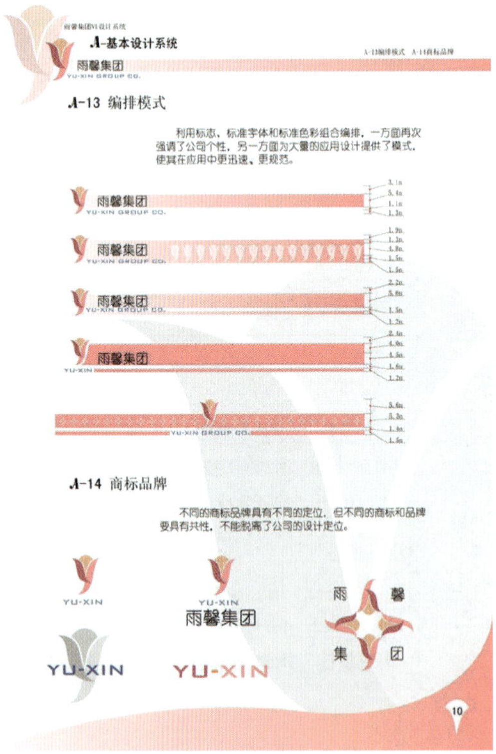

▲ 图 7-23

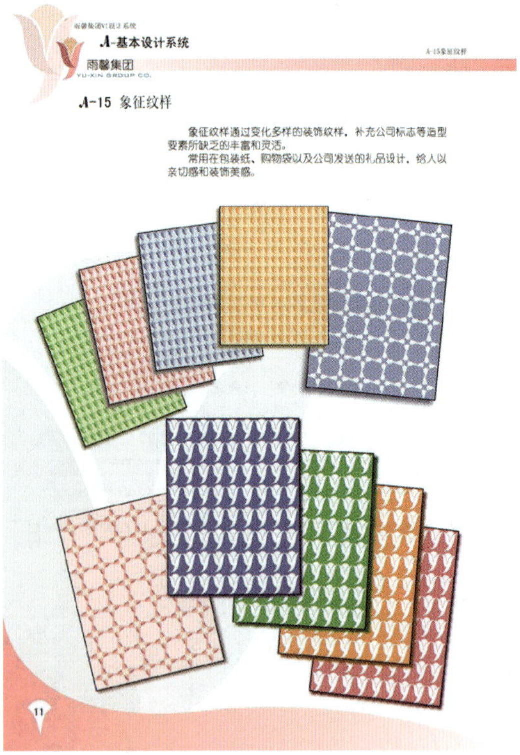

▲ 图 7-24

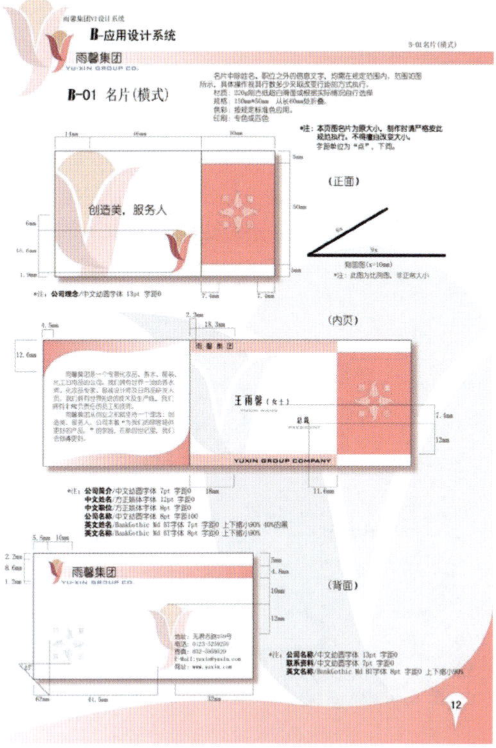

▲ 图 7-25

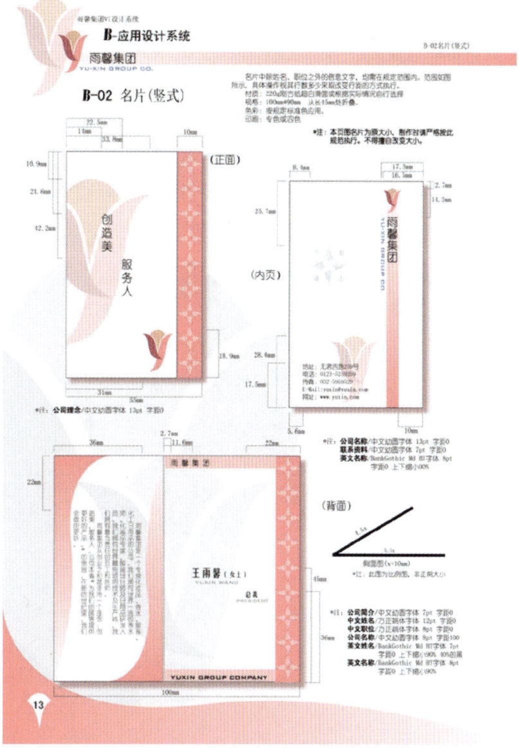

▲ 图 7-26

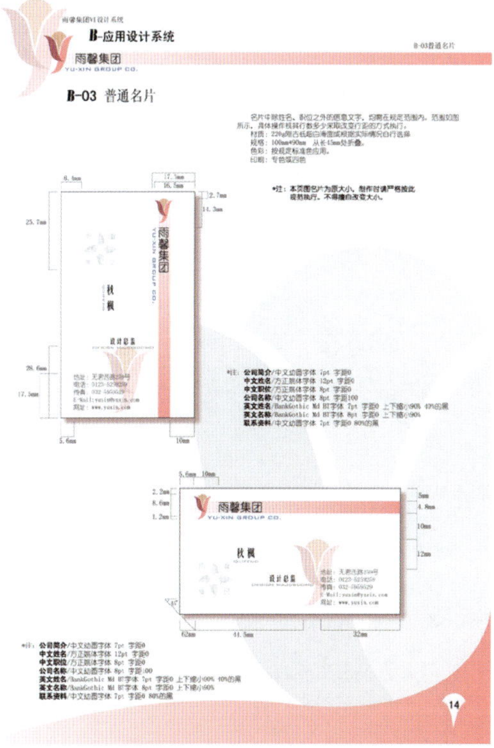

▲ 图 7-27

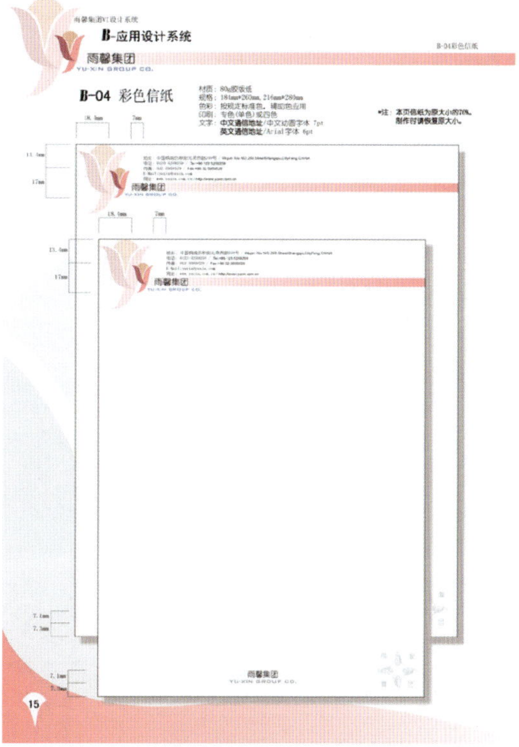

▲ 图 7-28

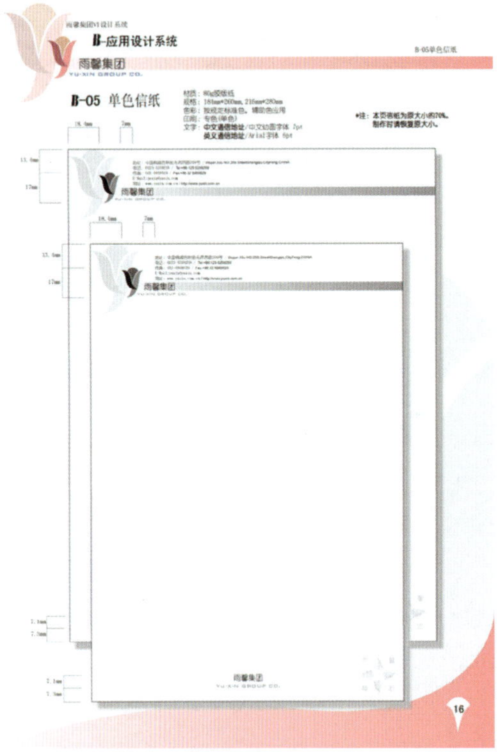

▲ 图 7-29

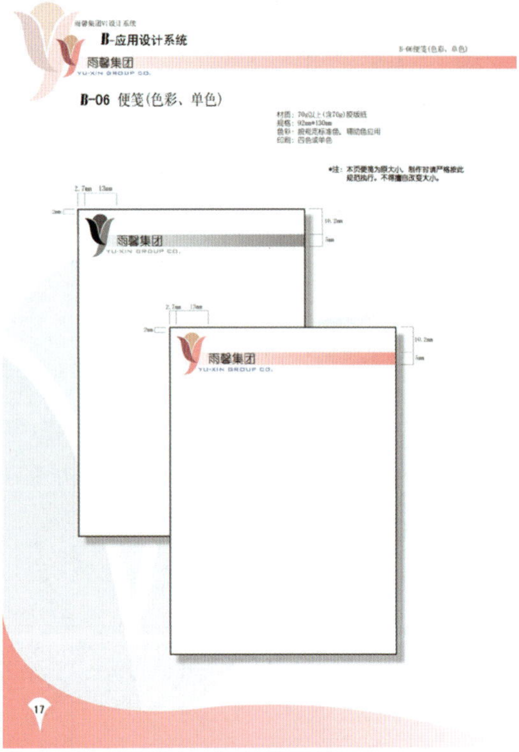

▲ 图 7-30

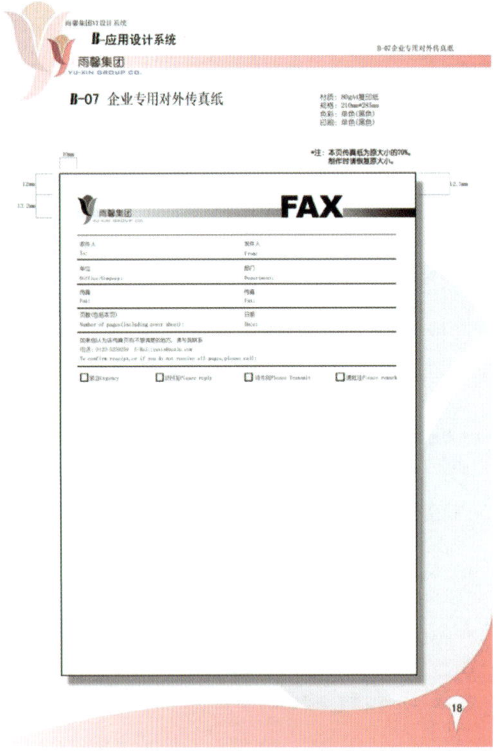

▲ 图 7-31

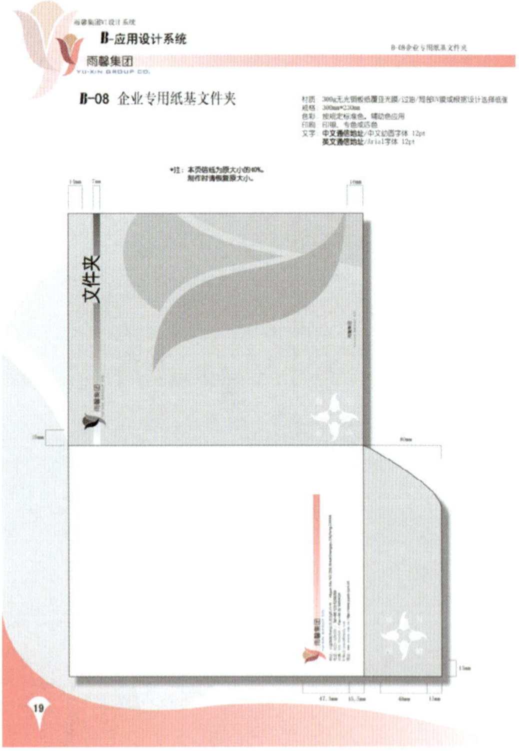

▲ 图 7-32

▲ 图 7-33

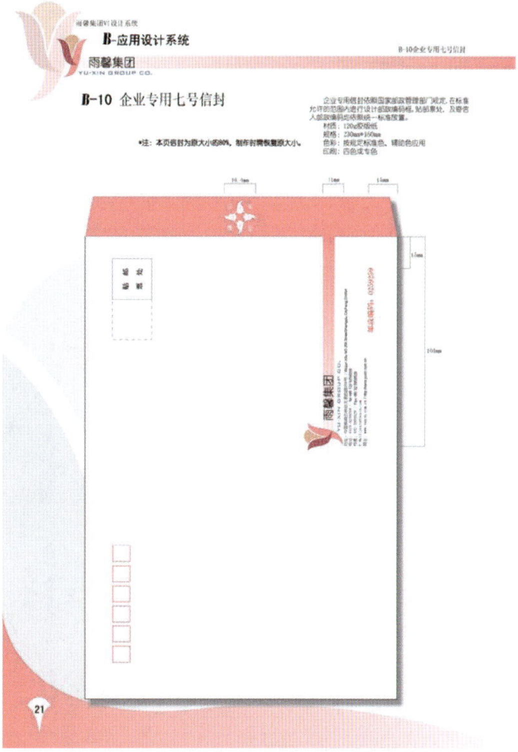

▲ 图 7-34

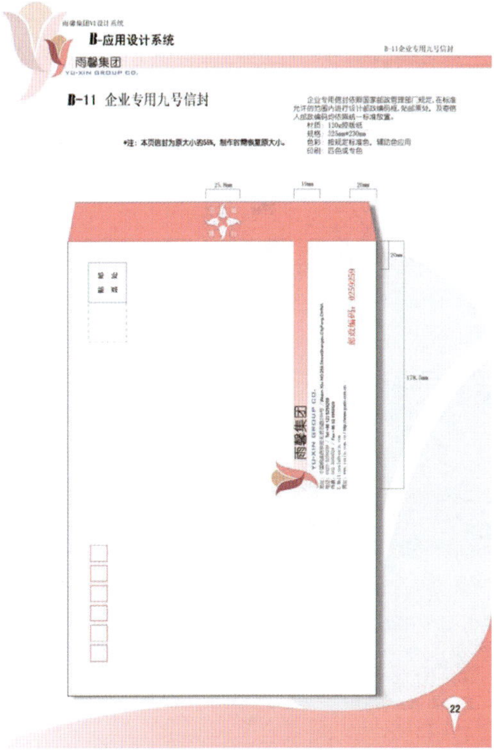

▲ 图 7-35

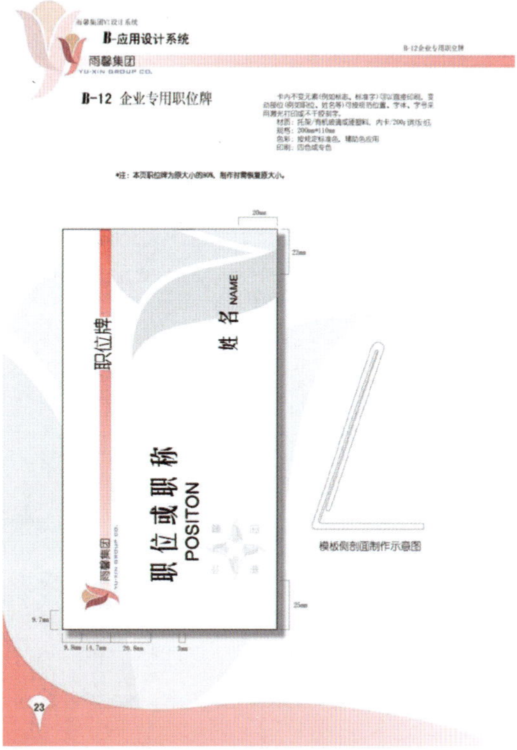

▲ 图 7-36

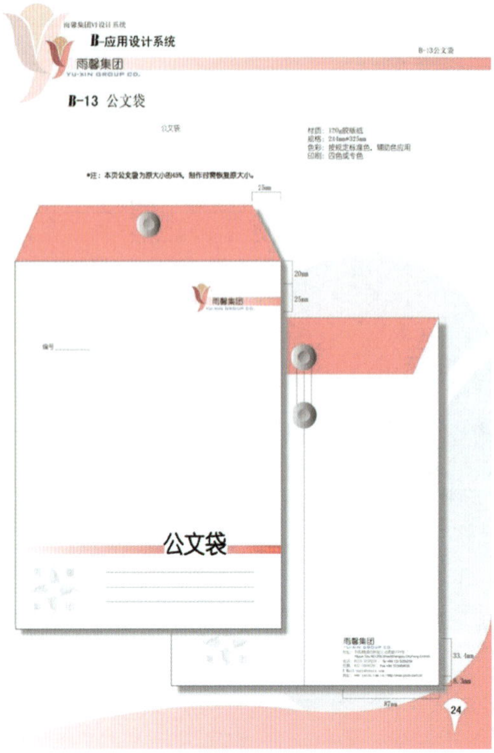

▲ 图 7-37

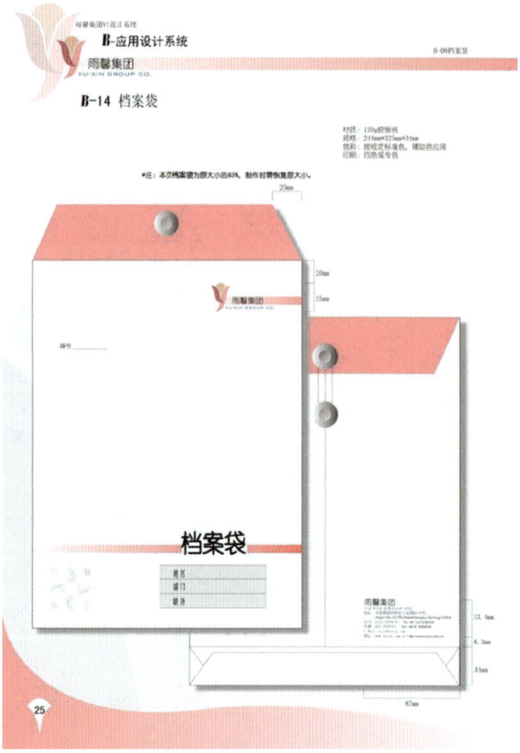

▲ 图 7-38

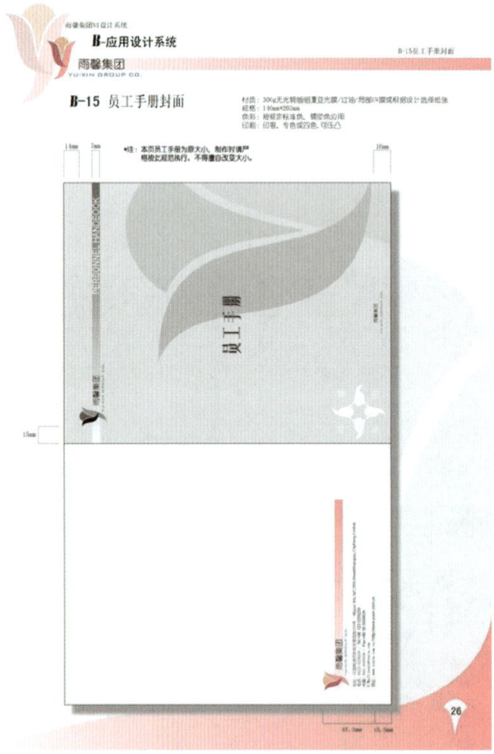

▲ 图 7-39

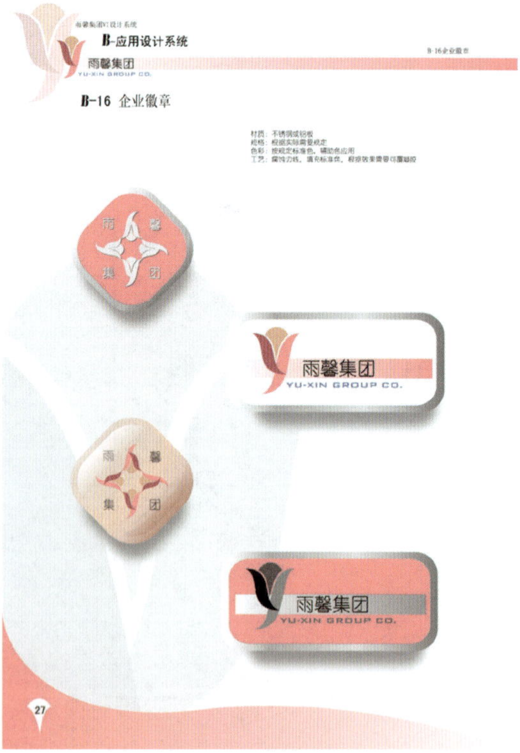

▲ 图 7-40

▲ 图 7-41

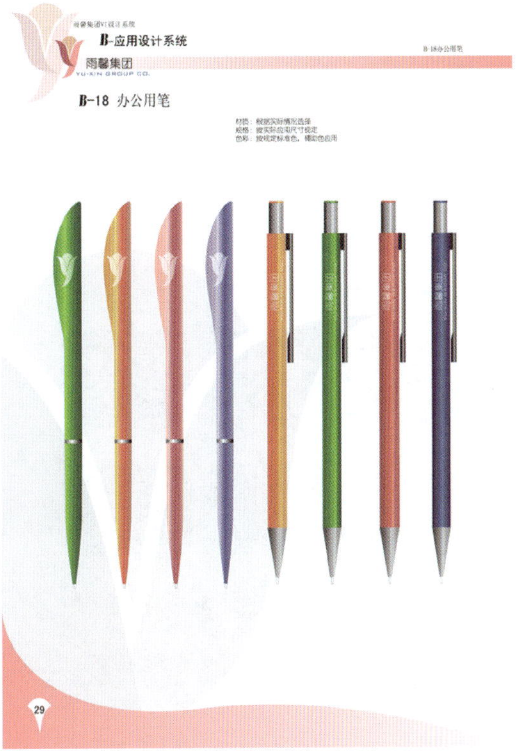

▲ 图 7-42

▲ 图 7-43

▲ 图 7-44

▲ 图 7-45

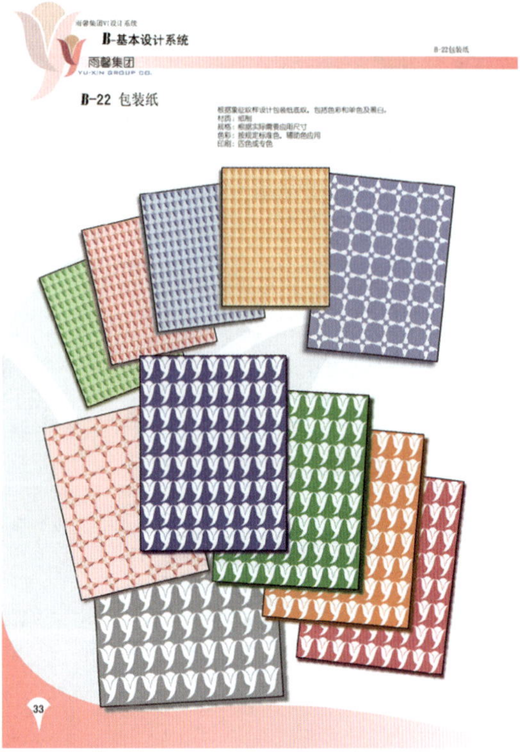

▲ 图 7-46

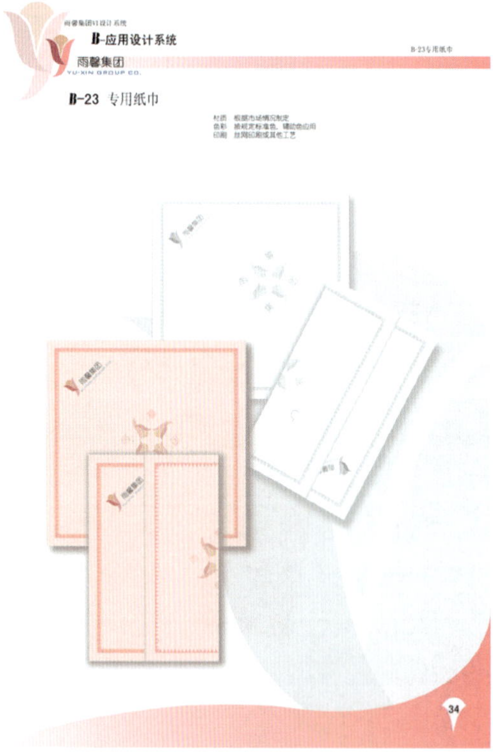

▲ 图 7-47

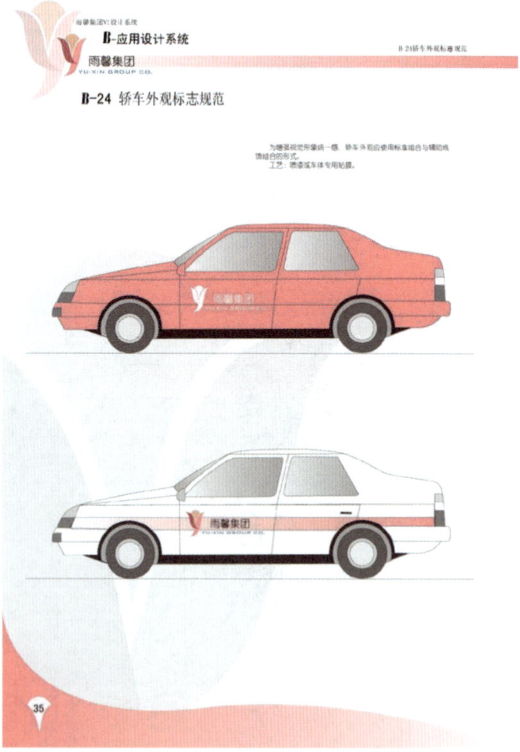

▲ 图 7-48

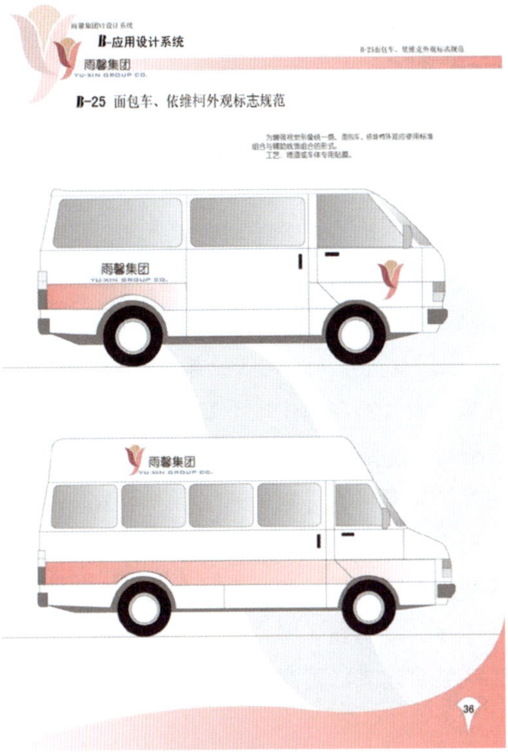

▲ 图 7–49

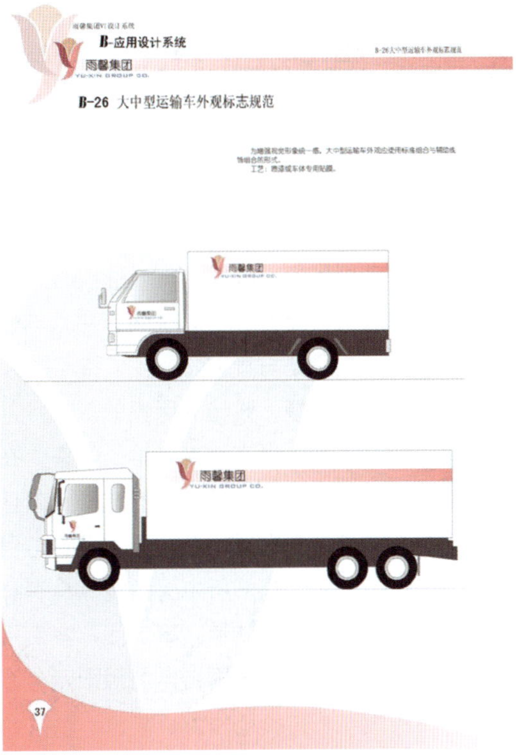

▲ 图 7–50

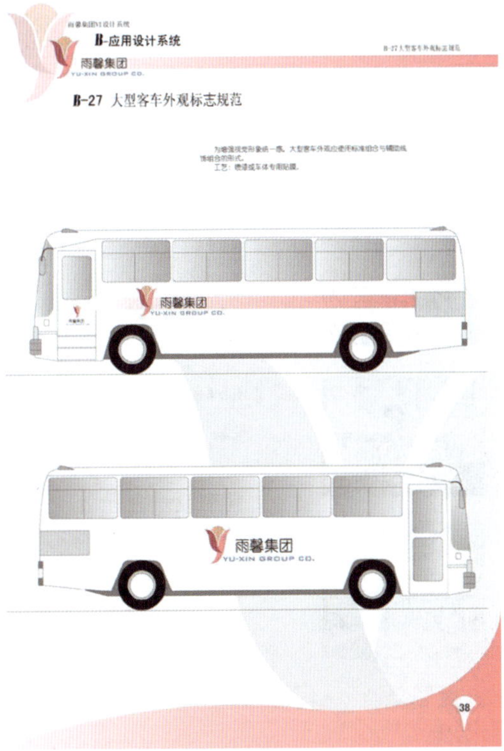

▲ 图 7–51

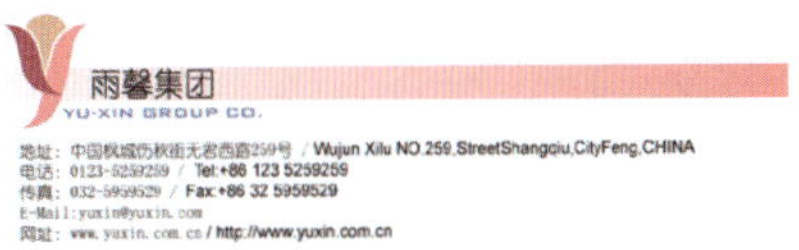

▲ 图 7–52

7.3 完整的 CIS 策划书赏析

该案例主要是让读者赏析一套完整的 CIS 策划书，以供编纂 CIS 手册时做参考。

这是一套医院的 CIS 策划书。医院是事业单位，与企业的性质完全不一样。它注重于为患者及其家属服务，所以，在 CIS 设计中，与企业相比有一定的差别，也少了许多内容，如少了以盈利为目的的广告与宣传，而多了特色服务介绍。医院是一个人群比较密集的地方，受场地、医护人员及医院规模、设施等因素的影响，加之许多患者和家属人生地不熟的原因，为避免拥挤，融洽医患关系，提高患者就诊的效率，在 CIS 设计中就要强化医疗服务水平的介绍，重点介绍专科（室）专家，加强对科室挂号、就诊、治疗、检查检验等场所的引导。因医院的特殊性，还要注意患者及家属休息场所的设置与引导。

本案例中的医院是一所中医医院，具有鲜明的中国传统文化特色，所以在进行 CIS 策划与设计时要充分体现这一特色。事实上，案例中的标志设计就用到了地名中的第一个字“门”的繁体字，而背景则是有中国特色的阴阳双鱼图，二者结合起来，寓意用中国传统医术治愈疾病有门。将中国红、杏黄色作为标准色，也符合中国人求喜庆的意境。

尽管医院的特点决定了本案例 VI 应用系统内容比较少，但基本把一整套 CIS 完整地表现了出来。

▲ 图 7-53

▲ 图 7-54

北京市门头沟区中医医院介绍

门头沟中医医院始建于1956年11月，位于大峪后街11号关帝庙内，医务人员仅35名，病床16张。

经过全院职工50余年的艰苦奋斗，医院总建筑面积已达1万平方米，病床123张，在岗职工255人，其中专业技术人员223人，高级职称人员13人，备有计算机影像系统、CT、彩色超声多普勒、微创激光治疗仪、电子胃镜、全自动生化分析仪等医用设备万元以上医疗设备近百件，临床科室12个，年门诊量20余万人次。近几年，在医院新一届领导团队的带领下，高度重视医院文化建设，确立核心理念，规范职工行为，改善医院环境，全院职工上下一心，用自己辛勤的汗水、努力拼搏的斗志和永不言败的信念，取得了医院固定资产增加，业务量增加，职工收入增加，患者满意度提高的好成绩。在2007年人民满意医院评审中，我院患者满意度达95%。2003年我院固定资产为1736万元，2008年为4483万元，固定资产同比增长158.23%；2003年我院门诊人次为107万人，2008年为201万人，同比增长87.9%；2003年我院业务收入为1730万元，2008年为5350万元，同比增长209%。

今天的门头沟中医医院已成为了科室建制齐全、设备设施完善、技术力量雄厚、服务质量优良、管理理念先进、职工积极进取、文化氛围浓厚、中医特色鲜明的现代化中医医院！

▲ 图 7–55

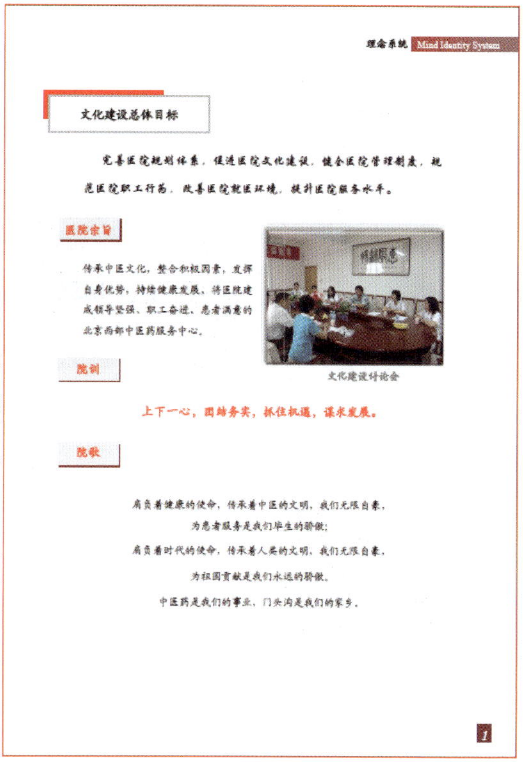

理念系统 Mind Identity System

文化建设总体目标

完善医院规划体系，促进医院文化建设，健全医院管理制度，规范医院职工行为，改善医院就医环境，提升医院服务水平。

医院宗旨

传承中医文化，整合积极因素，发挥自身优势，持续健康发展，将医院建成领导坚强、职工奋进、患者满意的北京西部中医药服务中心。

文化建设讨论会

院训

上下一心，团结务实，抓住机遇，谋求发展。

院歌

肩负着健康的使命，传承着中医的文明，我们无限自豪，
为患者服务是我们毕生的骄傲；
肩负着时代的使命，传承着人类的文明，我们无限自豪，
为祖国贡献是我们永远的骄傲。
中医药是我们的事业，门头沟是我们的家乡。

1

▲ 图 7–56

理念系统 Mind Identity System

医院发展战略概要

门头沟区中医医院总体定位为：打造医院自身的中医专科特色，力争发展成为区域性中医医疗中心。

门头沟中医医院的发展路径为：充分发挥中医优势，大力开展特色专病诊疗及专科建设，以专病带动专科，以专科带动医院，扩大市场占有率，提升医院综合竞争能力，在门头沟地区形成中医特色品牌，占据区域医疗市场的主导地位。

工作研讨会

医院发展战略 SWOT 分析：

机遇：宏观政策优势
（中医宏观政策及新医改政策）
国家持续发展经济优势

风险：区域医疗资源较集中

优势：中医资源优势
职工素质优势

劣势：就医条件待改善
竞争对手为区域内同等级医院

工作现场

2

▲ 图 7–57

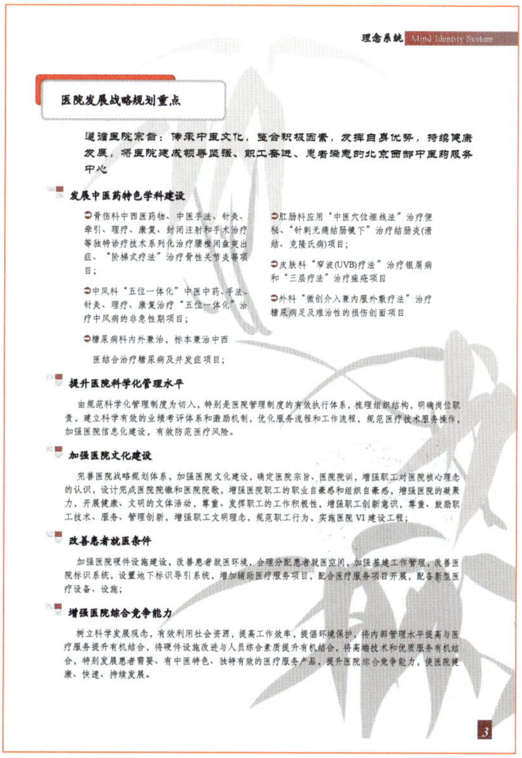

理念系统 Mind Identity System

医院发展战略规划重点

遵循医院宗旨：传承中医文化，整合积极因素，发挥自身优势，持续健康发展，将医院建成领导坚强、职工奋进、患者满意的北京西部中医药服务中心

发展中医药特色学科建设

骨伤科中西医药物、中医手法、针灸、牵引、理疗、康复、封闭注射和手术治疗等独特诊疗技术系列化治疗腰椎间盘突出症、“阶梯式疗法”治疗骨性关节炎等项目；

中风科“五位一体化”中医中药、手法、针灸、理疗、康复治疗“五位一体化”治疗中风病的非急性期项目；

糖尿病科内外兼治，标本兼治中西医结合治疗糖尿病及并发症项目；

肛肠科应用“中医穴位埋线法”治疗便秘、“针刺无痛结肠镜下”治疗结肠炎(溃结、克隆氏病)项目；

皮肤科“窄波(UVB)疗法”治疗银屑病和“三层疗法”治疗痤疮项目

外科“微创介入兼内服外敷疗法”治疗糖尿病足及难治性的损伤创面项目

提升医院科学化管理水平

由规范科学化管理制度为切入，特别是医院管理制度的有效执行体系，梳理组织结构，明确岗位职责，建立科学有效的业绩考评体系和激励机制，优化服务流程和工作流程，规范医疗技术服务操作，加强医院信息化建设，有效防范医疗风险。

加强医院文化建设

完善医院战略规划体系，加强医院文化建设，确定医院宗旨、医院院训，增强职工对医院核心理念的认识，设计完成医院院徽和医院院歌，增强医院职工的职业自豪感和组织自豪感，增强医院的凝聚力，开展健康、文明的文体活动，尊重、发挥职工的工作积极性，增强职工创新意识，尊重、鼓励职工技术、服务、管理创新，增强职工文明理念，规范职工行为，实施医院 VI 建设工程；

改善患者就医条件

加强医院硬件设施建设，改善患者就医环境，合理分配患者就医空间，加强基建工作管理，改善医院标识系统，设置地下标识导引系统，增加辅助医疗服务项目，配合医疗服务项目开展，配备新型医疗设备、设施；

增强医院综合竞争能力

树立科学发展观念，有效利用社会资源，提高工作效率，提倡环境保护，将内部管理水平提高与医疗服务提升有机结合，将硬件设施改进与人员综合素质提升有机结合，将高端技术和优质服务有机结合，特别发展患者需要、有中医特色、独特有效的医疗服务产品，提升医院综合竞争能力，使医院健康、快速、持续发展。

3

▲ 图 7–58

▲ 图 7-59

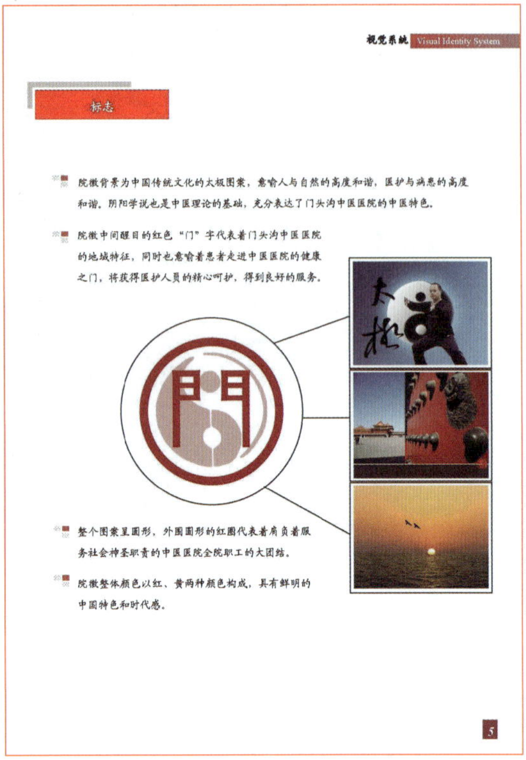

▲ 图 7-60

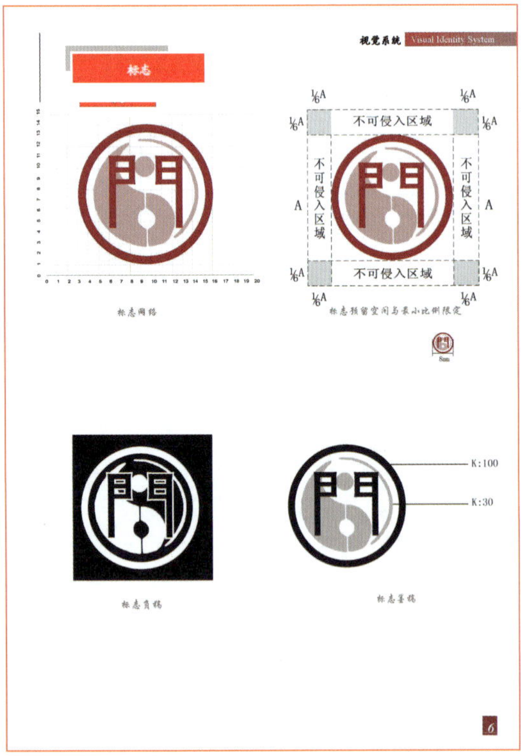

▲ 图 7-61

▲ 图 7-62

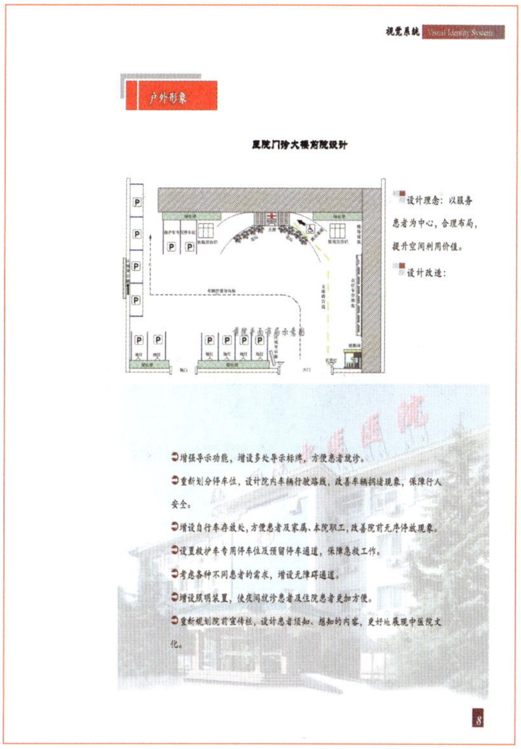

▲ 图 7-63

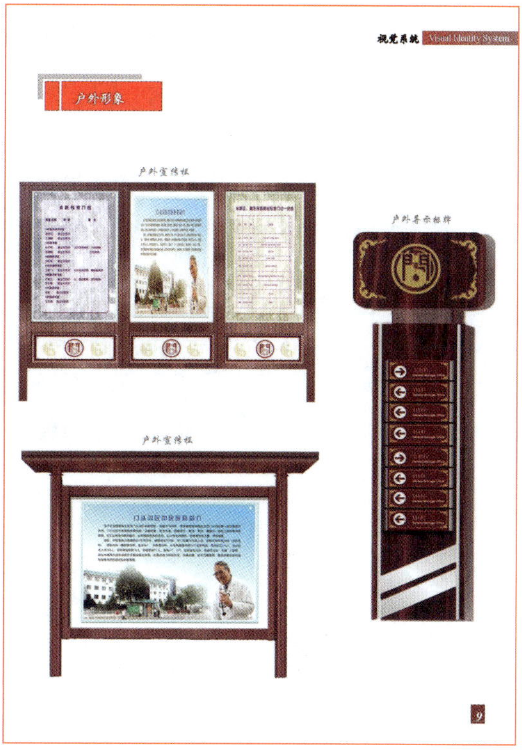

▲ 图 7-64

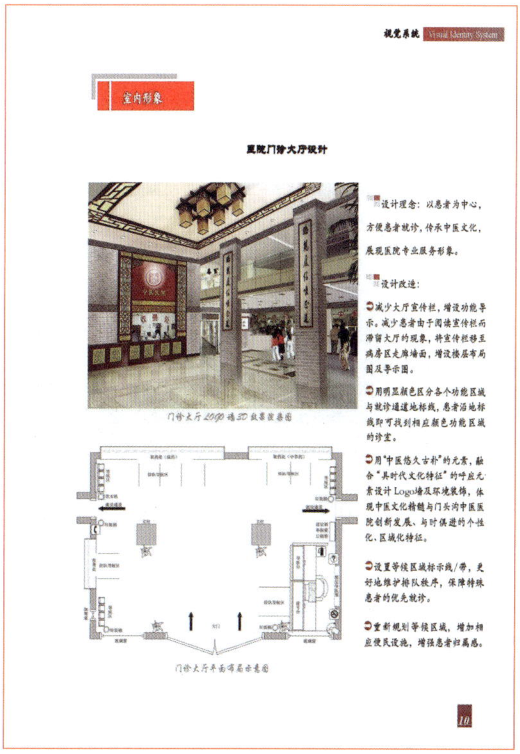

▲ 图 7-65

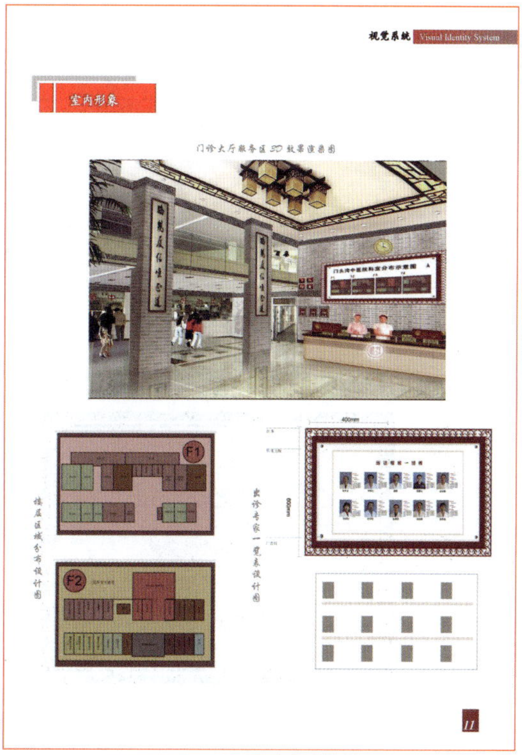

▲ 图 7-66

▲ 图 7-67

▲ 图 7-68

▲ 图 7-69

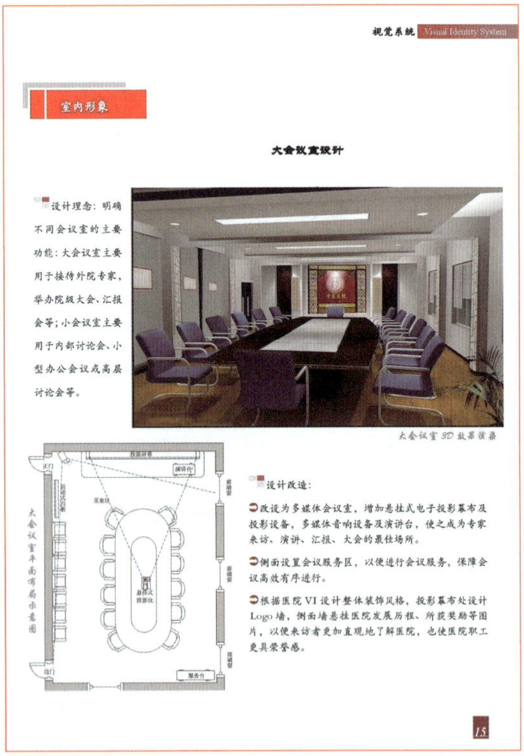

▲ 图 7-70

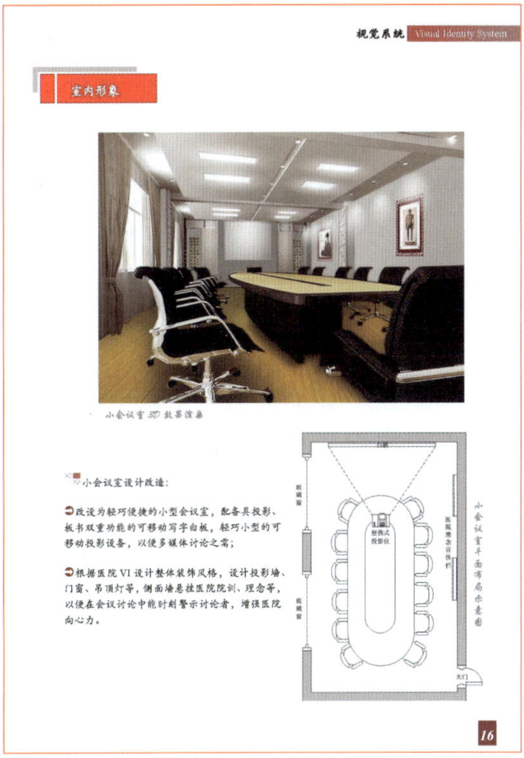

▲ 图 7-71

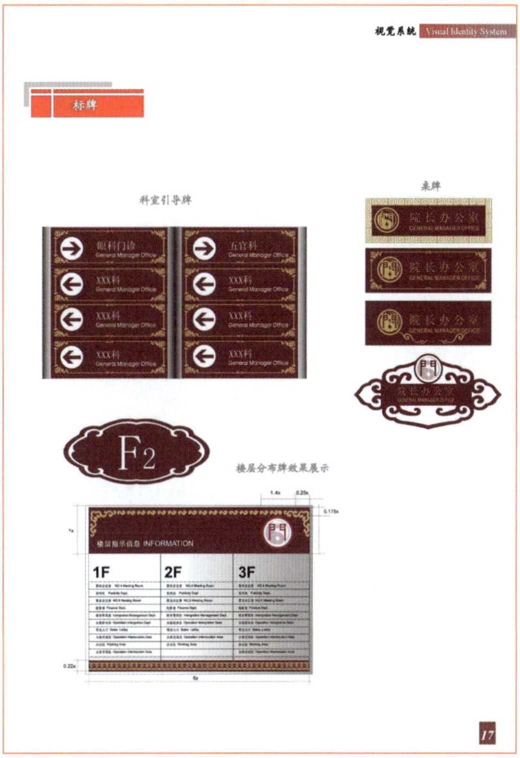

▲ 图 7-72

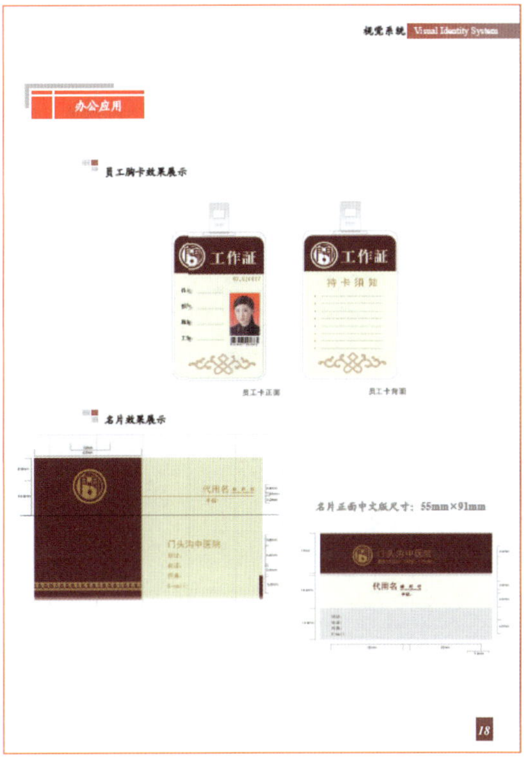

▲ 图 7-73

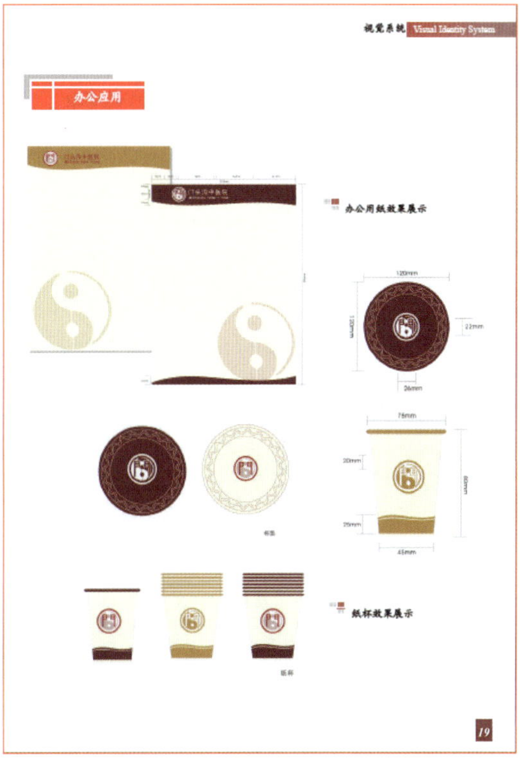

▲ 图 7-74

参考文献

[1] 鲁道夫·阿恩海姆 . 视觉思维 [M]. 腾守尧，译 . 成都：四川人民出版社，2010.
[2] 林采霖 . 品牌形象与 CIS 设计 [M]. 上海：上海交通大学出版社，2012.
[3] 张岩，关强 .VI 设计原理 [M]. 北京：科学出版社，2012.
[4] 周旭 . 企业形象策划与设计 [M]. 长沙：湖南大学出版社，1999.
[5] 原博 . 企业形象整合 [M]. 哈尔滨：黑龙江美术出版社，2000.
[6] 陈皓 .VI 设计原理 [M]. 北京：北京理工大学出版社，2013.
[7] 云双庆 . CI 设计 [M]. 北京：中国青年出版社，2009.
[8] 李尔尘 . CIS 设计 [M]. 北京：北京理工大学出版社，2009.